说实话，作为数学教师出身的我，虽然受父亲熏陶自幼好读，但自认为或许是个好读者，却绝对不具备写书的天分和能力。《教育行者》一书是自己对于过去20年教育生涯的反思和积累，也是自己42年成长的缩影，希望藉此书的撰写抚今追昔，总结成功的经验及失败的教训，探索未来教育发展的蹊径。

JIAOYUXINGZHE

教育行者

葛海丰◎著

辽宁大学出版社

图书在版编目（CIP）数据

教育行者/葛海丰著．--沈阳：辽宁大学出版社，2011.12

ISBN 978-7-5610-6611-9

Ⅰ.①教… Ⅱ.①葛… Ⅲ.①教育工作－文集 Ⅳ.①G4-53

中国版本图书馆 CIP 数据核字（2011）第 272854 号

出 版 者：辽宁大学出版社有限责任公司
（地址：沈阳市皇姑区崇山中路 66 号　邮政编码：110036）
印 刷 者：沈阳航空发动机研究所印刷厂
发 行 者：辽宁大学出版社有限责任公司
幅面尺寸：170mm×240mm
印　　张：16.25
字　　数：320 千字
出版时间：2011 年 12 月第 1 版
印刷时间：2012 年 1 月第 1 次印刷
责任编辑：赵光辉
封面设计：邹本忠　韩　实
责任校对：齐　悦

书　　号：ISBN 978-7-5610-6611-9
定　　价：32.00 元

联系电话：024－86864613
邮购热线：024－86830665
网　　址：http://www.lnupshop.com
电子邮件：lnupress@vip.163.com

期待每一位校长都能带给我们一所好学校

（代　序）

我的学生陈锁明向我推荐了一份书稿《教育行者》，该书作者是北师大教育管理学院 2006 级教育硕士葛海丰。锁明推荐的理由是：这是一本朴实无华的年轻校长的成长纪实，希望我为之作序，以之鼓励。

当我通读完一遍书稿后，一个教育的实践者、探索者的形象在我的脑海中清晰起来。这本书的作者作为一名初次主持学校全面工作的年轻校长，在不断学习和反思中，在日复一日的教育实践中坚持践行自己的教育梦想：让学校成为教师发展的沃土，让学校成为学生成长的乐园。致力于成为一个深受学生、教师、家长喜欢的校长。

我想，好学校的标准有很多，但我觉得最为重要的一条就是学校的发展、进步与师生快乐成长的有机结合。一个不能带给师生成长快乐的学校不是好学校。本书的作者在“让师生享受发展快乐”的同时实现了自身的成长，这正是我所希望的。

期待着我们的每一位校长都能带给我们一所好学校。

顾明远

2011 年 12 月 5 日

自　序

说实话，作为数学教师出身的我，虽然受父亲熏陶自幼好读，但自认为或许是个好读者，却绝对不具备有写书的天分和能力。《教育行者》一书是自己对于过去20年教育生涯的反思和积累，也是自己42年成长的缩影，希望藉此书的撰写抚今追昔，总结成功的经验及失败的教训，探索未来教育发展的蹊径。

可以说“教育”是我生命里的主旋律，从咿呀学语到走上教育岗位，父母、恩师给予了我一生用之不尽的财富，那就是爱、责任和强劲的学习力。我的每一步成长无不浸润着教育的恩泽，而我也必将以毕生的精力回馈于教育。

2006年3月，我接受了沈阳市第十七中学校长这份重任，终于可以实现自己的理想：结合实际，研究和正确运用教育规律，办国家满意的教育、人民满意的教育、学生满意的教育。5年的躬身教育、5年的思考教育，5年的群策群力，十七中学已经由一所薄弱的中学蜕变为一所完全独立、极具发展潜力的市级重点高中。这5年里，有多少对现实的妥协与服从，又有多少对理想的捍卫和执著。然而，就在这屈服与执著当中，我找到了教育的幸福感。十七中学的每一点进步都成为我鞠躬尽瘁死而后已的不竭动力；师生们的每一个自信与幸福的表情都给了我“不辱使命”的自豪与感动。

孔子曰：吾日三省吾身。2010年9月，当我筹划学校的下一个三年发展规划之时，告诉自己，一定要坐下来，认真地反思，因为，只有反思才能找到未来的前进方向。于是，500多个日夜的回忆、思考，昔日那些快乐和纷扰清晰再现，酸甜苦辣咸的独特感受令我不得不承认教育几乎成为我生命的全部，通过教育这个视点感受到了时代的进步，也庆幸生在了这个时代，能够在教育改革的大潮里披波斩浪。我始终认为，自己是教育的探索者和实践者，愿意将教育实践与感悟拿出来与同行们分享，以求得批评、指正、引导和帮助。

今天，当我面对着二十几万字的书稿，面对自己走过的每一个足迹，我无法表述此刻的心情是什么，是喜悦？是欣慰？还是忧郁和无奈？我更无法预知这本书的命运如何。但有一种感觉是十分肯定与明确的：在撰写这本书的过程中，我的眼前似乎隐隐约约展开了一条路，虽然不很清晰，但分明是一条可以通向远方的路，这条路旁或许没有鲜花，却有着教师们关注的目光、学生们期待的眼神、家长们殷切的盼望……

最后，深深地感谢在我写作和出版过程中给予我帮助的亲人、朋友和同事。

葛海丰

2011年11月18日

目　录

第一章　成长即受教育

一个人成长的历程其实就是受教育的过程，教育使人成为他自己。

我出生在一个普通石油工人家庭。父亲当兵退伍后，成为一名石油工人并参加了辽河油田大会战，母亲操持家务，没有工作。父母亲虽然不懂教育，但他们的勤劳、善良、坚强、宽容、质朴的品格深深地影响和熏陶了我，更给予了我一个自由生长的环境和空间，为我的成人奠定了坚实的基础。

一个人成长的历程其实就是受教育的过程，教育使人成为他自己，变成他自己，而我的成长过程浸满了关爱、尊重与宽容。

蓦然回首，往事历历在目。时光荏苒，一晃我已到中年。人们常说：三十而立，四十不惑……从我的幼年、小学、中学、大学到做教师，直到今天做校长，教育一直伴我左右。从事教育工作近 20 年的我，近来，常常思考一个问题：到底什么是教育？教育的本质到底是什么？

每每想到此，我就情不自禁地回想起自己成长的每一步，想从中找到满意的答案。人生经历始于幼年，谈及教育，家是启蒙之处，自然而然地使我想起了我的父亲和母亲……

一、我的父亲

父爱如山，父亲使我爱上了学习，学会了做人。

家是我成长的港湾，父亲、母亲还有弟弟和我，组成了一个和睦的四口之家。虽然家境拮据，但不失欢乐。

人们常说：父母是孩子的第一任老师。父母的一言一行时刻都在影响着成长中的子女。我也是在父母的呵护下，学会了模仿、思考与发问，体验着成长的快乐，感受着生活的艰辛……

父亲的一生是很苦的，用一句白话来说就是“一生没有享到福”。父亲 5 岁时，我的奶奶去世，父亲只读了 5 年书就因为吃不饱饭去当了兵，退伍后当了一名石油工人。没有多少文化的父亲很爱看书，尤其对历史很感兴趣。记忆里，父亲的床头边、书柜里摆的最多的是历史方面的书籍。我是在父亲的臂弯中听着故事长大的，在我聆听的过程中，体会着林冲的行侠仗义，孙悟空的机智勇敢……

父亲讲故事的时候非常地投入，不时地配合着肢体动作，可谓惟妙惟肖。他的做事风格也像给我讲故事一样，永远是那么投入、那么认真、那么一丝不苟。

父亲的性格很直爽，他对待亲人永远都充满了爱，对待同志和朋友充满了善，对待家庭和事业始终是充满了强烈的责任感。父亲以善待人、专注做事的品格深深地影响了我。

父亲生前看过很多遍的《三国演义》、《西游记》、《史记》等书籍，至今我还珍藏着。受父亲的影响，我从小就养成了爱看书、爱学习的习惯，这与我们今天提倡的培养学生自主学习的习惯应该是一致的，或许这就是最为淳朴的"身教胜于言教"吧。

父亲意志坚定，是一个工作和生活能力都很强的人。由于从小生活在农村，他几乎干过所有的农活儿，无论是旱田、水田、盖房子、打井、捕鱼，还是下到齐腰深的水中打柴火儿，都是父亲的"看家本事"，他是我所见过的干农活儿的一把好手。在辽河油田，父亲做过钻工、安装工、安装队的指导员、机关的调度，后来做了机关安全科负责防火安全的一名干部。在我心中，父亲很伟大，什么都会干，是个全才，永远是我学习的榜样！

记得父亲曾打制过一张家里吃饭用的折叠圆桌和四把带铆的椅子。当他干活儿时，我帮着拿这、递那的，俨然是一个小工。从那次开始，我便知道了圆锯、凿子、刨子等工具的名称和用途，时至今日，父亲做的一把椅子还在我母亲那里一直"工作"着。后来父亲教会了我修理自行车、骑摩托车、做菜等等。多次的见习和实践经历为我毕业后的工作和生活奠定了基础。想到现在，我们的教育要培养学生的社会实践能力也不过如此吧，在学习中实践，在实践中学习，难道这不是最好的教育吗？

父亲还是一个宽容、豁达的人，在家庭中讲求民主，尊重每个人的正确意见，从没有家长作风。即使在我大学毕业分配，面对我不同意回到工资待遇优厚的辽河油田时，父亲也是在听我讲清了道理后，尊重了我自己的选择。这件事使我真正懂得了尊重的内涵，尤其是这种父亲对子女的尊重，更使我终生以一颗感恩之心面对父母、面对他人。

二、我的母亲

父母在教育子女的过程中对子女正常的期望以及正确的强化和暗示，可以促使子女保持明确的成长方向，这是家庭教育中不可或缺的动力源。

母亲是一个毫不吝惜地将自己的爱给予别人，宁肯自己受苦受累，也要让别人幸福的人。

听母亲讲，我的外公在我母亲十几岁时就去世了。外婆从 40 岁开始，就一个人带着 6 个孩子艰难地生活。母亲是家里的老大，由于孩子多，家里又没有劳动力，生活一直很艰难。

母亲 18 岁那年，盘山县变压器厂到农村招工，母亲成为县变压器厂的一名女工，也像其他女孩儿一样第一次离开了家乡去沈阳参加培训，其中的喜悦不用言表。

然而，她本应拥有的美好前程因一件事情而改变。当她看见她的弟弟与其他孩子摔跤被很轻松地摔趴下时，她知道了弟弟是因吃不饱而无力与人家抗争，所以身为大姐的她毫不犹豫、毅然决然地做出了辞去工作回农村种地的决定。从那时起，她便承担起了支撑这个家庭的重担，开始了帮助外婆照顾弟弟、妹妹的生活。直到后来母亲嫁给了父亲，与父亲一起共同关心照顾外婆那个大家庭，我的 4 个舅舅和一个小姨都是在他们的帮助下成立了家庭，这也是生活中我的舅舅和小姨将这个大姐和姐夫当母亲和父亲一样看待的原因。

母亲是一个十分刚强和要强的人，什么事情都不想落在别人的后边，即使是自己弱势的方面。由于父亲最初的工作流动性较大，所以我们多次搬家，时而在农村，时而在厂区，持家和照顾我与弟弟的重担就落在了母亲一个人身上。为了改善家里的经济状况，尽管母亲身体状况不佳，仍坚持劳动。

1979 年夏，我们家搬到了辽河油田钻井一公司三十里堡家属区，整个家属区的家属们都从事种植水稻的工作，只有母亲和另外一名妇女在整个家属区唯一的粮食加工厂工作，每天成千上万斤的水稻在他们的手中变成了大米。母亲身体多病，每日拖着疲倦的身体早出晚归，按常理说她不具备从事那样体力劳动的能力，但是刚强的母亲一干就是 14 年，目的就是为家里增加一点儿经济收入，改善一下家里的生活条件。

母亲对我和弟弟在学习上寄予很高的期望。在我很小的时候，母亲就常常告诉我们要好好学习，将来要多读书、考大学，要给家里争气。我就是在母亲的适时强化的期望中逐渐成长的，有时想想这可能就是期望效应吧，也可以说是期望教育吧！

母亲对外婆的爱体现在她身为大女儿的责任心上。她不但帮助外婆抚养了子女，而且一直在病床前嘘寒问暖、端汤喂药，直至将 89 岁的老人家送走。而当母亲终于有了自己的时间一享含饴弄孙的幸福晚年时，一生操劳的父亲被诊断为肺癌晚期……整整 19 个月的没有黑天白天的照顾，母亲始终陪伴着饱受病痛折磨的父亲。母亲对父亲的爱无论从身心，还是从经济的付出都达到了极致的程度，到父亲去世时，母亲已经骨瘦如柴，身体严重透支。母亲说，我和弟弟对父亲的孝顺是她最大的安慰。幸运的是母亲现在的身体还算健康，直到现在我还经常让母亲讲讲过去的故事，借此来陶冶一下自己的情操，促使我能始终以一颗仁爱之心对待他人。

父母在教育子女的过程中对子女正常的期望以及正确的强化和暗示，可以促使子女保持明确的成长方向，这是家庭教育中不可或缺的动力源。

三、挖菜园子

劳动是一种付出，同时也会得到一种收获，付出的是汗水，收获的是成长和快乐。

中考结束到上高中之前的时间段，对于学生来说应该是放松的最好时机。1985 年，我在中考结束后没有像其他同学那样到处乱跑、疯玩，而是想着利用这个不短的假期具体做点儿什么事情，帮助父母缓解一下家庭的压力，分担他们的辛劳。

邻居黄大爷开荒的事情让我看见了，当时我想：要是我也能够开片荒地种上蔬菜不就可以解决家里吃菜的问题了吗？于是就将这一想法告诉了父母，父母没有阻拦，只是当小孩子一说、大人一听罢了，估计他们是什么都没想，更不会想到我能真的会去开荒。

于是，我就在黄大爷开的荒地旁边选了一块地，开始了我的第一次规模性劳动。现在回想起来，面积大约能有 400 平方米吧，我所说的开荒实际上就是在选定地域的周围挖出沟圈来。整个一个中考后的暑假，每天趁着早晨天气凉爽，我就开始工作，经过了 20 多天的劳动，大约一点五米宽、一米多深的护园沟挖出来了，一片菜园子就属于我的啦。从来没干过体力活儿的我，在这个过程中，手磨出了水泡，破裂了，又出了泡，最后变成了老茧。虽然那个阶段每天很辛苦，有时还顶着烈日，但是我认为只要坚持就能够把它完成，在这种信念的支撑下，我终于成功了。当时那种冲劲儿现在想起来都觉得很佩服自己，那种成功的喜悦或许证明了许多东西。当父母看到我独自劳动取得的成果时，从他们那惊讶的表情中，我能够看出父母的满意与骄傲。

从那以后，父亲下班后的业余生活就是侍弄菜园子了，豆角、西红柿等常见蔬菜应有尽有。每年除冬季外，家里基本上不用买菜，解决了我们一家的吃菜问题，也缓解了一定的经济困难。

第一次劳动带给我的是一种自信，更带给了我一种改变。劳动使人快乐，劳动改变人的心智，劳动改变生活。

劳动是一种付出，同时也会得到一种收获，付出的是汗水，收获的是成长和快乐。

四、最好的老师

良好的方法能使学生更好地发挥潜能，所以我始终强调：教师在教学过程中一定要注重对学生学法的指导，要通过教师的教学使学生学会学习。

在小学三年级的时候，我离开农村小学，来到了辽河油田钻井二校（从一年级到八年级，当时小学是五年，小学升初中不考试，相当于现在的九年一贯制学校）上学。当时，辽河油田钻井一公司三十里堡家属区刚刚建完，居民陆续搬迁到这里，大约有500户。为了解决孩子们上学的问题，辽河油田在那里建了一所学校：钻井一公司第二子弟学校，即钻井二校。由于学校刚建完，师资十分短缺，于是从油田各单位抽调有文化的人来当老师。我的小学和初中就是在那里度过的。

刚上六年级的时候，教我们英语的老师是李瑞英，她高高的身材，瓜子脸，长得年轻漂亮，同学们都很喜欢她。李老师只教了我们3个月的时间（后来知道李瑞英老师去进修学习了，到初三下半年李老师又回来教我们英语课，一直到初中毕业），然后就换成了另外一个男老师，他叫李长群，李老师的家在离我们家属区大约20公里的另外一个油田家属区。李老师不能每天回家，只能在我们那个家属区住单身宿舍，一周回家一次。

李长群老师虽然个子不高，但脾气很火爆。一双滴溜转的金鱼眼睛，鼓鼓的，很有神。他的习惯是爱瞪眼睛，且用很自然的、有力的手势配合他的眼神和语言，很有特点、很有个性。他的眼睛会说话，时而风和日丽，时而暴风骤雨，生气的时候眼睛一瞪，总会让人不寒而栗，因此同学们都十分害怕他，很少有人胆敢在他的课堂上违反纪律。

他的第一节课就给同学们来了个下马威，因为坐在第一座的曾增胜上课说话，李老师飞起一脚，正好踢在曾增胜的手指头上，把曾增胜的手指头踢出血了。从那次开始，同学们就开始害怕他了。虽然同学们很怕他，上课不敢捣乱，但也都不爱学习英语。

现在想想，同学们不爱学习英语的原因是多方面的，有教学方法的因素，有缺乏兴趣的因素，还有就是因为油田子弟学校的学生可以很容易通过招工等途径参加工作而缺乏远大理想的因素。而我可能是受家庭的影响，一直是个很听话的学生，做什么事情都非常认真，因此在班级里显得比较优秀并成为班长，但实际上我的某些学科成绩有时也不理想。

有一次放学后，我正在家里写作业，听到有人敲门，妈妈开门后，我发现进来的不是别人，正是李长群老师。我在母亲的招呼下怯生生地迎出去向李老师问好。李老师到家里家访了！这可是我上学以来第一位家访的老师。父亲一看我的老师来了，非常兴奋，赶紧招呼母亲给李老师倒茶水，母亲把父亲珍藏的宝贝茶叶给翻了出来，父亲请李老师坐下后，两人攀谈起来。我在一旁静静地听着，心里一直在“打鼓”，心想：惨了！这次英语考试，我的成绩是36分，还没来得及和父母汇报呢……没办法，只能硬着头皮——挺着了。从父母与李长群老师的谈话中，我知道了李长群老师原来是一名钻井工，由于繁重的体力劳动累出了腰椎间盘突出，不能坚持在一线工作，后来自学了英语，来到了学校教英语课，李老师家访的目的就是想利用他的空暇时间，为我们几个学生补习英语，把他自学英语的方法教给我们，使我们的英语成绩能够有一个大幅度的提高。

其实，李老师的自学方法也是很简单的，他从48个音标音素教起，教材就是当时初一年级英语教学参考书附录中的英语音标发音的示意图，我和另外两名同学捧着一本李老师的英语教参，对着李老师为我们每个人准备的镜子，对照示意图跟着李老师练习发音，李老师不断为我们纠正发音中舌头和口型出现的错误。李老师有句口头禅：词读千遍，舌头自转。那段日子里，我们几乎每天放学后都要到他那里报到，经过一个多月的强化训练，我们的英语发音已经比较准确了。

紧接着，我们的英语学习进入到了第二阶段，李老师要求我们每个人开始记忆字母组合的发音规律，我按照李老师的要求在家里将元音字母与辅音字母常见组合的发音规律图挂在墙上，进行强化记忆。整个过程中，李老师始终要求我们眼到、手到、嘴到，英语是语言，一定要读出来、说出来，不要怕错，只有读出来了，才会发现错误，只有知道错了，才能知道什么样是对的。可惜李老师只教了我们一个学期，就因腰病复发住院治疗。从那时开始就没有英语老师给我们上课了，从初二年级到初三上半年共一年半的时间里我们再也没有上过英语课。

而这期间，我按照李长群老师的要求坚持收看中央电视台18点30分的FOLLOW ME（跟我学）节目，这个英语教学节目，一共60讲，到初三年级后半学期，由于复习紧张，学校开始上晚自习，就没有时间收看节目了，我一共学习了52课。正是由于我坚持收看这个英语教学节目，才奠定了我较好的英语基础。

到了初三下半年，外出进修的李瑞英老师又回到了学校，继续教我们英语课。李瑞英老师给我们总结了语法，强化了单词和词组，然后我们就参加中考了。整个初中我们是一半时间有老师上课，一半没有老师上课，在这种情况下，由于我学会了自学英语的方法并坚持收看英语节目，中考时英语在100分满分的情况下，我考了87.5分，我对自己的成绩还是很满意的。

李长群老师对我在学习英语方面的帮助无疑是巨大的。他使我对英语学习产生了兴趣，教会了我学习英语的方法，应该说李长群老师是让我学会学习的启蒙老师，正是李长群老师的言传身教，减轻了我后来学习英语的负担。更重要的是我对自己的学习能力更加自信。从那以后，当其他同学加班加点学习英语的时候，我在学习其他的知识。今天回想起来，李长群老师的学法指导是让我受益终生的宝贵财富。此后，每当我在以后的各个级别的英语考试中顺利过关的时候，我都会情不自禁地想起李长群老师。

中国有句古话："授人以鱼，不如授人以渔"我的英语成绩之所以能够提高，就是李老师将学习英语的行之有效的方法教给了我。

良好的方法能使学生更好地发挥潜能，所以我始终强调：教师在教学过程中一定要注重对学生学法的指导，要通过教师的教学使学生学会学习。

五、最好的班主任

学生的思想道德教育必须坚持主体性教育思想，发挥学生在道德教育中的主观能动性，才会收到理想的效果。

从小学到高中，教过我的班主任不下六七位，给我印象最深的是我的初中班主任康世宏老师。康老师中等身材，经常穿一身深蓝色中山装，面部稍黑，身体很健康，说话声音浑厚。每次想到他，脑子里总是冒出这样一个词：良师益友。

康老师是一个让我们敬佩、让我们能够很听话的老师。康老师是沈阳的老三届毕业生，下乡到盘锦后当了石油工人，虽然平时教育我们的方法很简单、语言很通俗，但效果很明显，原因就是他对我们每一个学生了如指掌，师生之间"零距离"！所谓零距离应该就是今天我们所倡导的民主、平等、和谐的师生关系。

记得当时正值电视连续剧《上海滩》在央视热播，闲暇时间，康老师就与我们聊"上海滩"。我们从他的"闲聊"中进一步了解了当时的大上海，了解了当时旧中国社会的时代背景。我们班的晨检有一项重要的内容，就是康老师给我们读报，这让我们了解了学校以外社会上的很多事情，虽然身在校园，但并不远离社会。1983 年，沈阳的"二王"事件是当时轰动一时的新闻热点，它以每天连载的形式见报。每天的晨检时间，在师生共同读报过程中，我们领略了头顶庄严国徽的公安战线的同志们的风采，在长达七个多月的日子里，他们在挫折中挺进；在那起新中国成立后空前未有的特大暴力案件中，他们与残暴、狡猾的罪犯一次次地做着殊死搏斗；在整个追捕"二王"的战斗中，在真实的生活舞台上展开了善与恶、美与丑的较量。"二王"事件让我们明白了什么是正义与邪恶，正义永远会战胜邪恶的道理。

康老师与时俱进的思想道德教育对我们的影响很深，以至于我现在经常要求老师要用现实中的实例教育学生，以学生愿意接受的方式进行教育，发挥学生在思想道德教育中的主体作用，实现思想道德教育的针对性、有效性。

学生的思想道德教育必须坚持主体性教育思想，发挥学生在道德教育中的主观能动性，才会收到理想的效果。

康老师在担任我们班主任的同时还担任化学课的教学工作，在教学中康老师有他自己的方法，由于对老师的喜爱，我们当时给他的方法起了个名字“康氏化学”。他的方法就是将我们班的同学分成了几个化学兴趣小组，针对教科书中学生可以做的实验，亲自指导我们在业余时间做实验，由于当时下午放学很早，我们有大量的时间可以用来做实验，无疑“康氏化学”使我们对化学学习产生了浓厚的兴趣，而对于我来讲，“康氏化学”还锻炼了我的胆量，应该说我们没有把它作为一门学科来学习，而是把它作为探究化学现象发生原因和根源的一门科学来对待了。

例如，用镊子夹住浸润过酒精的手绢儿的一个角儿，点燃手绢儿，燃烧的手绢儿在晃动中慢慢熄灭，而燃烧过后的手绢儿却完好无损的现象，我们都要亲自做。我由刚开始的胆怯，到后来的乐此不疲。用酸除去烧水壶内部的水垢、实验室制取氢气、二氧化碳通入澄清的石灰水变浑浊、白磷的自燃……我们都是既看到现象又找到了现象发生的根源。

孔子言：“知之者不如好之者，好之者不如乐之者。”“康氏化学”不但培养了我们的兴趣，而且提高了我们的动手和实践能力，更培养了我们发问的良好思维品质，使我们对于问题不仅要知其然，更要知其所以然。

康老师的教学方法应该是实验学科课程最根本的教学方法，是实验学科教学方法本质的回归，与今天应试目的下实验学科教学中学生缺少实验机会的学科教学相比，那时的我们无疑是幸运的。

六、名落孙山

在短暂而又漫长的人生道路上，如果将一帆风顺视为一种美好的愿望，那么，挫折则是我们人生的一笔宝贵财富。

1984 年 9 月，我以优秀的中考成绩考入了辽河石油勘探局高级中学。当时，这所学校刚建校两年，1984 年被命名为重点高中，就是现在的辽油一高中，我是这所学校成为重点高中以后的第一届学生。

看着初中同学有的考上了油田的各个技工学校，有的考入了一般高中，而自己考入的是重点高中，所以心里美滋滋的，当时的我很是自负，自我感觉良好，有强烈的优越感。进入高中后，又一直是班级的班长，学习成绩虽然不总是前几名，但是自我感觉不差，就是在这种状态中度过了高中三年的学习生活，然而，一向自负的我在高考中却落榜了。

突如其来的打击，令我陷入茫然，父母的宽慰和关怀给了我极大的安慰和感动，慢慢地我从落榜的负面情绪中摆脱出来，开始痛定思痛。回想高中生活，总结高考失败的原因：首先是中考成绩优异对我当时产生的心理影响巨大。内心的自负与自满，使我忽视了高中学习中可能存在的问题，没有很好地调整心态，对学习成绩的波动没有给予重视，再加上顾及面子，有时不懂装懂、浅尝辄止、不求慎解等毛病都不同程度存在；其次是学校刚建校，学校的管理自然存在问题，三年中没开过运动会，高三时操场才没有了荒草，可以在上面活动了，枯燥、乏味的高中生活令我的高中成绩也缩水了；另外，任课教师大都是新分配的师范大学毕业生，缺乏教育教学经验，教育教学中自然存在一定的问题；还有就是自己没能够及时调整状态并找到适应高中学习的方法，没有重视高中与初中学习中存在的巨大反差，玩心过大，荒废了学习。由于自身天资一般，智力平常，到高三复习时已是捉襟见肘，为时已晚，自然的高考结局就出现了。

当年 52 人的班级中只有 5 个人考入了本科院校。由于碍于面子，虽然考上了大专，但我放弃了入学。

高考落榜是我人生中遭遇的第一场巨大打击。除了无颜面对亲朋好友外，最大的打击是与我同时考入局高中的万年春也落榜了，没有我幸运的是，他的家庭比我家还要困难，一共 4 个孩子，他的母亲接受不了他落榜的这个事实，出了成绩后，整天埋怨他，本来他自己就很上火，结果在高考结果出来不到一个月的时候，万年春就精神失常了，以至于到后来他早早地离开了这个世界。

万年春的遭遇使我产生了很大震动，我的父母也很震惊，我的父母和他的父母之间很熟识，毕竟我和万年春从小在一起长大，一直是同学，相互之间很了解，关系很好。因此，父母对我这个落榜生更是关爱有加，但我还是能够从父母的语言和态度中感受到他们很为我没能考上大学而惋惜，他们的思想也处于一种矛盾的状态之中，虽然希望我来年再考，但是又怕我负担太重，出现意想不到的意外，所以索性父母当时给一个让我宽心的态度：考不考大学无所谓，只要健康就好，实在不行，去招工上班也是不错的选择。

人的心理健康与环境是有很大关系的，愉悦、宽松的环境有益于人度过艰难、困苦和不幸的阶段，人们有意识的开导和引导或许意义更大。虽然那个年代心理健康教育还没有被提及和普遍接受，但我的父母却因为对我的爱本能地对我进行了耐心的劝慰，使我顺利地度过了那段难忘的岁月。

实际上，我的性格当中始终就有着不服输的劲儿，高考失利，当时我曾仔细反思过，虽然说考试无常，但我认为：考试失误现象的出现并不是偶然的，是由于我的学习态度不认真，掌握知识的扎实程度不够决定的。

在短暂而又漫长的人生道路上，如果将一帆风顺视为一种美好的愿望，那么，挫折则是我们人生的一笔宝贵财富。

在经过痛苦的反思之后，我下定决心要重新复课来年再考。就这样我去钻井高中继续读了“高四”，对于高考的失利我始终心有余悸，所以 1988 年 4 月份我在父亲的说服下参加了辽宁省高等师范院校的提前招生考试，本来想试一试的，结果我考进了辽宁师范大学数学系。

七、大学生活

大学使人增长知识，大学使人学会思辨，大学使人成长，大学使人学会了面对未来的一切……

1988 年 9 月 8 日下午 1 点 30 分，我带着父母的嘱托，背着行李，独自一人从渤海火车站登上了由锦州开往大连的火车，那是我第一次离开家乡，第一次见到火车，第一次坐火车（火车上人很多，我只能像其他人一样萎缩在车厢的一个角落，实际上是坐在地板上），第一次独行。虽然有着诸多第一次，正像人们说的初生牛犊不怕虎一样，没有任何的畏难与恐惧，怀着对外面世界的好奇和向往，告别了父母，离开了家乡，开始了我人生中的另一段旅程。

坐落在风景优美的海滨城市大连的辽宁师范大学，比我想象中的还要美，它带给我视觉乃至心灵的冲击是我始料不及的。徐震老师的儒雅、学长们的热情以及宽广平坦的运动场、古朴端庄的教学楼、气势雄伟的图书馆、枝繁叶茂的法国梧桐树……忽然间，我觉得自己变得如此的渺小和无知，油然而生了对辽师大的敬仰之情，更觉得应该尽早融入其中，饱受她的哺育，快快成长，成为一名能够为辽师争光的学子，不辜负父母、老师对我寄予的殷切期望。今天，我做校长能够十分重视校园环境建设，通过校园文化对学生进行教育，是与当年辽师大对我的影响密不可分的。

四年的大学生活色彩斑斓，我全身心地投入到了其中，就像一块吸水的海绵，不断吸取知识、吸取智慧、吸取思想。创立演讲协会，提高了我的演讲意识，锻炼了演讲能力；担任生活部长，提高了我的组织管理能力；博览群书，奠定了我的专业基础，提升了我的思想素养。辽师大严格的校风校纪，规范的学生管理，大量的、多维的师范素质训练和活动，使我不断的成长与发展，这些都为我能成为一名合格的人民教师奠定了坚实的基础。

至今，回想起在数学系学习时每学年都获得学校奖学金，就不无得意。任生活部部长三年期间，数学系的生活管理一直名列辽师大 15 个系的第一名，开创了数学系学生管理的先河，这不能不说有我的功劳，我为数学系的学生管理工作做出了自己的贡献。

大学四年的美好时光，成了我人生中重要的四年，伴随着岁月的成长，我获得了诸多的收获，学业上的进步，能力上的提高、思想上的成熟、性格上的坚毅……然而，生活是一位高超的艺术家，在为你描篆绚丽图景的同时不忘留白，似乎只有这样，生活才可以变得更加耐人寻味。而对于我，不能不说这种留白是一种遗憾，很遗憾，大学期间，我与加入中国共产党这一理想失之交臂。或许，这还算不上是一种打击，但对于当时年轻气盛、心智没有完全成熟的我来说始终不能释怀。简宁曾说："人总是一边受伤一边学会坚强的。"我常常用时任辽师大组织部长的宫黎明的话"悲观了不要失望，得意了不要忘形"来慰藉自己当时低落的心情，这句话也成为我对待人生悲与喜的座右铭。

大学四年，我始终坚定着自己的坚定，努力着自己的努力，追求着自己的追求。因为我始终牢记谢林教授对我的教诲："凡事多一点努力会更好！"我始终坚信勤能补拙。多年以来，我也养成了坚定做事、认真做事、努力做事的习惯，做到凡事都要求得一个问心无愧，对得起自己的良心。同时，我也始终牢记"尽吾力而不能达者，无可厚非"，以求自己能有一个健康的心态面对工作、生活和学习，保持对事业和美好生活的激情。

大学里的知识学习固然对一个人很重要，然而更重要的是大学教会了一个人如何看待问题、思考问题，使人更加成熟，大学教师的言传身教，会对每一个学生产生潜移默化的影响。

大学使人增长知识，大学使人学会思辨，大学使人成长，大学使人学会了面对未来的一切……

理查德·柯说过："蓦然回首，发觉昨日时光早已随风远扬——我已变成另一人。"在岁月的蹉跎中，在家庭、学校教育下，我已渐渐地退去了稚嫩的外衣，用崭新的羽翼去搏击广阔的教育天空。

八、初为人师

我心目中理想的教师应该是：热爱教育事业，能够以真心去爱每一名学生，具有人格魅力；知识渊博，能成为学生的良师益友；教学有特色，能够在育人的过程中感受幸福的人。

怀着对大学生活的眷恋，我依依不舍地告别了熟悉的校园和老师。毕业分配时，我选择了十三分之一的直调名额——沈铁分局苏家屯铁路中学，来到了我后来为之奋斗了十年的地方。我人生最美好的时光和青春是在铁中度过的，就是在那里，我重新审视我所从事的工作，思考我将如何面对自己的未来，也是从那里开始了我的教育生涯，将自己的人生梦想与教育事业紧密联系在一起。有人说：行者无疆，在教育这条铺满鲜花又不乏荆棘的道路上，20年的跋涉，欢笑伴着泪水，我对自己的选择无怨无悔。

刚到铁中，学校给我分配的工作是担任初二五班班主任和初二四班、初二五班的几何课教学。现在回想，当时学校将一个带乱的二手班交到我这样一个刚毕业的大学生手里，一定是无奈的选择。

“初生牛犊”的我不假思索，欣然接受了学校安排的工作，因为我相信“年轻没有什么不可以!”只要自己努力，“铁杵可以磨成针”、“顽石能够变成金”。我要以自己的行动证明：我可以成为自己心目中理想的老师，将自己所受的教育返还给社会。

刚参加工作的我，对工作充满激情，对学生的成长充满期待，可以说将全身心都投入到工作当中。由于当时学校没能安排我们住进铁路宿舍，同我一起毕业分配的5名女教师住在学校厢楼三楼图书馆旁边的教室，我作为唯一的男教师住在学校总务处，白天总务主任办公，晚上我值宿。上班没距离不用走，没有任何负担成了我做好工作的两大优势。初为人师的我下班后，时而进行家访，了解每一名学生的家庭状况；时而以平等的身份与学生谈心，做学生的思想工作；时而给学困生补习功课，不放弃每一名学生。半年的时间里，我对全班52名学生进行了家访，与学生家长及学生的关系很融洽，很快，我就成了真正的“孩子王”，班级面貌发生了彻底转变，消除了班级学生违反学校纪律的现象，形成了团结友爱、积极向上的班风。

在教学方面，我的指导老师肖泽岭老师对我非常关心。他是一位治学严谨的中年教师，曾教过语文、地理等学科，在教材的分析、备课的要求、教案的书写等方面对我提出严格的要求，我认认真真、一板一眼地跟着他学习。那时，肖老师是铁路分局学习上海青浦经验的学校典型，我也就跟着他学习顾玲沅先生的青浦经验——“诱导—尝试—归纳—回授—调节”教学法。每天家访后我就静下来认真备课，从那时起我才真正明白了与教学实际相结合的备学生、备教材、备大纲、备教具、备重点、备难点、备教法、备作业等等，由于备课充分，上课自然得心应手，语言简洁、讲解清楚，给学生讲解表达的机会，我的课堂教学深受学生的喜爱。期末考试时，初二五班的平均分由倒数第一名越居全年级六个班第一名，超过了当时的尖子班初二六班两分，初二四班的平均分也名列年级第三名。对于这个成绩，我在喜出望外之余又有些惴惴不安，不安的原因是觉得有点对不起同学科肖老师，担心他会有想法。而肖老师的胸襟正如他的学识般令我钦佩，还记得他义正词严地说：“既然你是我的学生，就应该这样。”

初二四班班主任刘慧老师的孩子上初中时，找领导申请要求我来教他儿子的数学课。这是与刘慧老师搭班儿两年，刘老师给予我的最大的信任和认可。后来领导满足了她的要求。我心想：越是人家认可我就越应该把事情做好，所以无论我是到哪里开会、办事，我始终坚持不耽误一节课，哪怕是自己打车赶时间回到学校，也要按时准点上课。因为我始终认为对工作的认真和严谨是一个优秀教师基本的素质。

我心目中理想的教师应该是：热爱教育事业，能够以真心去爱每一名学生，具有人格魅力；知识渊博，能成为学生的良师益友；教学有特色，能够在教书育人中感受幸福的人。

源于我的努力和勤奋，更是赶上了合适的机遇，1994 年 8 月，我被学校任命为教导处副主任，分管学校的电化教学工作。犹记即将退休的宋永泉主任曾问我："你知道做主任是干什么活儿吗?"我一时懵了，还真没来得及考虑这个问题。于是，我说："宋主任，我还真不知道，您说呢?"宋主任半调侃半语重心长地说："主任的活儿呀，就是勒表画格，跑腿儿学舌，一天就干这活儿。"宋主任的一席话，让我感觉到主任工作是个事务性强，需要耐心、细致，具有较高的协调能力才能胜任的工作，而对于我来说，这无疑是一个绝佳的学习和锻炼的机会。

苏家屯铁路中学是铁路系统中一所历史悠久的学校，学校的管理十分严格、规范，颇有些半军事化的味道。在当地，铁中是一所社会声誉好，深得铁路系统职工信赖的学校。学校的教育教学管理系统化，宋主任的管理更堪称是科学、规范。我从老主任那里学会了中层干部参与学校管理的基本方法，根据学校整体工作要做到科学分析、统筹兼顾，让领导满意，让教师满意。教务主任的岗位使我得到了锻炼，对人要宽容，对事要认真，对物要珍惜，对关系要协调，对学校要忠诚，对领导要尊敬等等。

由于我负责学校的电化教学工作，如何进一步促进学校的电化教育向前发展就成了我的工作重心，其中一个重要的内容就是计算机辅助教学工作。如何能够利用计算机辅助教学，提高课堂教学效率，有效突破教学中的难点是我亟待解决的问题。

由于学校缺少计算机教师，没有计算机教师来研究计算机辅助教学工作。当时的我大学时只学习过 BASIK 语言，只见过苹果Ⅱ型计算机，上机操作的经验为零，更没见过刚刚兴起的 PC 机。我将工作的需要化为学习、钻研的动力，带领邢艳辉老师开始研究学校仅有的 25 台中华学习机。一段时间后，我们就可以熟练地应用中华学习机上的软件编写数学课件，我校数学教师用我们编写的课件在铁路分局教育系统教学比赛中获得了一等奖，实现了学校计算机辅助教学获奖零的突破。

1995 年春，沈阳铁路分局给学校下拨了 40 台 PC 机，我们又开始了对 PC 机的研究。我从 DOS 命令开始学起，不久，我尝试着做了一个含有多个 DOS 命令的工具盘，可以用来格式化 C 盘，对于染上病毒的计算机，用手中的从 KV100 或 KV300 的杀毒盘几乎可以做到手到病除，那时真是有一种满足感。后来我们还购买散件亲自动手组装了一台当时学校速度最快的 386 电脑，记得当时的 CPU 的主频是 133 赫兹，硬盘是 128 兆，内存是由 4 条 0.5 兆内存条组成的 2 兆内存，操作系统是 DOS6.22。后来经过升级还装过 WINDOS3.2，最后还可以跑上 WINDOS95 呢。

邢艳辉老师一直同我自学计算机，我们一起交流、探讨，在我们的努力下，完成了对全校教师的计算机普及培训、提高培训等师训工作。还帮助沈铁分局苏家屯房产段进行了部分干部和职工的计算机培训。学校计算机更新后，按照教学大纲为学生开设了计算机课，保证了学校为学生开设课程的需要。

由于表现突出，1997 年 4 月，经过沈阳铁路分局人事处考核，我被任命为苏家屯铁路中学副校长，主管学校教学工作，由此我成为管辖十个铁路分局的沈阳铁路局教育系统中最年轻的副校长。组织上的信任和重用，使我更加努力工作，认真研究学校的教学工作，加强学校教学常规管理，加大教科研力度，完成了多项重点科研课题的研究工作，学校的教学质量一直位居苏家屯区各学校前列。

在苏家屯铁中工作的十年中，我所撰写的《中小学教师应树立终身学习观念》、《中小学创新教育之我见》分别发表在中文核心期刊《辽宁教育研究》2000 年 11 期和 2001 年 10 期，论文的发表为我以后从事教育教学管理工作树立了自信心。

九、挂职锻炼

挂职锻炼是培养干部的好办法，融入其中，亲身感受，提升素质，效果最佳，无论是理论层面，还是实践层面。

2001 年 8 月 29 日，因工作需要我调入沈阳市第二十七中学工作。沈阳市第二十七中学是辽宁省重点普通高中，2003 年被命名为辽宁省示范性普通高中，堪称是辽宁省内的一所名校，学校历史悠久、校风淳朴、教风严谨、学风浓郁，是众多初中毕业生希望考入的理想重点高中。来到这样一所人才济济、藏龙卧虎的省级重点高中工作，可以想见，我心中的压力是蛮大的。当时满脑子就一个想法：尽快熟悉环境，进入校办主任兼教务副主任（主管理科教学）这个角色，扎扎实实做好工作，无愧于领导的信任，在全校教职工的心目中树立起良好的形象。

在随后开始的工作中，我以待人诚恳、乐于助人的个性品质，精益求精、踏实奉献的工作作风，肯于钻研、善于学习的进取精神博得了教职工的认可和称赞。使我成为学生的良师益友，教师的好朋友、好伙伴。

2002 年 4 月，沈河区教育局开展了选拔优秀中层干部异地挂职锻炼的活动，我有幸参加了这一活动，经过笔试和口试，我以高中组第一名的身份入选到异地挂职锻炼者的队伍中，也是唯一入选的高中中层干部。

2002 年 9 月 22 日，我乘坐的 CJ6501 次航班于 17 时 05 分降落在上海浦东国际机场，又经过 2 个多小时的奔波终于到达了目的地——位于上海市嘉定区马陆镇的上海市育才中学。

肩负着教育局领导的重托，满载着沈阳教育界的殷切期望，开始了我在上海市育才中学这所百年名校的挂职锻炼生活。

上海市育才中学作为上海市从 1996 至 1999 年建设的 11 所现代化的寄宿制高中之一，是上海面向 21 世纪建设与一流城市相匹配的一流教育的重要标志。它所确立的“以学生发展为本”的教育理念，以及“自学自创、自治自理、自觉体锻”的“三自”培养目标，具有绝对的前瞻性，给我留下了深刻的印象。

我的感受是：总结一些经验和理论是容易做到的，但是，上海市育才中学教育改革成功的关键在于能够将其总结出来的经验或教育理念，在长期的教育教学过程中，通过多种方法和教育手段，将它植根于育才中学全体教师和学生的头脑中，使之成为教师教学中遵循的准则，使之成为学生的学习方法，使之成为教师、学生共同的目标和理念，这一点是难能可贵的。用当时上海育才中学党委副书记唐彪的话来说就是：要做育才中学的教师，首先你就要认同育才中学的教育理念，按育才的教育理念去做你的教育教学工作。同时，学生要做到“自学自创、自治自理、自觉体锻”。育才之所以成功，就是学校的办学理念真正成为教师教学、学生学习的灵魂。

具体地说，上海市育才中学的改革可以分为这样几个方面：在办学体制上，正在实践着社会化办学的道路（学校实行董事会领导下的校长负责制）；在管理机制上，实行目标管理、层级管理和制度管理相结合（学校机构设置采用“四部一室”的形式，实现了信息化、网络化）；在课程改革上，构筑了独具特色的课程体系，加强必修课课堂教学，提出“四多二少一转变”，强化选修课和自主活动课，健全课程管理制度，提出学生必须达到的标准，即“三项基本技能（计算机、汽车驾驶、英语）”、“四项体育运动技能（游泳、射击、网球、保龄球）”及分层教学、学科免修制等；在师资队伍建设上，开始了突出时代特征高标准的自培模式；在德育工作中，以学生自主教育活动为载体，突出学生的主体地位，构建了全员、全过程、全方位的德育网络；其他还有后勤管理社会化、人事制度激励制，以达到教学过程最优化、档案管理现代化、校园建设花园化等等。

在育才中学的那段时间里，我感受最深的就是：那些我在书本中、文件里看到的各种现代教育理论，在育才中学都找到了最具体、最有说服力的诠释。我始终认为：上海市育才中学是现代教育理论与现代教育教学实践完美结合的成功典范。

虽然我们沈阳市的教育环境与上海有很大的不同，但是我们需要学习和借鉴的东西是很多的。不仅仅是育才外在的表现，而是上海市教育的内涵，包括教育思想、教育理念、治学态度、创新精神等等。

想起在上海育才中学的日子，就不能不想起我当时结交的好朋友陈志强老师。陈老师是一位美术教师，每周要上 14 节课。由于当时上海正值课程改革，陈老师要根据新课标备课。没有现成的教材，陈老师的每一节课都要根据课标要求上网查资料，我亲眼目睹他的每一节课都要经过四五个小时的精心准备，他的专注、他的一丝不苟令我至今无法忘怀。由于他还要负责 flash 动画制作的选修课，负责指导学校电视台学生的录播和制作等工作，几乎每天都要工作到深夜 11 点钟。我被他的敬业精神深深打动，钦佩之情油然而生。

在挂职锻炼的一个学期里，我和育才中学住校的教师同吃同住，与他们的中层干部共同研究制定讨论学校的考核方案，一起听课、评课，一起参与学生活动，共同生活了整整 100 天。就是这 100 天的经历和感受，使得我对教育的理解得到了升华，完成了我对教育深层次理解的飞跃。

真可谓：久旱恰逢及时雨，挂职归来收获多。

挂职锻炼是培养干部的好办法，融入其中，亲身感受，提升素质，效果最佳，无论是理论层面，还是实践层面。

十、爱上教育

给年轻人压担子可以培养人、锻炼人、发展人。作为学校领导应该在工作中，善于发现人才、培养人才、使用人才。

在二十七中学工作的四年中，我认真、努力工作，完成了学校管理手册的编撰，建设了校史馆，完成了学校 50 年校庆的相关准备工作及迎接省级示范性高中检查验收的相关工作。我协助学校领导梳理了学校 50 年的发展历史，总结了学校的“六校（创新办校、以德立校、依法治校、民主理校、科研兴校、环境美校）”办学理论，完善和丰富了学校的办学理论体系，为学校的进一步发展奠定了基础，与此同时也丰富和提升了自己的教育理论水平。

2003 年 3 月，学校领导交给我一项重要工作，就是要建设学校的校史馆，同时也是为 2003 年学校 50 年校庆做准备。当时面临着人员少、资料少、资金少的“三少”局面，人员少是指正常工作时间几乎没有人能始终做这项工作，因为每个人都有自己的一摊工作，只有王苏（化学实验员）、王璐（音乐教师）、张宏（计算机教师）三个年轻人在业余时间可以帮助我工作；资料少是指没有现成可以应用的资料；资金少是指当时学校正处于投资主体多元化改革之中，学校的资金使用要受控于投资方，而投资方是不愿意在这件事上多投入的。也许是性格使然，通常情况下，困难只会让不服输的我更加跃跃欲试。不管有多大的困难我们都要克服，因为校史馆作为学校文化的名片，它代表着对学校发展历史的评价，代表着二十七中学的办学水平，影响着二十七中学的未来发展。

2003年3月至7月是校史馆设计选样儿、招标、装修的过程，随着工作的进行，我不断征求领导意见，提出修改意见，几易其稿，最后选中了性价比较高的一家装修公司完成了共300平方米校史馆的装修工作。

令我意想不到的是这项工作给了我额外的收获。源于建馆工作的需要，我与赵家实老校长（首任校长）和张向阳副校长有了近距离的接触。我被老校长们的一言一行深深地感动着：赵校长从1953年建校任校长到1983年离休，30年间把全部精力都投入到了学校的建设与发展之中，“文革”中虽然受到了严重的迫害，本着对事业的忠诚，他不顾老伴儿的劝阻，“文革”后又毅然决然地回到了工作岗位，已经把学校视为他生命的一部分；张向阳副校长与赵校长几十年的默契配合，对学校教育事业的忠诚，对学校发展的关注……他们那种对待教育事业的执著与真诚感召着我，让我的灵魂得到了洗礼。赵家实校长去世后，二十七中学校友会为缅怀他为二十七中学发展乃至对沈阳教育的发展所做的杰出贡献，出版了《秋实》一书。我在此书《一生的榜样》一文中写到：

> 2005年11月16日，我们怀着无比悲痛的心情送走了赵家实老校长，那场面令人震撼！终生难忘！回想起与老校长相处的四年时间里，虽然并非朝夕相处，但却有很深的感情，我时常斗胆认为赵校长为吾长、吾师、吾友，并以此为荣，也大概源于此。
>
> 在二十七中学工作的日子里，使我深深感觉到二十七中学的校友会之所以具有很强的凝聚力，就是因为二十七中学的不断发展，更重要的就是由于赵家实校长的核心作用。大家因他而聚，因他而有动力。
>
> 赵家实校长对我的鼓励与教育，使我受益匪浅，是我从事教育事业的法宝，一直指导我在实践中的各项工作。
>
> 首先，老校长对教育事业的执著追求和献身精神。赵校长从1953年建设二十七中学开始到1983年离休，共计在二十七中学工作了30年，尤其令人敬佩的是，“文化大革命”中深受迫害的他，在“文革”结束后，毅然决然地回到二十七中学工作，并在短短的一年时间内，恢复了二十七中学在人们心目中的形象，1978年，学校又一次被命名为辽宁省重点高中。
>
> 记得2005年10月的一天，我同李淑芬校长、石雪莉书记到沈阳市第一医院看望在病榻之上的老校长，老校长还在告诉我们：班子要团结，团结才能做成事，不团结那将一事无成。他心系教育、心系二十七中学的赤诚之心，使我们深受教育。
>
> 其次，老校长以其先进的教育思想指导教育实践。二十七中学之所以能够培养出众多的优秀毕业生，关键在于老校长“育人为本，培养个性”的教育思想和“学校有特色，教学有特点，学生有特长”目

标的有效落实，这也正是老校长跟我常说的“学校要有内涵”吧。

再次，老校长用自己的一生践行了学为人师，行为世范。我感受到了老校长的家里人对他的尊重；感受到了他的同事们对他的尊敬；感受到了校友们（学生们）对他的敬仰。人生一辈子就是在写那一撇一捺，做人就应该像赵校长那样。

为了表达对老校长的怀念与崇敬，2005 年 1 月 16 日，在回龙岗革命公墓一号公祭堂我代表学校送上了一副挽联：做革命者秉承报国意念出生入死几度春秋留冰心一片，当教育家促进学生发展披肝沥胆五十寒暑有桃李万千。以此作为对老校长为党、国家的革命和教育事业鞠躬尽瘁的真实写照，并以此作为对老校长的纪念。

……

赵校长，我真诚地感谢您！您是我一生的榜样，我为有您这样的校长而自豪，我会以您为榜样去做人、做事。

机缘巧合，2006 年我被派到赵家实校长在 1949 年到 1952 年一手筹建的学校（赵家实校长 1953 年调走筹建二十七中学）沈阳市第十七中学任校长，而十七中学由于某种原因，一直没有发展起来，当时我的想法就是要把这所学校振兴起来，那样才能对得起老校长。当然，这些都是后话了。（2007 年 5 月，在全体“十七人”的努力下，沈阳市第十七中学被沈阳市教育局命名为沈阳市重点普通高中，我想这也是对老校长的一种告慰吧。）

在二十七中学整个校史馆建设的过程中，资料的收集得到了张向阳校长的大力支持，张校长当时 70 岁，耳不聋，眼不花，身体很好，老人家记忆力惊人，对于几十年以前的事情如数家珍，对每幅照片都给我们做出了符合历史的详细讲解，力求能使我这个设计者、编辑者、校正者能够理解学校的历史，还原学校发展史。

张校长每天骑着自行车走访老教师，收集老照片，召集校友。用他的话说就是丢了这把老骨头也要把二十七中学辉煌的历史原汁原味地展现出来，用学校的历史教育现在的年轻教师，教育在校的学生，培养师生们的爱校情感。在张校长的鼓舞下，我白天陪着张校长走访，晚上与几位年轻老师一起整理照片、筛选照片，而我还要在他们选完的照片中精

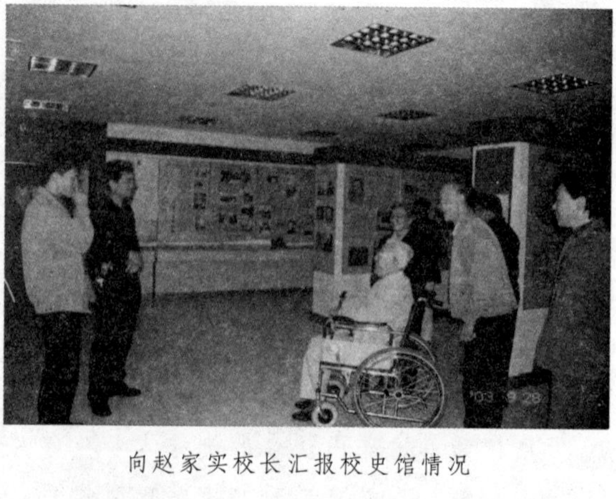

向赵家实校长汇报校史馆情况

选照片，撰写文稿、编辑文稿，几乎每天晚上我都工作到深夜，写了改，改了写，仅花在文字和照片上的时间有半年之久，不得不坦诚地说：直到最后定稿为止，每个字都是我敲上去的。

2003 年“十一”前夕，校史馆正式开馆，当赵家实校长坐在轮椅上握住我的手饱含深情地跟我说：“小葛，谢谢你！”我终于如释重负，我知道，我交上了一份令“二十七人”满意的答卷。

在二十七中学的工作历程，使我更加坚信自己的选择，如果当初的我只是为了证明自己而努力工作，那么现在的我是真正地爱上了教育事业。

学校领导对我的重用，使我始终感觉责任在肩，不敢怠慢，始终激励我以旺盛的斗志，充满激情地工作。

给年轻人压担子可以培养人、锻炼人、发展人。作为学校领导应该在工作中，善于发现人才、培养人才、使用人才。

十一、日臻成熟

古人云：“近朱者赤，近墨者黑。”很幸运，我可以与智者同行，与高人为伍。

2003 年 7 月 25 日，沈河区教育局党委任命我为沈阳市维城高级中学党支部书记兼教学副校长。在沈阳市维城高中工作一年后，2004 年 8 月 2 日我从沈阳市维城高中回到二十七中学任副校长，负责学校的德育和安全工作。此时的校长由原来的李淑芬书记担任，李淑芬校长是二十七中学的第五任校长，她是沈阳市教育专家，具有很强的沟通和协调能力，善于管理。她将全部身心投入到学校的发展之中，使学校进入了辽宁省示范性普通高中的行列，成功举办了沈阳市第二十七中学建校 50 周年庆祝大会，凝聚了学校的力量，促进了学校的进一步发展。

古人云：“近朱者赤，近墨者黑。”很幸运，我可以与智者同行，与高人为伍。

在给李校长做副手的过程中我学到了很多东西：积极乐观地面对和解决生活与工作中的困惑；大处着眼、小处着手的审视态度；无私奉献、甘于奉献的工作作风；面对复杂问题沉着冷静、从容果断的风度。作为一个合格的校长，要具有能够将实际工作中全校教职工所做的努力与奉献详实地总结出来，并恰如其分地向领导、向众人汇报和展示的能力。

2003 年，是全国高考统一考试时间由原来的 7 月提前至 6 月的第一年，高考准备工作任务繁重，在抗击“非典”的非常时期，各级党委和政府对高考的各项工作非常重视，二十七中学作为沈阳市历年的优秀高考考点也对考务工作进行了周密细致的部署和安排。6月3日，区教育局通知学校，薄熙来省长要到学校视察高考准备情况，于是，我们开始做迎接薄省长视察的准备工作。

2003年6月4日上午，薄省长在省市区领导的陪同下来到二十七中学考点。薄省长随行人员告诉我们，薄熙来省长在学校只能停留10分钟。在学校三楼会议室，薄省长询问了学校考点的相关准备工作，有关领导向薄省长简单回答，薄省长不时地点头表示满意和肯定。当涉及细节问题时李校长从容地说："薄省长请坐！你听我说。"就这一句"你听我说"不是命令胜似命令的话语，令在场的人们不免有些担心，一个小小的校长怎么能跟薄省长这么说话，不知道薄省长会如何反应，是否会出现尴尬的局面，薄省长听后不但没有生气，反而高兴地坐了下来。李校长也相应地坐下来，认真详细地把学校的发展和高考考点的准备工作向薄熙来省长作了汇报。听完李校长的汇报，薄省长对学校的准备工作给予了高度的评价。

向检查组汇报学校安全工作

后来当我问到校长为何见到省长不怕，反而能说出"你听我说"的话时，李校长告诉我主要是基于两点：第一，省长能够在百忙之中来到学校视察考点工作，实在是难得的事情，作为校长有责任和义务向领导汇报学校的准备情况，尤其是要把我们一线教师作为考务人员所做的努力向领导汇报，进而让省长放心。第二，我是校长，或者说是教师，我们不是官员，没有惧怕的理由。

李校长的魄力和胆识，语言的缜密和幽默令我敬仰，能够在那么大的场面、那么多的领导面前沉着应对，以一种放松的心态、幽默的语言完成了30分钟精彩的汇报，更令我由衷地钦佩。

在李淑芬校长的培养和影响下，我在不断地成长，提高了组织大型活动和处理复杂问题的能力，提高了迎接大型检查的能力。

与马嘉宾副处长合影

2005年12月初，李校长去美国考察，刚出国不久，区教育局通知学校要代表沈阳市高中迎接国家三部委安全工作联合检查组的检查。我作为主管安全工作的副校长多次参加沈河区的迎检工作协调会议，按照区教育局的意见要认真做好自查工作，完善安全工作制度，增添消防设施，做到万无一失。

受石雪莉书记委托，由我代表学校向检查组汇报学校的安全工作。检查组领导对我的安全工作业务的娴熟和语言的精彩给予了高度的评价，教育部基础教育司综合处的马嘉宾副处长对我说："葛校长是安全工作的专家，将来教育部有安全培训一定请您来给作报告。"那次汇报不仅获得了检查组成员的极高评价，同时也博得了陪同的省市区领导的高度赞扬和肯定，在市区领导面前展示了学校、展示了自己。

人的成长是在生活中实现的，成长的本身就是受教育的过程。

一路走来，承蒙教育的恩泽，我学会了学习，学会了做人，放飞了思想，锤炼了意志，懂得了生活的意义。作为一名教育者，我又不禁陷入深深的思索：我能给教育带来些什么……

第二章　将学校发展融入教育人生

行走在教育途中，虽然步履蹒跚，但既然选择，便只顾风雨兼程，蓦然回首，我惊喜地发现，它不仅将自信和快乐带给了学生，同时也带给了像我一样执著于教育事业的人。

一、第一次亲密接触

初到十七中学，扑面而来的一系列难题并没有使我退缩，反而激发了我“明知山有虎，偏向虎山行”的斗志和勇气。

2006 年 3 月 9 日，我第一次以十七中学校长的身份来到学校。首先映入我眼帘的是位于学校东北方向雄伟壮观的校门，给人以庄严肃穆的感觉。走进校园，绿茵茵的人工草坪、红白相间的跑道、操场周围整整齐齐的绿化带给人耳目一新的感觉。在沈阳市沈河区这样一个繁华的中心城区，有这么大操场的学校真可谓凤毛麟角，难能可贵，能在这样的环境中工作令人神清气爽。

学校有两栋主体楼房，一栋是操场东侧三层的厢楼，楼体外观看上去已有些斑驳；另一栋是操场南侧“错落”的教学主楼，一半五层，一半四层，白色瓷砖罩面，矗立在阳光中，给整个校园增添了几分现代气息。说实话，此刻的我还颇有几分暗喜，至少这所学校在校园建设方面会让我省些力气。

然而，当我在教育局领导的带领下，径直走进南教学楼的时候，一种难以名状的压抑迎面扑来：昏暗的楼道，狭窄的走廊，斑驳的墙裙……一切的一切与校园的外观形成了鲜明的对比，我的第一感觉就是一下子从阳春三月走进了冬季。后来得知，这座教学楼是分别于 1987 年、1999 年和 2000 年三次建筑完成，所以显得格外“错落有致”。走廊宽窄不一致、教室大小不统一，仅有 8000 平方米的建筑面积却安排了五部楼梯，楼内不足 4 平方米的房间有 16 个，这样的布局，无论是谁第一次进入楼内都会发蒙，找不到南北东西，就像进入了迷宫。

上面看到这些，也仅仅是外观。当我深入到教室、办公室，那景象更是令我止不住暗自欷歔。东侧的厢楼建于 1928 年，教室内 20 世纪六七十年代的黑板痕迹依稀可见，脱落的棚顶、发霉的墙皮好像一块块秃疮，让人压抑。就是这样残破的教室，容纳了初中一年级6个班的学生和教师，三楼的12个教室和3个办公室还借给了民办的东旭高中办学，严重的安全隐患，管理当中不时出现的冲突，令初到“十七”的我寝食难安。

主教学楼的环境虽然好些，但也令人难以接受，且不说教室如何“寒酸”，仅教师办公室就可见一斑：教师放备品的柜子还是20世纪70年代末80年代初的产品，因为陈旧，许多柜子的柜门已经无法关上，只能用一根绳来连接上。深浅各异的棕褐色“一头沉”办公桌，配合着或深或浅的绿色墙围子，俨然一幅无主题的油画。清风徐来，那呼呼打打的胶合板门似乎在哼着一首无词的曲儿。且不说学校的教育质量如何，扪心自问，作为家长，谁愿意把孩子放到这样的环境里学习、生活？换位思考，哪个老师愿意在这样的环境中工作？

初到十七中学，最不适应的还有个“如厕”问题。楼内的教工厕所不分男女，每当教师要上厕所，首先要站在门口喊：“里边有人吗?”如赶上“内急”，又听到异性的回答声，只能处于尴尬境地。真是“如厕不急实属难，但闻语声苦难言”。说实话，这样差的环境在全区也是屈指可数的。因此，我上任之后做的第一个校园建设项目就是对楼内五个楼层的厕所进行了彻底改造，实现了教工男女分厕，彻底扭转了以往的尴尬局面，受到老师们的欢迎。

人们常说：“钱能解决的问题都不是问题”，只要勤俭节约，统筹安排，即使在资金紧缺的状况下，也可以做到把钱花到刀刃上，逐步改善教育教学环境。事实上，这几年我们也做到了。几年来，我们用有限的资金改造了教工厕所，更换了109扇教室门，粉刷了整个教学楼内的教室，完成了校园绿化，修建了校史馆，安装了亭廊文化展板，改善了教师办公环境，为每位教师配备了办公电脑，建设了“班班通”工程，实现了校园监控无死角等项目。

初到十七中学，我遇到的最大难题还不是环境的问题，而是人的问题，即教师的问题。我刚到学校就有王淑梅和付宇新两位老师要调走，调往区内的两所重点高中。两个人都是很优秀的教师，教学成绩在教师中名列前茅，学生喜欢，家长赞扬。其中王淑梅老师还是教务处副主任。虽然我深知：有好的教师，才有好的学校、好的教育；但我也懂得另外一个道理：海阔凭鱼跃，天高任鸟飞。我无权剥夺她们发展的机会，唯有自己暗下决心，一定要把十七中学这所学校办好，让这里真正成为教师发展的沃土，成为教师们实现人生价值的乐园，总有一天，十七中学这棵参天的梧桐会引来四面八方的金凤凰。

通过与学校领导、教师的交流，我了解到：十七中学的教师队伍中，2002年以前参加工作的教师大部分是由专科学校毕业，然后又通过各种进修取得了大学本科文凭，在职教职工150人中，研究生学历12人，本科121人，专科14人。由于学校教育教学质量上不去，初中入学率仅为55%，高中也招不满，因此，教师们看不到未来的希望，思想处于混沌状态。一部分教师狠钻业务，目的是让自己早日羽翼丰满，另觅“高枝”；一部分则是心系个人生活，既然学校是这样一种现状，何不利用学校松懈的管理、工作上草率应付，更多的时间留给自己，照顾好家庭，做一个好妻子、好儿媳、好母亲；还有一部分教师安于现状，得过且过，做一天和尚撞一天钟，把教师这个职业作为用来维持生计的手段；当然也有相当一部分教师以主人翁的态度去对待学校的每一项工作，脚踏实地，兢兢业业，独善其身。

初到十七中学，总体感受：这里有机遇，这里也有挑战。

二、再不努力，你就只能上“十七”

十七中学与共和国同龄，但在见证伟大祖国日益强盛的同时，她却悄悄衰落了。

十七中学是一所与共和国同龄的两级中学。建校之初，老一代“十七人”自力更生、艰苦奋斗、白手起家，培养了一大批优秀的毕业生，成为社会主义建设的栋梁之才，首届毕业生陈弘力、杨东、姜汉光等分别毕业于清华大学和北京大学，他们在自己的工作岗位上，为国家、为人民做出了突出贡献。20世纪60年代，由于办学成绩突出，十七中学被命名为沈河区重点初中。

然而，“文化大革命”的“十年浩劫”，十七中开始走上了下坡路，而且每况愈下，乃至“拨乱反正”之后，由于元气大伤，没有像其他学校那样得到及时的复原。在20世纪七八十年代，沈河教育界流传着这样一句口头禅：“损七中，乱八中，又损又乱十七中。”这种影响是深远的、巨大的，虽经几任领导的努力，但仍无法彻底逆转十七中学在学生及家长头脑中的形象。

从2003年开始，沈阳市投入3.65亿巨资，分三批启动了城区薄弱学校改造工程，先后对106所中小学进行综合改革。当是时，一笔笔改造资金源源不断流入薄弱学校，新大楼替代了破旧的老楼，设施齐备的一流实验室替代了不达标的旧实验室，学生的教室、教师的办公室焕然一新，现代化的教学设备、办公设备为师生们的学校生活提供了保障。十七中学的师生眼巴巴看着兄弟学校的翻天覆地的变化而“望洋兴叹”。理由很简单，十七中学搭不上“薄弱”这条船。

虽然十七中学初中部新生入学到位率仅有55%，可以称其为“薄弱中的薄弱”，但由于是两级中学，高中不属于义务教育，可以收费，因此没有被列入到综合改革学校当中去；而十七中学的高中部属于一般高中，沈阳市将普通高中分为省级重点高中、市级重点高中和一般高中三类，招生政策规定，一般高中只能在省市重点高中录取结束后重新填报志愿进行录取。恰恰从2006年暑期开始，沈阳市取消了普通高中的自费生，改为只有公费生和不超过招生计划数30%的择校生，也就是说，学校能够收取的费用几乎没有了，就当时的学校发展状态而言，愿意择校到十七中学的学生可谓是屈指可数，因此所谓的择校费基本就成了空谈，即使偶有收入，面对亟待改善的校园环境，也是杯水车薪。

十七中学地处五爱市场（东北地区最大的服装批发市场）地区，有相当一部分市场的业主居住在学校附近，而他们的孩子按照就近入学的原则，就读我校初中。也许是忙于生意，也许是对教育的重视不够，他们通常是因对孩子期望值不高而对孩子疏于管理，主要表现在对孩子的放任自流。

而学区内那些比较重视孩子教育的家长总会千方百计地将孩子送到其他学校，因此，我校2006年初中新生的入学率仅为55%。而就是这55%到十七中学就读的孩子，在日常的学习生活中表现得没有自信，缺少其他“好”学校学生拥有的自豪与快乐，更缺少“好”学校学生的良好行为习惯。

一时间，十七中学形成了教师因学苗差而抱怨回天乏术、学生因没有择到好学校而破罐子破摔的局面。久而久之，由于学苗差而引发的升学质量差的状况形成了恶性循环，不仅极大地影响了教师教学的积极性，也导致学校社会声誉一蹶不振。基于此，“再不好好学习，你就只能上‘十七’!”成为某些小学教师告诫学生的口头禅。

学校的高中部也面临同样的问题。作为一般高中，学校每年招收的学苗，都是沈阳市普通高中学苗当中的四流学生，甚至更差。差生差就差在没有良好的学习习惯。他们当中不乏厌学者，只要上课就睡觉，下课铃一响就“还阳”。这部分学生的家长们，抱着一种“死马当活马医”的态度，直言“能考上大学就考；考不上大学，只要不学坏就行”，把学校当成了幼儿园大班。因此，学校的高考成绩，在全区一直处于“垫底”状态。

三、面包会有的

我相信：缜密地思考、坚定地行动、不懈地追求是战胜一切困难的法宝。

人生会有很多第一次，很多的第一次构成了生命的全过程，而第一次以十七中学校长的身份来到学校，见到的人，说过的话，至今历历在目。

与刘校长见面时的对话。

刘校长：“你终于来了，都说你在27中作副校长，不愿意到我们学校来当校长，对吗?”

回答：“都是传说，没有那么回事儿?”

刘校长：“说你到我们这儿来当校长都流传好长时间了?”

回答：“是吗？现在组织上不是让我来了嘛。”

刘校长：“那倒也是。”

回答：“我也是前天教育局党委杨书记找我谈话才知道的，这离最初传说我来咱们学校也有一个多月了吧。”

刘校长：“但是大家都认为是你不愿意来呀！前任校长干了一年半就走了，有部分教师认为你是来镀金的，你的工作恐怕要有阻力呀！”

回答：“那也是没有办法的，党委是这么安排的，相信一定有它的道理，慢慢会好起来的。”

刘校长：“不过你放心，我会全力支持你工作的。”

回答：“那就多谢了！”

与校党支部李书记见面时的对话。

李书记：“早就听说你要来了，怎么才来呀！我都着急了，一个多月没有校长了。”

回答：“党委刚刚谈完话，这不就来了嘛。”

李书记：“你得需要一段时间熟悉学校的情况，咱们学校有初一到高三共六个年级，1500多人，教师152人，初中、高中的活儿都得干，顶算两个学校的工作量。徐校长干了一年半，修了操场和大门，功绩大家都看到了。你可挺难呐！我已经和苗伯平校长、徐校长搭过班子，到你这儿，应该是第三个校长搭班子了。现在学校欠外债150万，高中又取消自费生了，咱们这样的学校又收不上来择校生，唉！这三任校长你是最难的了。”

回答：“慢慢来吧！俗话说，没有过不去的火焰山。面包会有的，哈哈！”

正是由于通过与副校长和书记的交谈，我认为稳定干部和教师的思想工作是当务之急，因此在与全校干部教师第一次见面大会上，我在表态性发言中说道：“有个别教师可能听到传说，组织上派我到咱们十七中学来当校长，我不愿意来，今天我在这里澄清一下，那是因为那时组织上还没有派我来；有人还听说我可能一年半也要走，我还要澄清一下，我个人认为：我在一年半之内肯定走不了。我今天来到沈阳市第十七中学任校长感受到最大的就是我们这样一所学校在现在的情况下，我身上的担子很重，责任很大……”

9年副校长的经历，我分别与4位校长在一起工作过，经历和感受到了4位已经退休的老校长的苦与乐，其感受最深的是老校长们为教育事业所做出的无私奉献。来到十七中学，我满脑子萦绕的就是如何改变学校的现状，尽快挣脱那条无形的恶性循环链。一种强烈的责任感和使命感令我的血液沸腾，令我的呼吸急促。面对当时的情形，我承认，自己的内心是有些忐忑的，但我知道：“自古华山一条路”，只有坚定自己的意志，才能带领全校师生不断前行。

在接下来的日子里，我开始着手了解和研究学校的具体情况。从与学校领导的沟通到和教师、家长交流，乃至和学生座谈，我不放过任何一个可以了解学校的机会。经过一段时间的“望、闻、问、切”，我已经基本上抓住了阻碍学校发展的症结。而访谈过程中老师和家长们那饱含期待的目光，学生们那稚嫩而洋溢朝气的脸庞，无一不是鞭策我前进的力量。

没有压力就没有动力，我知道世事艰辛，不如意者十有八九，不必因不平而泄气，也不必因挫折而烦恼，只要自己努力，机会总是有的。正如诗人汪国真所说："我不去想是否能够成功，既然选择了远方，便只顾风雨兼程；我不去想身后会不会袭来寒风冷雨，既然目标是地平线，留给世界的只能是背影。"

我相信：缜密地思考、坚定地行动、不懈地追求是战胜一切困难的法宝。

我相信"面包会有的，一切都会有的！"

四、蒙娜丽莎

改变源自创新。

刚到十七中学一个多月的时间，沈阳市政府就对普通高中招生政策作了重大调整：

> 东北新闻网讯："4月26日，记者从沈阳市2006年中等学校招生工作会议上获悉，今年沈阳市中招政策做出11项调整，包括：实行九区普通高中统一招生；公办普通高中取消自费生；增加指标到校生招生数量；课改考生增加法律常识内容；加大体育艺术特优生专项素质测试成绩权重；增加志愿栏数量；调整一般高中录取办法；调整加分及照顾录取项目；调整空军飞行学员预备班招生范围；调整部分学校录取批次安排；调整部分报名政策。"①

公办普通高中取消自费生这一政策调整对当时的十七中学来说可谓是一记闷棍。取消自费生后执行的普通高中"三限"政策，即"限人数，限分数，限钱数"。其中，普通高中招收择校生人数不超过招生计划30%。就当时学校的状况而言，不用说30%，就是10%我们都招不满。这就意味着，原来就捉襟见肘的学校经费也得不到保证。

面对这突如其来的变化，我猛然绷紧了高一年级招生工作这根神经。我带领班子，认真分析我校实际以及招生政策变化可能对我校带来的影响。当时招生政策规定：

> 省级重点高中（含省级示范学校和同批次录取学校）、师范学校、

① http://www.univs.cn/newweb/univs/neu/zxdb/2006-04-28/602327.html

市级重点高中（含同批次录取学校）志愿在考试前填报，即6月15日至18日在报名单位填报。重点职业高中、一般高中、普通中专志愿在市级重点高中、师范学校录取结束后填报，即7月25日至27日在报名单位填报。一般职业高中在一般高中录取结束后填报，即8月4日至5日到招生学校填报（含未完成招生计划的重点职业高中）。①

作为一般高中的十七中学在省市重点高中录取结束后，只能作为没有考取省市重点的考生考虑的报考高中之一，这样一来，就直接涉及学校能否招满学生、能否生存下去的问题。

最后，全体“十七人”达成了共识：这是一场生存之战，只有胜利，十七中学才能继续生存下去。我们要集全体“十七人”的智慧和力量打好这一仗！狭路相逢勇者胜！

2006年5月，一场别开生面的招生工作紧锣密鼓地进行。说它别开生面、与众不同的原因有几个：

第一，2006年的招生可以说是“全员招生”。我在全校大会上带领教师们分析形势，将招生工作的重要性深入到每个教职员工的心中。生源就是学校的生命线，在招生这场竞争中我们只能赢。如果输在起跑线上，我们永远摆脱不了被动挨打的宿命。因此，全校教职员工及其家属都成为学校招生工作的义务宣传员，在整个工作中起到了积极的作用。

第二，细节取胜。无论招生简章的制作、招生现场的布置还是宣传图片的采用都独具特色。全体招生工作人员整齐得体的服装、训练有素的咨询流程、热情诚恳的工作态度、不厌其烦的服务意识赢得了前来咨询的家长和学生。

第三，充分体现创新思想。在当年招生咨询工作中，我校是第一个为前来咨询的学生及家长赠送纸质宣传手提袋的普通高中。后来效仿的学校多了，我们就改做环保袋、笔袋等，为考生和家长提供方便。

为了搞好2006年的高一年级招生工作，我与学校领导班子在研究招生简章的方案过程中，李昭祥副校长提议：招生简章中校长的照片应该另辟蹊径，采用比较现代的风格可以达到意想不到的效果。在大家的一致建议下，我怀着几分忐忑去照了我有生以来最潇洒的一张艺术照。说实话，当时也怕引起非议，怕同行说些“标新立异”之类的话，但全体班子成员的鼓励，强烈的使命感坚定了我的决心，只要能迎来学校招生工作的胜利，我个人的得失、荣辱算得了什么？就让别人去说吧。最后，招生简章中我的照片采用了日本式的流行风格，由于姿势类似达·芬奇的名画蒙娜丽莎，当时其他校长还送给我一个绰号“蒙娜丽莎”。令人惊喜的是招生简章上的校长照片也普遍吸引了学生和家长的眼球，或许他们通过照片读出了一个年轻的现代校长的创新精神、时代意识、工

① http://www.exam8.com/zhongkao/zixun/zhengce/200805/889328.html

作热情、严谨态度和对事业的执著追求吧。

2006 年 5 月 23 日，沈河区中招咨询现场会上，沈河区人民政府徐爱秋副区长来到咨询会现场。共青团实验中学庄志校长拿着我校的招生简章指着我的照片对徐区长说：“区长，您看看，小葛这也太过分了，这不就是蒙娜丽莎吗?”区长仔细地看了一会儿，笑着说：“不错嘛，挺潇洒的，很有内涵，为了招生你也可以照一张嘛!”大家纷纷大笑。①

中招咨询现场会与徐区长交谈

踏实、严谨、富于创新的努力必然带来令人惊喜的收获：2006 年，十七中学全面完成招生计划；高一新生的录取分数线首次超过了 48 中学 33 分，公费生录取分数线：338 分；择校生录取分数线：251 分。实现了历史性跨越！全校教师听到这个消息都兴奋不已。

可以说，2006 年招生工作作为一个历史性的里程碑，彻底结束了十七中学在以往的招生、录取工作中“捡剩儿”（别人挑选后剩下的）的宿命。尤其是超过了 48 中学，这是大家想都没敢想过的，这个漂亮的翻身仗，大大提升了我在全体教职工中的威信，同时也给所有的“十七人”打了一针兴奋剂：我行，我能行，只要我思考、我努力，我们“十七人”一样能够成功！就这样，功夫不负有心人，2006 年的招生工作迈出了十七中学快速发展的第一步。

招生工作让我深深体会到：校长要善于在学校工作中创新，创新可以改变原来思想中认为不可改变的局面，创新可以凝聚人心，创新可以产生希望，为学校发展带来生机；校长要善于根据学校实际情况分析问题、解决问题，不仅要抓住主要矛盾，更要学会“弹钢琴”，以四两拨千斤之势解决矛盾；校长要有责任意识，把学校的发展放在至高无上的地位，以校长的激情唤起教职员工的激情，为学校发展献计献策，圆满完成学校的各项工作。

五、做梦也没想到的好事儿

让交流成为真正意义上师生间的交流，而不仅仅是领导间的互访，要让更多的师生走出国门，开阔眼界，成为开放、交流的受益者。

---

① 葛海丰. 学校文化建设的实践研究——以沈阳市第十七中学为例［D］. 北京：北京师范大学，2008.

2003年在沈河区政府、沈河区教育局的大力支持下，十七中学与韩国星信高中结为姊妹学校，双方陆续开展了交流与合作。2005年1月18日，十七中学迎来了姊妹学校友好访问团师生16人，进行了为期两天的交流活动，通过英语交流课、中韩学生友谊足球赛、中韩教师乒乓球赛、中韩学生结伴游等丰富多彩的活动内容，为双方的进一步交流合作奠定了基础。

与韩国星信高中校长姜大甲合影

2006年3月，我刚来到学校工作，就接到韩国星信高中盛情邀请我校回访的信函。由于刚到学校主持工作，亟须大量的时间深入一线了解学校；再有，学校经济十分紧张，没有条件回访，因此，就没有给予对方回复。四月份，韩国星信高中又多次发来信息邀请我校回访。面对这种情况，学校领导班子坐下来认真研究如何处理这一问题，人家是真心诚意邀请，如果不回访，我们是否会在韩国人面前缺少了诚意，还涉及国家、民族的尊严，经过审慎研究，我们决定：即使再困难，也要回访韩国星信高中。

在确定回访人员时，我们选择了德育副主任陈占中和物理教师苏或雨随我出访，目的是让两校的交流落到实处，落实到教师层面，让一线教师开阔视野，增长见识。由于对方是男校，我们选择了5名男同学作为出访的学生。

2006年6月13日，我带领学校的两名教师和5名学生对韩国星信高中进行了为期4天的友好交流访问。此次访问得到了韩国星信高中领导、教师、学生隆重的欢迎和热情的接待。4天的日程安排了中国学生与韩国学生共同上课，中韩学生联欢、篮球赛，中韩教师乒乓球赛，釜山、蔚山城市观光等系列活动。双方交流活动气氛融洽、和谐，通过共同磋商，两校签订了系列合作协议。此次活动为师生们提供了一个了解外面世界的机会，增长了见识，增

出国前师生在桃仙机场合影

进了中韩两国中学生的友谊，促进了中韩两国人民的友谊。

令全体师生振奋的是，此次访问团成员除我作为校长带队之外均为一线师生，这在十七中学的历史上是绝无仅有的。而这次访问韩国高中的做法，开创了十七中学普通教师、学生外出学习、进修访问的先河。更难得的是，它让全校的师生感觉到：学校所提出的“学校的发展要以学生的发展为本，以教师的发展为本”不是一句空谈。

苏或雨同志是2003年参加工作的青年教师，工作以来的3年中，他不断学习、钻研教材，投身教改，是全国第五届信息技术整合课优质课大赛一等奖获得者，是深受学生及家长欢迎及信赖的年轻班主任。他的工作热情、敬业精神使他成为十七中学第一位走出国门学习、访问的教师。这个来自农村的纯朴的年轻教师激动地说：“做梦也没想到，这样的好事能轮到我这样一个普通教师的身上。”这是他访韩期间写下的日志：

我校一行八人乘坐的是韩亚航空（Asiana Airlines）班机，于6月13日下午1：20起飞，当飞机缓缓启动，离开地面一段距离后，震耳欲聋的音响忽然急促紧迫，似乎把天空划破一般。几分钟过后，声音锐减，舱内似归宁静又款款蠕动，我的身心也由剧烈抖动而飘飘欲仙。那感觉不亚于鲁迅《社戏》中描写的“大白鱼背着一群孩子在浪花里蹿”。韩国之行就在这轰鸣声中开始了，每个人都很兴奋，尤其是赴韩的5个学生。韩航班机上的供餐和中国几家航空公司的国际航班差不多，唯在调味品中除通常的盐和糖外有一小支辣椒酱。空姐和中国的一样，年轻、漂亮，韩航班机准点到达（韩国早中国1小时的时差）蔚山国际机场，历时两个小时。

在机场，我校师生受到姜校长带领的欢迎队伍热情的接待，当葛校长和姜校长的手紧紧地握在一起的时候，周围的老师和同学们都报以热烈的掌声。

我们驱车从机场到乐天宾馆下榻。晚宴就在乐天宾馆的礼堂里举行，仪式非常隆重，参加晚宴的除了星信高中的校领导和老师们，还有学校家长委员会的成员们。姜大甲校长致欢迎辞，葛校长致答谢辞，当时葛校长的精彩祝酒词我仍记忆犹新，葛校长在与姜校长互相敬酒时对姜校长讲，我们中国在敬酒时有“福底”一说，姜校长把福底倒给葛校长，示意远方来的客人才能喝掉“福底”，葛校长没有喝反而把自己的半杯“福底”倒给姜校长，接着向在场的所有来宾讲：“中国有句俗语叫有福同享，因为我们是好朋友，所以我们应该有福同享”。当两位校长将杯中酒一饮而尽时，全场报以热烈的掌声！晚宴在友好的气氛中结束了。

13日当晚，我们应邀去蔚山体育场观看韩国对多哥的足球比赛。体育场内的气氛相当热烈，韩国的球迷在世界上是出了名的，绰号“红魔”，体育场内座无虚席，人浪此起彼伏，加油的口号声一次高过一次，最终韩国队二比一赢得了那场比赛，当地时间12点多钟的时候，大街上仍有庆祝胜利的球迷，韩国人的民族精神在德国世界杯球场上和蔚山体育场上表现得淋漓尽致！我承认那的确是个难忘的夜晚！

14日早晨，吃过早饭我们来到星信高中，隆重的欢迎仪式在学校的体育馆举行，蔚山电视台等两家电视台的记者到场参加。姜校长和葛校长分别在会上发言，学生代表发言，双方学生互赠礼物，文艺演出开始。星信高中的男孩子们个个多才多艺，民族的手鼓、通俗的歌曲引出阵阵掌声，我们的小伙子们也是身怀绝技，一曲中韩合作的《心太软》把演出推向高潮！当天中午，我们就在学校的食堂吃午饭。下午，参观完校园后在体育馆内举行了乒乓球友谊赛。在学校的那天让我们感受到了韩国朋友的热情好客和他们的真诚！

时间飞快，又是两天过去了，在这过去的两天中，校园的现代化设施、学生的文明礼貌、街道的整洁宽敞、路旁花朵的含苞待放、庆州的秀美（庆州是新罗王朝的首都，也是韩国古代文明的摇篮，现有人口约28万，是一座恬静的城市。举凡山地、溪谷，都有王陵、石塔、佛像、寺庙遗迹；不赴博物馆探古，只游览庆州古都，也就等于在探索古代灿烂文化的遗迹）、佛国寺的沧桑肃穆（作为世界文化遗产的佛国寺，建于公元535年，全盛时期寺庙范围曾扩大到现在的10倍左右，不幸在壬辰倭乱时惨遭焚毁，其后经过复原重建，即为现在的建筑物，而真正保持原状的仅有那些石造部分，由此也可显出新罗文化的繁盛）、现代集团的宏伟壮观、SK石油公司生产基地的庞大、海滨浴场的辽阔与清爽、海洋馆的瑰丽神奇和韩国的风土人情给我留下了太多不可磨灭的美好回忆！

虽然六月的韩国是多雨的季节，但老天似乎也帮助我们，天天晴空万里！（韩国属温带季风气候，四季分明，南部表现为温和的海洋性气候特征。3～5月为春季，鲜花盛开；6～8月为夏季，降雨量占全年的一半，高温潮湿）

真的衷心感谢姜校长及星信高中全体师生热情的款待，若没有他们悉心的安排，我们的回访绝不能变得如此多姿多彩。

回国的前一天晚上，韩国朋友们请我们吃烤牛肉。到过韩国的国人不尝试一下正宗的韩式烧烤，不仅会给你留下遗憾，还会让你抱恨，会让你想着下一次再去韩国，一定要补上这一课。位于海边的小店不大，却收拾得井井有条，不仅经营着烧烤，还供应如面食类的快餐。

店主是位中年妇女，伙计是年轻的女孩，只转眼间，烤排就被烧热，腌制的牛肉也便上齐，吃烤肉所必备的佐料和菜肴依次一碟一盆地摆上。韩国的烤肉非常鲜嫩，烤出的肉焦黄、爽口，又保证肉油而不肥、肥而不腻。席间我们畅谈着，互相敬酒，互道珍重。那天晚上我们聊到很晚……

回国时机场的送别，紧握的双手依依不舍，韩国同学们的眼睛都湿润了，泪水在眼圈里打转。当韩亚航空（Asiana Airlines）班机OZ313号降落在沈阳桃仙机场时，我们两校间的这次互访画上了圆满的句号。

我们衷心地祝愿两校的交流与合作能够更加广泛深入地开展下去，两校师生的友谊能够天长地久地保持下去，为我们两校的共同发展加油！

——摘自苏或雨老师《韩国之旅》

作为第一次远离父母、踏入韩国土地、领略韩国民俗风情的学生们来说，这次韩国之旅不但增长了见识、开阔了视野，还懂得了“行万里路，读万卷书”的内涵。他们一改往日懒于动笔的习惯，纷纷记录下自己的内心感受，真情实感涌上笔端。

在韩国的几天里，使我体会到了在异国他乡的心情：有激动，有思念，有感慨。这几天我几乎被快乐所依偎，和韩国朋友在一起是非常快乐的事情。我们不仅体验了韩国的风土民情，也加深了中国和韩国高中生的友谊。这次交流不仅对自己是一次良好的锻炼，也学习到了一些从老师身上学不到的东西。

在6月13日的那天，我体会到了韩国人民的爱国之情。韩国参加世界杯足球赛。能够使韩国足球水平列入世界前列的原因不仅是有着深厚的足球基础，还和他们的球迷有着分不开的关系，当天晚上他们几乎80%的市民都涌入了体育场收看大屏幕的比赛直播，这些人中，我能看出很多人不喜欢看球，但是他们支持自己的国家，支持自己的球队，这些人不管家离得近还是远，都能够去看球。蔚山市不仅开放了体育场，还在城市旁边的广场上摆放大屏幕让市民来看，我和我的韩国朋友很早就出去了，但是很多地方没有坐的地方，更让我震撼的是他们有整齐的服装、整齐的口号和整齐的队歌，让我完全融入了比赛之中。我就像韩国人，和他们一起呐喊，一起欢呼，那是我第一次加入到了这么有组织有纪律的球迷队伍中，让我喜欢上了这支球队。在那时我想，如果中国队也能进入世界杯，我们的球迷是不是会这样呢，我的答案是肯定的，我们一定会进入世界杯并且会取得一个好名次的。

在韩国朋友的家里，我体会到了韩国人的热情好客，无论是我韩国朋友的爸爸、妈妈，还是妹妹都把我当成自己家人一样，给我买礼物，带我去吃饭，带我去玩，都让我体会到了韩国人的热情。而且每一次都做很多的菜，吃得我比去的时候胖了一圈，那个韩国朋友和我很交心，不仅他一个，每个朋友都是那样。通过一去一回，使我和韩国朋友的友谊比一年前更深了，我希望和这个韩国朋友能够长久的交往，像我国内的朋友一样，那天分别使我的心情无比的沉重，相处的几天让我难以忘怀。在晚上，我的韩国朋友给我打来电话问候我，我十分开心，这说明了我们之间没有国界，他告诉我，他明年还会来中国，我们不会分离太久。我们不时地会用电子信箱交流一些感受和自己的喜怒哀乐，这个朋友对于我来说太重要了。

这次交流对我今后的学习和生活来说有很大的影响，使我对今后的道路更加充满信心，今后我一定还会回到韩国去，回到韩国看望我的韩国朋友一家。

你们等着我吧！

——摘自郭晓龙同学的《访韩感受》

要让交流成为真正意义上两校间教师和教师、学生和学生的交流，而不仅仅是领导间的互访，要让更多的师生走出国门，开阔眼界，成为学校间交流的受益者。

六、SWOT分析

知己知彼是百战不殆的前提。

校长要通过对学校历史的研究和现实状况的分析形成自己的思想，然后将这种思想传递给全体教职工，同时，在传递的过程中，不断集思广益，最后形成科学的决策。

2006年秋，我带领全校教职工针对学校各方面的发展状况，进行了SWOT分析，理清了学校发展中面临的优势、劣势，存在的机会与威胁，为进一步确定学校的发展策略奠定了基础。

沈阳市第十七中学SWOT分析

因素	S（优势）	W（劣势）	O（机会）	T（威胁）
地理环境	1. 位于市中心。 2. 交通便利。	1. 周边临近两个小市场。 2. 校门前道路窄、车辆多。	1. 交通便利，有利于吸引更多的生源。	1. 环境嘈杂。 2. 对学生安全不利。
学校规模	1. 初高中一体。 2. 规模适中。	1. 初中学生流失严重。 2. 高中学苗质量差，升学质量低。	1. 面对普通高中的进一步重组格局，高中存在较大发展空间。	1. 省示范高中和市级重点高中的扩招。 2. 生源严重不足，学生入学率低。
硬件设备	1. 学校设备逐年增添。 2. 学校拥有了现代化的塑胶跑道和人工草坪操场，对学生有吸引力。	1. 学校外债高达150万元，遭遇经济危机，设备更新遭遇困难。 2. 教师办公环境较差。 3. 教育教学硬件较其他学校差。	1. 教育局十分重视高中的发展。 2. 学校发展可进一步扩大经济收入，加快硬件设备的更新。	1. 资源配置需长远规划。 2. 沈河区高中可能面临重组，学校生存的危机。
教师资源	1. 年轻教师多，有干劲敢创新。 2. 教师团队意识强。	1. 欠缺教学经验。 2. 缺少名师、学科带头人、市级以上的骨干教师。	1. 教师队伍年轻化，可塑性强。 2. 教师具有危机感、紧迫感。	1. 缺乏自信。 2. 教师队伍中有小团体现象。
学生状况	1. 活泼淳朴，可塑性强。	1. 学习习惯养成欠缺。 2. 学习习惯和文明习惯养成差。	班额小，利于学生个别辅导。	单亲家庭较多，对学生心理健康构成威胁。
家长配合	绝大多数家长关心学校发展。	家长对孩子的期望值不高。	家长的关注和期望推动学校工作发展。	相当一部分家长因工作忙碌，对孩子督促差。

沈河区共有初中13所，从考入重点高中的升学率及中考的平均分来看，十七中学基本上位于第8～13位，属于中下水平的位置；沈河区共有2中、27中、同泽高中、同泽女中、9中、37中、48中、47中、17中、维城高中、科汇高中，共计11所高中，从高一年级录取分数看，17中学位于9～11的水平，无论是初中还是高中的办学水平都是在较低水平层次徘徊，社会声誉也一直处于低迷状态，在学生及家长眼里，十七中学就是一所薄弱学校。直至2005年，学校的操场和大门修建以后（欠款150万），校荣校貌的改变给学校带来了一些

生机，为学校的内涵发展奠定了一定的物质基础。

从2003年开始，沈阳市分三批启动了城区薄弱学校改造工程，先后对106所中小学进行综合改革。但由于十七中学是完全中学，没有被列入改造之内，经过三年的改造，薄弱的学校不薄弱了，而我们这所原来就被学生及家长视为"薄弱"的学校，相形之下愈发的薄弱了。屋漏偏逢连雨天，2006年，沈阳市中招政策的调整，公办普通高中取消自费生，对于在艰难中跋涉的十七中学来说，无疑是雪上加霜。在教育改革风起云涌的时代，十七中学似乎成了"被遗忘的角落"。

通过SWOT分析，大家达成了一个共识：学校外在的硬件环境虽然得到了改善，但没有形成办学优势；教育教学管理制度虽然比较完善，但没有完全发挥其应有的作用；以人为本的管理行为虽然已经显现，但没有形成管理思想；教师队伍整体素质相对较高，并且有良好的教学能力，渴望学习新知识和技能以提高自身业务水平，工作勤勤恳恳，有很强的敬业爱岗精神，但仍然存在不和谐因素；学校文化理念虽然丰富多样，但在教职员工和学生中的影响却很有限，长期处于不系统、不完整、不规范的状态，师生员工对文化理念的认同度参差不齐，无法让学校作为一个文化整体的形象凸现；从办学理论上看，学校没有一个贯穿于从学校领导至师生的核心办学理念，没有一个广大师生都认可的办学思想，没有一个落实到师生实际学习和生活的办学方略。

俗话说：知己知彼，百战不殆。正是通过基于学校发展的SWOT分析，使全体教师受到了一次深刻的危机教育，增强了教师们的危机意识，凝聚了人心，更增强了教师们为学校发展努力奉献的责任意识，为学校发展战略和发展规划的实施，统一了思想，为形成学校的共同愿景奠定了基础。

七、树正气

对于学校发展过程中出现的与学校主流文化相悖的行为，校长不仅有责任、有义务，而且必须有魄力、有智慧给予清除，保证学校的发展沿着正确的轨道前行。

校长在管理学校的过程中，必须坚持以人为本的管理理念，以人为本的管理理念的基础就是要在坚持原则的基础上，建设良好的学校文化，形成积极向上、甘于奉献、崇尚师德的教师群体文化。

对于学校发展过程中出现的与学校主流文化相悖的行为，校长不仅有责任、有义务，而且必须有魄力、有智慧给予清除，保证学校的发展沿着正确的轨道前行。

我在没来十七中学之前，就有所耳闻：十七中学的风气不正，指的是：正不压邪。

经过半年多的了解，验证了曾经的耳闻。学校高中部的一位老教师，有着高学历，精通业务，为人也是心直口快，但最大的缺点就是爱论个是非短长，因在原单位与领导矛盾激化才调到十七中学。曾在学校结构工资改革过程中，公开跟我说："葛校长，你放心，高中部，我敢保证，只要我举手没有敢不举手的，只要我不举手，也没有敢举手的!"事实上也确实如此。高中部绝大多数都是年轻教师，一方面尊重她年长，一方面也是惧怕她的威风，因此，很多时候，她的意识就不得不成为大家的公共意识。

无独有偶，初中也有一位老教师，与高中的老教师如出一辙。虽然这两位老教师曾经为学校做出过贡献而且并无干扰学校管理的故意，但事实上，由于这两人的存在，一些本该正常进行的管理工作偏离了轨道。特别是评优、职务晋升等工作，涉及很多老师的切身利益，她们和谁好就给谁拉票，某种程度上干扰了学校的决策。于是，很多教师想的不是怎么搞好教学，而是搞好和她们的人际关系，不然评职称就没戏了。

面对这种干扰学校管理和发展的不正常现象，领导班子经过认真思考，精心安排，妥善解决了这个问题。

在此后的职称晋升、考核评优工作中，原则就只有一个：看工作。为此，老师们没有了思想顾虑，因为，他们知道：只要工作做得出色，评职、评优根本不是问题。自此，教师们把全部的时间和精力放在了对教育教学的研究中。

在2006～2008年这三年时间里，我校先后做出了4次处理决定，对工作中炒股、体罚学生、无故旷工的教师做出处罚，轻者取消评优、晋级资格，重者予以辞退。

经过几年的努力，十七中学的正气形成了，老师们将精力全部投入到教育教学中去。近两年，已经杜绝了教师严重违纪事件的发生，保证了学校教育教学工作的顺利进行。

八、当舌头碰到牙

校长在解决问题时，要善于应用中医理论，讲究调理，疏通经络，保持学校机体的血脉通畅、神清气爽、健康发展。

老百姓常说：舌头哪有不碰牙的。

学校就像一个大家庭，家庭主要成员就是教师和学生，师生间的摩擦在所难免，当舌头碰到牙时，既不能将牙齿连根拔掉，也不能让舌头受屈。

校长此时的角色必须是消炎药和止痛剂。消炎，即找到矛盾的焦点，化解矛盾。止痛，尽可能让矛盾双方损失、痛苦最小化。

2006年12月，我校发生了一起教师体罚学生的典型事件。一位初中班主任惩罚一个屡次违犯学校、班级纪律的学生，让他当着全班同学的面罚跪在讲台下，对孩子的身心造成了严重损害。当时，学生家长极为气愤，意欲曝光给媒体，甚至要将老师绳之以法。家长提出：我国《义务教育法》、《教师法》、《未成年人保护法》都有明文规定禁止体罚或变相体罚学生，老师体罚孩子是违法行为，要依法惩办。

说实在的，我很理解那位老师，辛辛苦苦教书育人，真的是恨铁不成钢，排除老师的道德因素，若非学生欺人太甚，一般老师都能克制情绪；我也很理解那位学生，一脸稚气分明还是个孩子，因教师的责罚变得郁郁寡欢，承受了与他年龄不相符的心理打击；更理解家长，自己的孩子那真的就是心头肉啊，知道了孩子的遭遇，不可能沉得住气！此刻，作为学校的管理者除了反思和自责，就是如何化解矛盾。我们不去想为什么师生之间会爆出这等事来？一味地怪罪老师或学生都不在理！那么既然问题发生了，我们只能在尽可能维护学生权益的状况下，少伤及教师管理班级的积极性。

作为学校，我们诚恳地向家长承认我们在管理方面的漏洞，积极配合家长做好孩子的思想工作，抚慰孩子身心的创伤；对体罚学生的班主任进行严肃的思想教育，让其认识到问题的严重性，主动向学生、家长承认自己工作中存在的失误，并给予教师相应的校纪处理；耐心做好家长的思想工作，努力得到家长的理解、谅解，理解教师教育学生的动机是为孩子和整个班级好，并无恶意。

最终，校方的诚恳态度终于换来家长的谅解。避免了学校的声誉再度受到损害。

我时常对师生们讲：爱护学校的名誉要像爱护自己的眼睛一样！我们每个人的一言一行都是学校无声的名片，尊严和尊重是靠自尊和自重换来的。

校长在解决问题时，要善于应用中医理论，讲究调理，疏通经络，保持学校肌体的血脉通畅、神清气爽、健康发展。

九、降工资

金钱固然重要，但却不能吞噬为人师者的心，凭借对教育事业无私的热爱，教代会一致通过了十七中学历史上唯一的一次“降工资”方案。

义务教育阶段教师交流这一举措深受老百姓的欢迎，却给我校管理工作带来了前所未有的挑战。作为完全中学的十七中，按照市区教育局的要求，面临着必须将初高中教师分开对待。学校教师的身份要分清，工资待遇要分清，因为划归为初中教师的人员需要参与学区内的交流，而且在工资来源、发放上也与高中有了明确区分。摆在我们面前的问题很多，需要冷静思考，更需要稳妥迅速地解决。

问题一，学校历史上是初高中混岗的，即学校根据整体工作的需要安排教师担任初中或者高中教学工作，甚至有多名教师同时担任初中及高中的教学工作。如何确定他们的岗位，既要令教师个人认可，又要保障学校教育教学工作的顺利进行。

那个阶段，我找每一位教师谈心，了解他们的真实想法，同时也将学校的境况、需求与他们沟通，第一时间取得共识、达成一致，使得学校的初高中定岗工作顺利完成，老师们欣然认同自己的岗位，积极投入到学校的教育教学工作中去。

问题二，结构工资的重新核定。

教师的结构工资是在特定的历史条件下应运而生的，在某个阶段，确实起到了对全体教职员工教书育人的积极性、主动性和创造性的激励作用。随着义务教育均衡发展的实施，初高中教师的分离，原来的结构工资方案按照市区教育局的要求必须进行调整。

十七中学原有的结构工资方案中每人每月平均为330元，其中市财政拨款30元，学校投入300元。按照上级部门下发的文件精神，初中教师调整为人均260元，高中教师省级重点500元，市级重点400元，一般高中300元。这就意味着，初中教师在工作量没有丝毫减少的状况下结构工资平均下调70元，高中教师下调30元。而其他行政人员因为初高中分离后，工作量相对加大，在工作量增加的同时也要降工资。在绝大多数人心里，在原有工作量不减的情况下，下调工资是无论如何没法接受的。仅以人事工作的工作量来看，初高中人员要严格分开，这无形中增大了工作的难度。而在调整后结构工资方案中行政人员的结构工资就低不就高，以便使初中教师心态相对平和。

那段时间是我到十七中学刚刚半年，教师的思想工作遇到了前所未有的考验。原本在一个校园内，同工不同酬，还要让教师们欣然接受，光靠说教是远远不够的。

按照上级的文件精神，经过反复核算，新的十七中学结构工资方案出台了，因为学校一向坚持民主治校，因此必须经教代会通过这一关。至今我还清晰地记得，研究结构工资方案的那届教代会，是有史以来最为艰难，也最具戏剧性的。第一次会议，整个初二年级的代表无人到会，会议不得不临时取消。再后来，代表们就是不举手，几次会下来，也无法通过方案。

作为一校之长，按照上级要求可以将自己的工资定位在全校工资的第五名，而我只是定位在了第十，这意味着所有中层以上干部的工资也都相应排位靠后，在争取了干部的理解后，我除了在会上耐心解释方案，还找了四十几名代表逐个谈话，听取代表的心声。同时也实事求是地摆出学校面临的客观问题和实际困难，逐一争取到每位代表的理解，最后终于达成共识并得以顺利执行，通过了十七中学历史上唯一的一次“降工资”方案。

结构工资风波，拉近了我和老师们的心理距离，通过逐一谈话，增进了彼此的理解，为日后其他工作的顺利开展打下了基础。

十、圆梦

机遇只垂青有准备的人。

在目前实行的中小学校长负责制前提下，校长是学校管理工作中的最高领导者，是学校发展的引领人。学校要实现不断发展，就要求校长不仅要善于管理，而且要善于领导。

管理者关注的是如何做事，而领导者则更关心为什么做事。做什么比怎么做更重要，做正确的事比正确地做事更重要。校长要处理好“埋头拉车”和“抬头看路”的关系，提高“看路”的自觉性、前瞻性。

做正确的事，关键是做科学的决策。无数的事例说明，对校长而言，决策的成功是最大的成功，决策的失误是最大的失误。

作为校长要站得高、看得远，思考对学校的发展有全局性、战略性、前瞻性意义的问题，要对学校发展做出正确的战略选择。

从着手2006年的招生工作时开始，我就在思考：随着教育改革的不断深入，省级示范高中和市级重点高中都在不断地扩招，作为一般高中的十七中学即使位于一般高中的前面位置，如果只是停留在这个低层次的圈子里竞争，就永远也无法与其他省市重点高中相比。因为录取批次不同，与重点高中相比根本就不在一个起跑线上，永远是拣人家挑过的学苗，永远也不会有出路。这个问题不解决，学校的进一步发展必然受阻，长此以往，全体教师努力奉献的积极性就会受到打击。摆在我面前的最重要的问题，是必须突破学校录取批次的限制，必须寻找一条可以与重点高中同台竞争的出路。于是，我想到了要让学校晋升为市级重点高中，只有这样，才能彻底摆脱被动局面，才能赢得学校进一步发展的机会。

事实上，2000年以后，为了促进民办教育的发展，沈阳市只有几所民办高中晋升为市级重点高中，公办高中没有一所晋升市级重点高中。面对这种情况，我当时想，为了学校的发展必须要跨过这道坎儿，那就是市里必须给予公办学校晋升市级重点高中的机会，沈阳市第十七中学一定要参与晋级评选，并且一定要晋级成功。一道道难题摆在了面前，为了学校的发展，为了全校的教职员工，所有的问题都要一一解决。

于是，我将我校办学中的困惑向市教育局领导汇报，并恳请和建议市教育局能够开展市级重点高中评选，给予与我校及同类学校以发展的机会。后来，经过多方努力，得到了沈阳市教育局的大力支持，沈阳市开展了市级重点高中的晋级评选活动。

为了能够在市级重点高中检查验收中实现我们的夙愿，2006 年 11 月，我们开始着手晋级市重点高中的准备工作。还记得我将晋升市重点的相关工作布置给办公室主任时她眼睛里的惊喜和疑惑的复杂表情。我明白：喜在晋升重点是几代“十七人”的夙愿，由我们来完成是一种荣耀和自豪；惑在谁也不敢确定一直在低谷中爬坡的十七中学到底能不能行。而我坚信：机遇只垂青有准备的人。

由于我校是两级中学，按照市教育局的检查验收条件，如果参与市级重点高中晋级检查验收，就必须实行初、高中分离。

初高中分离直接涉及沈河区初高中布局调整的问题，而这样的问题不是作为校长的我能够解决的。当时，区教育局张晓军局长和杨国臣书记非常支持我校参评市级重点高中，为我们研究设计了初中剥离的具体方案，沈河区教育局领导的大力支持为我校晋升为市级重点高中奠定了坚实的基础。

所谓初高中分离，就是让十七中学成为一所独立的高中，将初中的师生剥离出去。为了不影响学校正常的教育教学工作，使全体教师思想上不过早地产生波动，我们没有对参评市级重点高中的事情进行宣传。因此，参评市级重点高中最初的所有准备工作都是由学校中层以上干部来完成的。直至市级重点高中检查验收组来学校检查验收前的一个月，我们才对全校师生进行了思想上的动员，使全校师生以饱满的精神状态迎接检查验收。

首先，是强化了学校精神文化建设。进一步确立了“以学生发展为本，为学生终身发展奠基”的教育理念和“让每名学生都成人，让每位教师都发展，让每个家长都放心”的“三让”办学思想，加强了打造“激情‘十七’、和谐‘十七’、质量‘十七’、绿色‘十七’、开放‘十七’”的“五个‘十七’”办学方略的落实。经过共同努力，这些思想已成为学校文化建设中精神文化的主要内涵。在此精神文化的引领下，师生的精神面貌焕然一新。

其次，是加强学校的物质文化建设。我们克服了资金严重不足的困难，多方化缘，筹措资金，主要是改善校园环境，教学楼教工厕所的装修，走廊文化的建设，教学楼中厅校训、办学思想和办学方略的展示等等，这些都在寒假期间得以完成。

再次，是加强学校的制度文化建设。我们对学校原有的规章制度通过由上至下、由下至上的过程进行了修订，进一步规范了学校的制度管理，形成了《沈阳市第十七中学管理手册》，并以此来约束教师的教育教学行为；形成了《沈阳市第十七中学学生手册》，并以此来规范学生的行为。学校制度文化建设的加强，使全校师生的行为规范达到了一个崭新的水平。

为了使迎检工作取得更加理想的成绩，我们果断决定利用“五一”黄金周换掉了109扇旧门，并在7天的时间内将换门后的混乱场面收拾得窗明几净、一尘不染。在学校晋升市级重点高中的过程中，全体干部、全校师生做出了多少无私奉献，难以用具体的数字和语言来表达。我认为：这就是“十七”的效率，是激情“十七”的体现，更是和谐“十七”的展示。

2007年5月17日，沈阳市教育局以下发文件的形式公布：沈阳市第十七中学以总分第一名的成绩晋升为沈阳市重点高中。学校由此实现了历史上的跨越，也成为十七中学发展史上的一个里程碑。忘不了，消息传来，师生们奔走相告、激动人心的场面；忘不了前任老校长电话里的感叹：“小葛，你真行！你实现了十七中学几代人的夙愿！”

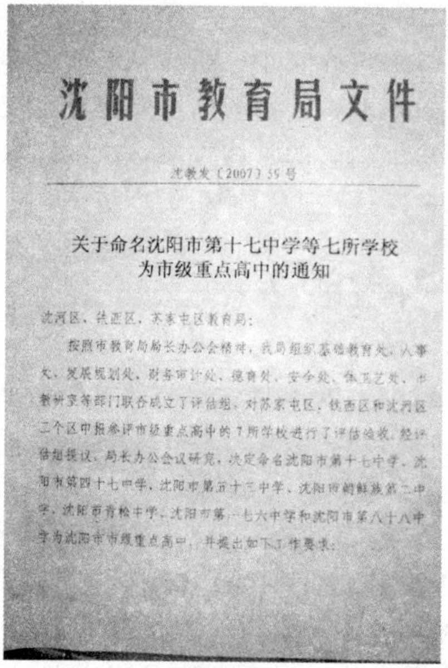

沈阳市教育局文件

沈教发〔2007〕55号

关于命名沈阳市第十七中学等七所学校为市级重点高中的通知

沈河区、铁西区、苏家屯区教育局：

按照市教育局局长办公会精神，我局组织基础教育处、人事处、发展规划处、财务审计处、德育处、安全处、体卫艺处、市教研室等部门联合成立了评估组，对苏家屯区、铁西区和沈河区三个区申报参评市级重点高中的7所学校进行了评估验收。经评估组提议、局长办公会议研究，决定命名沈阳市第十七中学、沈阳市第四十七中学、沈阳市第五十三中学、沈阳市朝鲜族第二中学、沈阳市育松中学、沈阳市第一七六中学和沈阳市第八十八中学为沈阳市市级重点高中，并提出如下工作要求：

1. 认真按照[illegible]初、高中分离工作。需分离的学校2007年[illegible]招生，重新划分原初中学区[illegible]，并确保科学合理、群众满意。

2. 按照《沈阳市市级重点普通高中评估细则》的要求，认真落实评估组反馈中指出的需要改进的事项，继续完善现有的办学条件，不断加强干部教师队伍建设，严格执行国家和省颁布的课程计划，进一步提高学校管理水平，努力提升学校教育教学质量。

二〇〇七年五月十七日

主题词：教育　学校　通知

沈阳市教育局办公室　2007年5月17日印发

学校晋升沈阳市重点高中的过程中，使我深深感受到：作为校长要准确地把握学校已经客观存在的现实及客观现实中蕴藏的学校未来发展的机遇，抢抓机遇，做正确的事。只要做的是正确的事，老师们肯定积极主动地配合，这样一来，动力大增，阻力大减，事半功倍，水到渠成，校长也就当得举重若轻，游刃有余，学校也就会向好的方向发展。

十一、难舍难离

调离十七中学的教师们不是“嫁出去的姑娘”，更不是“泼出去的水”。

始于2006年9月的义务教育阶段均衡发展的教师交流工作刚刚结束，伴随着我校2007年5月成功晋升为沈阳市重点普通高级中学，按照市教育局市级重点高中必须实行初高中分离的要求，区教育局安排我校在三年内通过初高中逐渐分离的方式实现。因此，从 2007 年开始我校的初中不再招收新生，并从 2007 年开始初中教师分三年分到区内各初中，以实现市教育局提出的初高中分离的要求。

虽说教师交流的工作不是很好做，但是在全市范围内教师交流的大气候影响下，我校的这项工作平稳有序。而初高中分离意味着我校初中教师将在三年内分先后离开学校。人非草木，孰能无情。不管学校是好是坏，每位教师对自己曾经工作过的地方都是有感情的。况且，当时学校已经晋升为市级重点高中，刚刚步入快速发展的轨道，每位教师都为之兴奋，刚刚看到希望，就要离开，那滋味可想而知。怎样才能做好初高中分离工作，当时真有点一波未平，一波又起的感觉。但工作还得做，所以经过几天认真的思考和研究，最后我们决定依据市区教育局政策，坚持以人为本的原则来操作。

首先，初高中不再混岗安排工作，从学校内部工作安排上实现初高中工作分离。

其次，根据学校工作需要对愿意到高中工作并且胜任高中教育教学工作的老师予以安排工作。

再次，学校要与区教育局沟通将分离出去的教师安排到较好的学校，解决教师在分离过程中的思想压力。

在区教育局的大力支持下和学校的努力下，分离出去的教师都高高兴兴地找到了适合自己的位置，平稳实现了我校的初高中分离。

我始终在想，虽然政策要求要实现由"学校人"到"职业人"的转变，但是作为我这个比较传统且重感情的人来讲，实在不舍得老师们离开学校。因为他们为十七中学的发展做出过贡献，而学校的发展刚刚起步，还来不及享受学校发展给他们带来的喜悦就要离开，感情上真的难以接受。虽然他们都被分配到了非常好的学校，并且都高高兴兴地投入到了新的工作中，但那段时间我的心情始终是沉重的。

人们常说：十事九不周。在初高中教师分离过程中发生了一件事：记得 2008 年 8 月，区教育局人事科通知学校语文教师侯守正到沈阳市一四三中学报到，侯老师得到消息后非常高兴，因为这一分配结果符合侯老师的个人想法，侯老师上班可以不用换乘公交车直接到达一四三中学。但是当他去报到时，却被告知，学校不缺语文教师，无法接收。随后，侯老师到教育局人事科询问事情的缘由，经过人事科沟通无果后，人事科将他分配到了另一所学校，老教师得知后非常生气，坚决不服从分配，他坚持必须按照教育局人事科原来的分配方案到一四三中学工作。

作为一名从事教育工作多年且经验丰富的教师来讲，对于任何事情都是有着自己的主见的，不是谁三言两语就能够说服了的。最后，人事科跟我商量希望学校能够让侯老师在学校再工作一年，下一年再安排到一四三中学工作。我觉得侯老师是十七中学的教师，无论出现什么情况我们都应该做他的坚强后盾，我毫不犹豫地答应让侯老师回校继续工作。就这样侯老师在第二年如愿以偿、高高兴兴到一四三中学工作了。

校长在面对人事制度改革和岗位安排的工作时，一定要坚持以人为本，尊重教师。想教师之所想，急教师之所急，做教师的贴心人，真诚沟通，真诚交流，在和谐的氛围中做好工作。

十二、我还是“十七人”

虽然一部分教师调离了十七中学，但他们始终心系十七中，为学校的发展默默地奉献着自己的力量。

李博老师1995年毕业于辽宁师范大学数学系，毕业后被分配到148中学担任数学教师，他肯动脑、善钻研，很快成为“快班”的班主任。但由于教育资源整合，2000年，148中学解体，李博老师被分配到十七中学任教，由于业绩突出，2005年被聘用为教务处副主任，分管初中教学工作。

2006年开始，教育的均衡发展迫使初高中必须分离，直至2009年8月，整个初高中分离工作才彻底结束，但在那短短的3年里，十七中学发生了翻天覆地的变化，既令老师们喜悦也令他们特别的不是滋味：在十七中学这么久，终于看到学校发展的曙光了，我们却不得不离开了，而在初中教师严重超编的状况下，哪所学校会接纳我们，会重视我们？一时间教师们的思想出现了波动，甚至出现了做一天和尚撞一天钟的思想。为此，我们在全校范围内展开大讨论：教育体制改革是大局，服从大局是每个教师的义务及职责，站好最后一班岗，体现人民教师良好的职业道德不仅是大局的需要也是每个人良知的体现。因为，对于每个学生来说，初中学习生活一生只有一次。如果因为教师自身思想情绪的波动给学生带来不应有的负面影响，那将给学生们的健康成长造成无法挽回的损失，这是我们不愿看到也不该看到的结果。李博主任带领初三年组全体老师摸爬滚打，圆满地送走了十七中学的最后一批初中毕业生。

鉴于李博老师的奉献精神及大局意识，在初高中完全分离后，我们经过研究决定：继续留用他做学校的教务副主任。令我没想到的是，李博主动找到我，诚恳地提出了他的个人请求：由于他毕业后一直在初中任教，可以说对初中教学轻车熟路，鉴于越来越激烈的教育竞争，他认为自己不适合留任高中，即使勉强留下，自己也很难在高中的学科教学中脱颖而出。说实话，答应李博的要求，我是作了一番思想斗争的。一是，作为一校之长，失去一位干将，心痛；二是，作为十七中学的主任，到其他学校去做普通教师，似乎觉得于自己颜面无光。但作为一个好同事、好朋友，我觉得李博的要求是完全可以理解的，每个人都有选择自己道路的权利，并且内心里钦佩李博的胆识和气度。斟酌一番后，我觉得不能因为学校的一时之需耽误了他的个人理想。于是，我主动推荐李博到区内的一所口碑很好的初中——沈阳市实验学校任教。同行笑谈：小葛行啊，敢于挖自己的墙脚！至今想起此事，内心感触依然是复杂的，当学校利益与教师的个人利益发生冲突时，绝不是一句“个人利益要服从集体利益”一句大道理可以说得清的。

作为沈阳市实验学校的初三班主任，李博老师对学生讲得最多的一句话就是：“如果考不上省重点就报十七中”。用他的话说：十七中或许目前不是最好的市级重点高中，但它绝对是最有发展前景的市级重点高中，也是目前我们看到发展最快的高中之一。当我们再一次碰面提及此事，李博当众就表示：“虽然我离开了‘十七’，但别忘了，我还是‘十七人’。”话语掷地有声，令人感慨。

由于初高中分离而离开十七中学的教师都在牵挂着十七中学的发展，例如，孟宇、邢利丽等老师都在默默地为十七中学的发展做着贡献，都在为十七中学的招生做着自己的努力，因为他们了解十七中学、相信十七中学，他们本着为自己学生负责任的态度让他们选择十七中学。从 2007 年到 2009 年共有 56 位教师离开了十七中学，他们是十七中学最可爱的人，十七中学感谢他们！

十三、起航——数学“教学案”教学

无论校长思想多么先进，方法多么科学，只有把它转化为教师在教育教学中的实际行动，才能发挥应有的作用，取得预期的理想效果。

2006 年，我校还是一所一般高中，接收的几乎是沈阳市中考中最差的学苗。一般来说，考入我校的学生大都存在着偏科的现象，相当一部分学生良好的学习习惯和行为习惯有待于形成，而数学和英语两门主科学科的普遍薄弱，成为学校教育教学质量提升的障碍，桎梏着学校的发展。

由于家长和社会对学校评价的唯一标准是高考升学率，作为校长，在引领学校发展过程中就必须要把高考升学率放在重要的位置。那么，如何提升教学成绩？这个问题令我彻夜难眠。于是，我深入课堂、深入班级、深入到教师和学生中，力求在最短的时间内找到学校教学管理和教师教育教学方面的症结所在，找到提升教育教学质量的突破口。

通过观察发现，不少教师只注重自己的“教”，却忽视了学生的“学”。课堂教学，从教师的主观愿望出发，重视知识传授，缺乏能力培养，教师千方百计把教学内容压给学生，而学生则是昏昏欲睡，思考、练习的时间太少，学生处于被动学习的地位，教学效果不佳。另外，还有很多学生产生了“厌学”情绪。

我们知道，决定学生学习成绩主要有两个方面的因素：一是教师的教学水平和教学方法；二是学生的学习兴趣和学习方法。基于当时我校师生的具体情况，要想短时间内解决学生成绩差的问题仅靠时间加汗水几乎是不可能的，改革或许能够有出路，不改革就一定没有出路，这是一个不争的事实。

针对这种情况，我反复思考解决这一问题的方法。人们常说：他山之石可以攻玉。于是我想到了学习和借鉴兄弟学校的成功经验，在认真学习研究全国各地课改经验后，我觉得可以学习借鉴江苏南京溧水县东庐中学的“讲学稿”经验，因为讲学稿是集教案、学案、笔记、作业、测试和复习资料于一体的师生共用的教学文本，是“教学合一”的载体，可以帮助我们解决目前师生在教学中面临的问题。然而，东庐中学是一所初中，初高中教材在知识量与难易度等方面存在很大差异，完全照搬照抄他们的模式是绝对行不通的。于是，2006年6月，一场十七中学历史上史无前例的课堂教学改革——数学学科“教学案”教学改革，悄然兴起。

犹记当时，刚到学校主持工作的我，把自己的想法拿到班子会上共同研究，班子成员集思广益，确定了“结合学校实际，稳步分科推进”的原则，并选择了我所任教的数学学科实施尝试性改革。

2006年6月的一个清晨，我将当时的数学教研组长胡为国老师和孟宇老师（初中）请到我的办公室，共同探讨如何提高学生数学成绩的问题。在分析学情的过程中，两位老师指出了我校学生数学成绩差的原因是学生数学基础差，从而出现学习数学的畏难情绪，进而缺乏学习兴趣，导致成绩难以提高。同时，他们也提出了要通过研究学情、精心备课、精选习题、加强辅导等方法提高成绩。两位老师都是我校的教学骨干，分析学生的原因和提出解决问题的方法自然是十分正确的。在对他们的观点充分肯定的同时，我提出：我们能否换一个角度来思考解决这个问题的方法？于是我便说出了在数学学科学习东庐中学“讲学稿”经验的想法。

我给他们拿出了我在参观考察东庐中学时购买的经验材料，并给他们简单介绍了东庐中学以“讲学稿”为载体的课堂教学模式的具体做法，即：年级中业务素质高、教学能力强的教师先准备教案，然后经全体教师集体讨论定稿后，供教师与学生共同使用。课堂上，老师只用15分钟的时间讲解教学的重难点，学生根据“讲学稿”的内容以自学为主，疑难问题可当场提问、讨论。这种方式不仅可以激发学生学习的自主性，也便于

数学组教师研究“教学案”

学生更好地明确学习目标，少做学习笔记，提高学习效率。听完我的介绍，两位老师非常兴奋，他们表示要进一步研究“讲学稿”的做法，并根据实际情况在新高一和初一进行尝试。

鉴于课堂是教师的教和学生的学共同实现的过程，我们将十七中学的这次教学改革定名为“数学教学案教学”。胡为国老师在认真研究东庐中学“讲学稿”的基础上，开始了高中数学“教学案”的编写工作。他在 2006 年的暑假期间，购买了十几本参考资料，牺牲了自己一个暑假的休息时间，进行选题、编题，完成了下一个学期的“教学案”的全部编写工作，并在正式上课前，与备课组内教师共同研究、修改，最后定稿，备课组内教师共同使用，就这样，2006 年 9 月，学校高一年级开始了数学学科的“教学案”教学的实验研究。

2006 年 12 月，市教研员王孝宇老师来校听课，对胡为国老师带领的高一年级数学“教学案”教学给予了高度赞扬，并建议将数学“教学案”教学纳入由省教研员刘莉老师主持的国家“十一五”教育科学规划重点课题《推动高中数学课程改革顺利进行的基本对策研究》的子课题，由此，我校的数学“教学案”教学进入了规范管理的研究轨道。

2007 年 11 月，辽宁省国家“十一五”教育科学规划重点课题《推动高中数学课程改革顺利进行的基本对策研究》中期研讨会在辽宁省北镇市召开。全省 200 多位数学教师参加，胡为国老师代表沈阳市作了“怎样实施教学案教学”的经验交流，他从为什么进行“教学案”教学、怎样做和取得的成绩三个方面进行了介绍，受到了与会专家、教师的一致好评。

数学“教学案”教学改变了我校大部分学生课前没有预习习惯，上课只是出耳朵听的现状，学生们为了完成“教学案”上课前要求做的题目，必须通读教材、研究教材，这就达到了促进学生课前预习、加强学生听课的目的性、提高学生积极参与课堂教学的目的。

由于“教学案”是备课组教师精心研究教材、考纲后集体智慧的结晶，因此常常出现与市教研部门所出考题吻合，甚至有时一模一样的情况，学生们在认识到“教学案”的科学性、便捷性的同时更感受到了它的实用性，利用“教学案”后，学生数学成绩的普遍提高激发了他们对数学学科的学习兴趣。

通过三年的实验研究，数学“教学案”教学取得了理想的成绩。在 2009 年沈阳市组织的全市普通高中第二次模拟考试中，我校高三年级的数学平均成绩跃居同类 11 所学校第一名（注：我校入学成绩排在 11 所学校的第 7 名），超过 3 所市级重点高中。在 2009 年高考中，我校的数学（理）平均成绩超过 3 所市级重点高中。

“教学案”教学模式，就是通过教师们共同研究制定的“教学案”为学生们学习提供一个载体，由于“教学案”在制定过程中充分考虑到了学生的实际能力，因此，学生们在学习数学时没有了畏难情绪。“教学案”教学既注重学生的

数学组编写的整套高中"教学案"

学，又注重教师的教；既节省时间，又提高课堂效率；同时，"教学案"教学有利于学生主动性和创造性的有效发挥，有利于学生实践能力和创新精神的培养，有利于教师教学主导性的充分体现，使教学具有很强的针对性。

通过对"教学案"教学模式的操作途径和方法的探索研究，为我校乃至沈阳市一般高中数学课堂教学改革提供了一个较为成功的实践案例，对推进我校的数学课堂教学改革、促进教学质量的提高具有深远的理论意义和实践意义。

事实上，我们从 2006 年 9 月～2009 年 9 月开展的《高中数学"教学案"教学模式的研究》所取得的成果，为我校 2010 年 9 月从高一新生开始的"学、悟、探、测、思"课堂教学模式改革奠定了坚实的基础。

无论校长思想多么先进，方法多么科学，只有把它转化为教师在教育教学中的实际行动，才能发挥应有的作用，取得预期的理想效果。

十四、构筑课程体系

安排好各类课程的比重，建立科学的课程体系是课改的重中之重。

通过校本课程的开发与实施，促进了教师课程观念的转变，关注了学生兴趣、个性与学习方法，培养了学生主体意识、问题意识和科学探究精神，培养了学生创新精神和实践能力，对"自我管理，主动学习"的学生文化和"在教学中研究，在研究中教学"的教师文化的形成起到了至关重要的作用。十七中学开发的校本课程已经是学校课程体系中不可或缺的部分。

2006 年，辽宁省颁发了《辽宁省普通高中课程改革工作方案》，在课程改革工作的基本目标和主要任务中明确提出："探索课程管理运作模式，贯彻国家、地方和学校三级课程管理制度，增强课程对地方、学校和学生的适应性，充分体现课程的基础性、选择性和均衡性。构建有利于培养学生的创新精神和实践能力为重点的普通高中课程体系"。这样的目标和任务赋予了学校在执行国家课程和地方课程的同时，结合本校的传统和优势、学生的兴趣和需要，开发或选用适合本校的课程的自主权，为学校创造性地实施国家课程、因地制宜地开发学校课程和学生有效选择课程提供保障。

在这样的背景下，十七中学在实施新课程标准的同时也走上了"开发校本课程，构建符合新课程标准的完善课程体系"的道路。

确立校本课程体系与内容

《普通高中课程方案（实验）》规定普通高中课程由学习领域、科目、模块三个层次构成。根据我校自己的特点，我们将校本课程整合成四大学习领域——“人文与社会”、“科学与技术”、“艺术与健康”、“综合实践”。

人文与社会

“人文与社会”涵盖学校教育中所有的社会科学的内容。具体包括：“诗歌鉴赏”、“时事政治”、“东北地方史”、“自然灾害和可持续发展”等拓展课程。

“诗歌鉴赏”拓展课程。由课内拓展到课外，通过开展“诗歌朗诵比赛”等的活动形式，拓宽学生的阅读面，培养学生的阅读兴趣，提高学生运用语言特别是母语进行表达的能力。

“时事政治”拓展课程。结合时事面向全体学生开展时事讲座，让学生关心国事、天下事，特别是关注国家建设的伟大成就；开展法律知识讲座，培养学生遵守国家法律和社会公德的意识等等。

“自然灾害和可持续发展”和“东北地方史”拓展课程。通过活动丰富学生的历史和地理知识，让学生的视野扩宽到书本之外，充分挖掘中国以及世界的历史和地理资源，特别是对“大帅府”丰富的人文资源进行充分的利用。

科学与技术

一方面根据自然科学类的学科范畴——物理、化学、生物、地理等学科开设拓展阅读课程，如：《趣味物理现象》、《生活中的化学》等，开展科学知识讲座，拓展学生的视野，丰富学生的科学知识，培养学生的科学意识；另一方面又通过学习自然科学知识、通用技术、计算机知识，激发学生的兴趣，提高学生的能力。

艺术与健康

这是最能体现我校办学特色的部分。这一领域的课程更多的是以活动和讲座的形式开展，让学生在“活动”的平台中充分培养和发挥个性特长。

音乐方面。学校的学生合唱团每周定期开展训练，经常举行各种表演和竞赛活动。学生表演艺术团也十分活跃。学校将学生的各种艺术活动进行统筹安排，为学生表演艺术团提供表演的“舞台”。

美术方面。学校将美术兴趣小组学生活动纳入课表，并经常为学生设置美术绘画展览，为学生的作品发表和参加各种竞赛创造条件。为了推进艺术活动的开展，学校举行一年一度的“艺术节”，让学生有一个充分展示艺术特长的机会。

体育学科率先实行“选项教学”的教学改革。学生在《体育与健康》课程中除田径和健康教育两个必修模块以外，还有篮球、手球、足球、排球、健美操、武术、乒乓球、体育舞蹈等模块可供学生选择，为此，学校打乱班级，让兴趣相同的学生在一起上课。

每个学期学生自主选择一门体育技能学习，从而满足自身个性化学习和发展的需求。几年来，我校的体育课教学受到了学生们的喜爱，为全体学生能够健康成长奠定了基础。

我校的心理健康教育一直走在全市的前列。我们配备了专业心理教师及若干具有丰富教育教学经验的学科教师，经常开展心理健康讲座，多渠道开展心理健康教育和心理咨询活动，介绍心理健康知识，帮助学生解决心理问题，培养学生健康心理和良好的心理习惯，提高学生健康心理素质，培养学生健康和健全的人格。

综合实践

首先是指“德育系列”拓展课程。体现我校“自我教育”、“自我管理”、“自我发展”的“三自”德育模式，包括显性德育教材和隐性德育教材。

显性德育课程主要有思想政治学科中有关思想品德的内容，各学科渗透德育的教学和教案，开展各种综合性实践活动，如主题班会、主题团会、升旗礼及国旗下的讲话，青年志愿者协会活动、红十字会活动、征文、我的人生格言征集活动、法制教育讲座、观看法制教育演出等等。

隐性德育课程主要是绿化、美化校园环境，利用美丽的校园环境育人；建设和谐校园文化，利用校园文化来育人；利用校内师生和谐的人际关系、学生家庭环境、社区环境来育人。

其次是指在学校德育处、教务处的统筹安排下，以学校团委、学生会及综合实践学科组为具体操作实体，指导学生进行社会实践活动和社区服务活动，并为学生开展各种活动提供帮助、提供舞台。

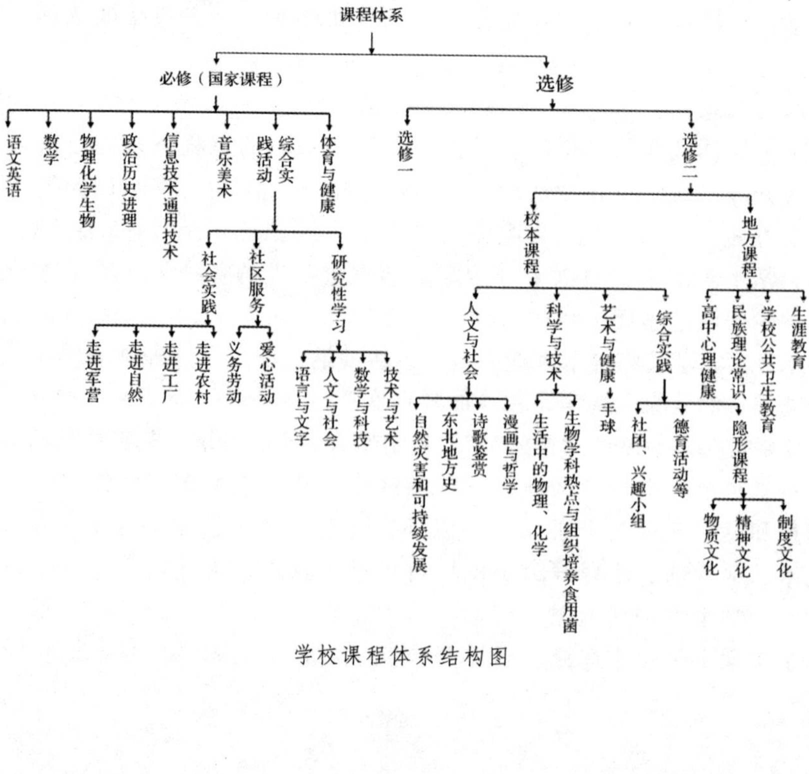

学校课程体系结构图

学生从高一下学期开始，就可以选择感兴趣的课程学习。随着时间的推移，已有的校本教材已经不能适应学生的需求，2009 年又进行了第二轮的修改和补充，不断丰富了我校的校本课程。校本课程的开设大大拓宽了学生的知识面，开拓了学生的视野，为学生的个性化发展提供了广阔的空间。

校本课程的开发与实施，促进了教师课程观念的转变，关注了学生兴趣、个性与学习方法，培养了学生的主体意识、问题意识和科学探究精神，培养了学生创新精神和实践能力，对“自我管理，主动学习”的学生文化和“在教学中研究，在研究中教学”的教师文化的形成起到了至关重要的作用。

十五、勇入“深水区”——“学、悟、探、测、思”课堂教学模式改革

要走出一条独具十七中学特色的改革之路，就要敢于在课改洪流中击水，浪遏飞舟。

“学、悟、探、测、思”这种“自主学习”课堂教学模式，是有十七中学特色教育理念的核心，正是在这种理念的指导下，十七中学迅猛发展，取得了有目共睹的成绩。

艰难抉择

2006 年秋季，辽宁省普通高中进入了新课程改革。应该说，普通高中新课程改革对于我校来讲既是机遇又是挑战。课改为提高我校整体办学水平提供了契机，教育教学改革的推进，使学校走上了内涵发展的可持续发展道路，实现了学生学习方式和教师教学方式的转变。

虽然我们在推进高中新课程改革中，逐步完善了学校的课程建设，构建了较为完善的选修课和活动课的课程体系。但是，对于高中新课程改革的“深水区”——课堂教学的改革却经历了一个逐渐深入的过程。因为课堂教学改革是涉及全体教师和全校学生的改革，内容和形式的改变是可见的、外在的，思想的根本转变才是改革取得成功的前提。而思想的转变绝不是一朝一夕能够完成的，需要一个循序渐进的过程。课改之初，我们并没有针对课堂教学组织形式进行改革，而是通过数学学科实验课题《数学学科“教学案”教学》的引领进行了探索，为全面实行课堂教学改革积累了经验、奠定了基础。

事实上，数学学科的“教学案”教学虽然解决了教师集体备课、精选题目的问题，并没有从根本上解决教师的教学方式和学生的学习方式，即使在这种情况下，也取得了很好的成绩。由于“教学案”的使用，2009 年高考中，学生的数学成绩显著提高，高考数学成绩仅比某老牌市级重点高中低 1.6 分，这是从来没有过的，理综合成绩超过该校 4 分之多，当年该校的录取分数线比我们高出 100 多分。在全市同类高中当中，我校理科总分第一名，文科总分第二名，

师生士气大增。基于这种情况，我们进行了全面的分析，得出了这样的结论：第一，数学学科的“教学案”教学是有成效的；第二，数学学科成绩的提高，对学生在理综合科目的学习中产生了正迁移效果。“教学案”教学取得的良好效果，坚定了我们实施“教学案”教学的信心。

在高考取得好成绩的影响下，2009年秋季开学，以学校的物理、化学、生物学科为代表的教师们纷纷要求实施“教学案”教学。当我看到这样一个局面的时候，内心充满了喜悦与感动，喜悦的是我们的老师群体氛围已经相当好，教师积极向上的群体文化已经初步形成；感动的是教师们对教育事业的执著追求。

“校长，数学成绩提高这么快，说明“教学案”教学是可行的、高效的，我们英语学科的成绩一直上不来，能不能也让我们采用“教学案”教学啊？”看到老师们急切的心情，此刻的我感慨万千，三年的潜心渗透、三年的耐心等待，终于等到了这一刻：老师们发自内心的要投入教学改革。而这恰恰是课改成功的前提和保证。

教师们的积极性有了，是不是就可以一股脑地改了？还不成，因为，教改的成败不仅关系到学校的前途和命运，更关系到每一个学生一生的幸福。教改失败可以从头再来，但学生的高中时代无法从头再来，我们要对学生和家长负责，对社会和国家负责，因此必须统筹谋划，系统设计，试点先行，逐步推进。

经过半年多的深度思考与研究，我们得出：只有对课堂教学进行颠覆性的改革才能实现新课程所要达到的目标和任务。

怎样进行课堂教学改革是个新课题，如何破解这个难题？使我陷入了长时间的冥思苦想。经过对洋思中学、东庐中学、杜郎口中学、昌乐二中的认真研究，分析他们实施课堂教学改革的背景、课堂教学模式的操作方式等等，总结出他们成功的共同规律，那就是将课堂真正还给学生。

环顾四周，沈阳市的普通高中阵营中还没有哪个学校已经取得了很好的经验。我们有这个实力和勇气做第一个改革课堂教学的学校吗？怎样的课堂教学模式才是高效且符合我校实际的？学生、家长能理解、支持吗？我们以什么方式发起此次改革？教师们能迅速地理解和融入改革中来吗？作为沈阳市中心城区的一所老学校，一旦在改革中出现点儿闪失，怎样向上级行政主管部门领导交代？一连串的问号始终在我的脑海中盘旋……

我把纷繁复杂的各种问题放到一边，静下心来，向“5W1H”方法要答案。

WHAT：我们要做什么？我们的内容和目标是什么？

我们要进行课堂教学改革，改革现有教师作为课堂权威者的一言堂、学生作为被动接受者的填鸭式教学现状，实现学生作为学习主体的主动学习，实现师生平等、民主、和谐的课堂气氛，转变教师的教学方式和学生的学习方式。

WHY：为什么要改革？

虽然我们过去的三年已经取得了很大的成绩，但是在我们无法进一步改变招生录取批次的情况下，我们将永远不能超过省级重点（省级示范）高中的教育教学质量。因为我们一般认为：在教学设施设备相差不大情况下，学校的教育教学质量将由教师水平和学苗质量来决定。学校要继续发展那就必须进行改革。另外，高中新课程改革始终处于徘徊不前，无法深入课程改革，真正的素质教育无法得以全面展开。

WHO：谁来做？针对的学生群体是哪些？

课堂教学改革是新课程改革的深水区，是一项涉及面广、涉及人员多、内容复杂、不可预见的问题多的一项改革，必须思想先行，稳步推进。校长必须亲自挂帅，亲自下水，分步实施，逐步展开。最适合的群体应该是高一年级学生，因为他们刚刚步入高中学习，高中课堂的教学模式对于他们来说是全新的概念，你给他什么模式他们就习惯什么模式，而高二、高三学生很容易受到既已形成的旧的课堂教学模式定势的干扰。

WHEN：什么时间进行？

学校的发展容不得停滞，全体教职员工的工作热情不能打击。同时，我们不能打无准备之仗。至少需要半年到一年的前期准备工作，包括统一思想、提高认识、全员培训等等。力争2010年秋季开始课堂教学改革，历经三年的时间完成第一轮的改革。

WHERE：在哪里进行？

在十七中学的教师中改革，在学校的新一届学生中改革。十七中学只有通过一场脱胎换骨的课堂教学改革，才有可能跻身于沈阳市的名校之列。

HOW：怎样改？

首先，校长身先士卒，统一领导班子思想；其次，统一全校教职工思想，做好前期动员和教育理论的辅导以及新型课堂教学模式的讲解；再次，选择2010年录取的新生作为课堂教学改革年级，任课教师作为学校第一批实施课堂教学改革的教师，成为第一批“吃螃蟹”的人。

还记得我在全校动员大会上的发言：“2006年至2009年这三年，学校实现了不断发展，靠的是什么？靠的就是‘敢为人先，勇于创新’的精神，靠的就是脚踏实地、稳扎稳打的实干。为什么要改革课堂教学？因为不改就没有出路，要想在越来越激烈的教育竞争中立于不败之地，只有改革。这是背水一战，全体‘十七人’只有众志成城、群策群力才能打赢这一仗！”

厉兵秣马

2010年5月12日，我为全校教师进行了题为《以“教学案”为载体，构建“自主学习”的课堂教学模式》的培训，给教师解读行为主义学习理论、认知主义学习理论、人本主义学习理论，给教师解读发现学习、意义学习、掌握学习等等。帮助老师理解建构主义理论、多元智能理论、有效教学理论及维果斯基的最近发展区理论，进一步转变教师的教育教学观念。同时，对学校各年级、全学科于2010年5月31日开始实施“教学案”教学做出了部署，要求全体教师积极探索“教学案”教学，应用现代教育理论，构建“自主学习”的课堂教学模式。

对全校教师作《以“教学案”为载体，构建“自主学习”的课堂教学模式》的培训

2010年5月，结合学校承担的教育部“十一五”专项任务项目《中小学全效学习方案研究与实验》的子课题《高中数学、语文“自主学习”方案研究与实验》，我校选送5位教研组长到山西新绛中学参加开题仪式，通过听课、评课感受新的教学模式。新绛中学将新课程强调的自主、探究、合作的学习方式应用到学科教学中、打破原来的课堂结构，建立适应新课程的课堂模式，以学生的展示为突破口，全方位实施素质教育。将陶行知先生极力提倡的“为教而学”的学习方法运用到教学实践中去。5位教师回到学校后，将自己的见闻与感受分享给大家，引起了全校教师的共鸣，课堂教学改革已经大势所趋，势不可挡。

在全体老师一个多月“教学案”编制、使用的实践基础上，课改领导小组总结原有“教学案”的利弊，根据实际情况，预设形成了我校的“学、悟、探、测、思”课堂教学改革中应用的“教学案”模式。

“教学案”的构成包括“目标导学，自主领悟，合作探究，自我检测，课后反思”五个部分，五个部分相应的对应课堂的教学环节。

1. 目标导学：教师要根据教材上的内容和《课程标准》、《考试大纲》、《考试说明》中对本节课知识点的要求，准确地认定本节课所要讲的“三维目标”分别是什么，然后将其一一详细地列举出来。

结合学生的认知水平，确定本节课教师和学生共同的目标，使教师与学生在教学与学习过程中形成强烈的目标意识。让学生一眼就能看出来，这节课我应该掌握哪些知识、哪些方法、能收获什么。

实际上，知识与技能是解决学什么的问题，过程与方法是解决怎么学的问题，情感、态度、价值观是解决人的内涵发展问题。

2. 自主领悟：是学生运用已有的知识和能力，根据目标导学，进行的自主学习。通过教师针对本节课的重点、难点，精心设计训练内容，对学生自主学习成果进行梳理归纳，明确重点，回扣目标，强化学习成果，形成知识网络，以此来检查学生自主学习的情况。检测题的设计必须适当精要，促使学生温故知新，构建知识链。本内容选取教材中基本概念、基本观点设计成小题，要求学生提前预习新课内容、互帮互学，课前完成预习自我检测，教师在新课教学过程中向学生提问，由学生回答，促进学生由学会转变为会学。

3. 合作探究：学生在自主学习的基础上，对个人不能解决的疑难问题，进行小组交流，共享自主学习成果，共释疑难，实现小组互助。教师精选典型例题，课堂精析精讲，归纳规律方法，培养学生思维能力。每道例题后配置基本练习，例题分析结束后随堂训练，达到及时反馈、及时强化的效果。

4. 自我检测：根据本节课的教学内容及学生实际，分层设计作为学生课堂或课后进行的学习内容。选取适当数量的题目作为本节课的课堂教学反馈，通过学生达成率的检测来促进教师及时反思教学情况。

5. 课后反思：学生的感悟、心得、收获；教师写课后记。课后反思是学生课后自我归纳、总结的过程，可使学生通过积极独立的思考，将知识进一步概括，使之系统化，实现知识学习的及时反馈，以便学生更深刻地理解知识，更牢固地记忆知识和灵活运用知识。

为教师作《改进我们的课堂教学——学生的有效学习和教师的有序教学》讲座

2010 年 7 月 25 日，教务处安宁主任为全体教师作了《“教学案”的编制与使用》的培训，进一步规范了教师的行为，使教师们在教中学、在学中教。

2010 年 7 月 31 日，我为全校教师做了题为《改进我们的课堂教学——学生的有效学习和教师的有序教学》的报告，从任课教师的角度来分析课堂教学现状：以题海战术为主，片面的在辅导上下工夫，教师累，学生累，质量还不高，导致教低效、学低效。根据这样一种现状，我提出了教师要有序教学和学生要有效学习的问题，变秧田式为圆桌式的教学组织形式，引发了教师们的思考。同时，提出了“教师下海，学生上岸”的号召。

2010 年 8 月 2 日～3 日，正值暑假，全体干部在学校认真研究学习东庐中学、杜郎口中学等课改名校的经验和做法，结合我校实际，扬长避短，确立课堂教学改革的方向和阶段目标，统一思想，各部门协调一致。研究并制定《实施“学、悟、探、测、思”课堂教学模式方案》、《导师制实施方案与要求》等十几项与课堂教学改革配套的措施与细则。与此同时，新高一年级教师以集备组为单位开始分工编制新学期使用的“教学案”。

为赢得学生家长对课堂教学改革的理解与支持，2010 年 8 月 10 日，我亲自主持召开高一年级家长会，让家长了解学校的教学模式和管理方式，以便配合学校的教改工作。会上，我坚持一个原则：不提改革半个字，避免家长产生思想顾虑。家长们来到学校首先被校长接待，感到自己备受重视，一改过去家长对学校工作指指点点、学校疲于应付的状态，家长会产生良好的预期效果，为课堂教学改革的顺利实施提供了支持和保证。

对高一年级家长做《一切从改变自我开始》的报告

为使教师们能够比较清晰地了解新入学高一新生的行为习惯、学习习惯、兴趣爱好、学习基础、家庭教育、适应能力、心理健康等多方面的情况，学校对高一新生进行了问卷调查，通过调查汇总分析，使全体高一任课教师在没有正式开学之前就对全体学生有了一个比较全面的了解。

高一新生学情问卷调查

亲爱的同学：您好！

欢迎您加入到十七中学这个大家庭中来！为了全面细致地了解您现有的学习生活情况，为了让您更好地适应高中的学习生活，本着“了解学生，关怀学生，服务学生”的态度，我们设计了这份调查问卷。为了消除您的顾虑，这份问卷采用了匿名的方式，班级和姓名都不会出现。请认真、如实地填写。谢谢！

性别：________年龄：________毕业学校____________________

1. 你对沈阳市第十七中学的印象如何？(　　)

   A. 很好　　B. 一般　　C. 不好　　D. 不知道

2. 你为什么到高中学习？(　　)

   A. 听从家长的安排　　B. 多学点知识，提高自身素质

   C. 考上大学　　D. 大多数初中同学都在读高中，所以我也去

3. 你进入高中后，要努力把学习搞上去的信心如何？(　　)

   A. 有，比较强烈　　B. 有，不太强烈

   C. 有时有　　D. 从来没有过

4. 你觉得，谁应该成为学校的主人？(　　)

   A. 学生　　B. 老师　　C. 校领导　　D. 谁也不是

5. 如果就综合素质而论，你觉得你应该属于哪一个层次？(　　)

   A. 优秀　　B. 优良　　C. 合格　　D. 较差

6. 你的兴趣和特长在哪个方面？(可多选)(　　)

A. 艺术类　　　B. 文学类
C. 体育类　　　D. 计算机技术应用类
E. 其他类别

7. 是否有自学的习惯？（　　）
A. 有　　B. 有时有　　C. 很少有　　D. 从来没有

8. 假如在班上你排第40名，如果在一个学期内你认真努力学习，你觉得自己在班上最多能前进多少名？（　　）
A. 30名以上　　B. 20～30名　　C. 10～20名　　D. 10名以下

9. 在语数外、理化生、政史地这9门科目中，你觉得你的强势学科有几门？（　　）
A. 6门以上　　B. 3～5门　　C. 1～2门　　D. 一门也没有

10. 对于高考科目，如果让你做一次主，你觉得语文、数学和外语这三科，哪一科不能去掉？（　　）
A. 语文　　B. 数学　　C. 外语　　D. 都不能去掉

11. 在政史地这三科中，你对哪一科的知识不感兴趣，调动不起学习积极性？（　　）
A. 政治　　B. 历史　　C. 地理　　D. 没有

12. 在数理化这三科中，你觉得哪一科最难学？（　　）
A. 数学　　B. 物理　　C. 化学　　D. 没有

13. 关于课前预习、上课发言、勤做笔记、及时复习、总结反思这5个环节，你平时做到了几项？（　　）
A. 5项　　B. 3、4项　　C. 1、2项　　D. 一项也没有

14. 就你自身而言，有关学习和知识方面的问题，通常都（　　）
A. 很多　　B. 有一些　　C. 偶尔有点　　D. 从来没有

15. 除了学校要求的作文和周记外，你平时还有写作的习惯吗？（　　）
A. 有　　B. 没有

16. 除了学校的课程外，你还有其他的学习项目吗？（　　）
A. 有　　B. 没有

17. 扪心自问，你觉得你在学校的人际关系怎样？（　　）
A. 很好　　B. 还行　　C. 一般　　D. 不太理想

18. 你在乎异性同学对你的看法吗？（　　）
A. 很在乎　　B. 在乎　　C. 一般　　D. 无所谓

19. 你有没有单独去找过老师聊一聊自己学习或生活方面的事情？（　　）
A. 经常　　B. 有过几次　　C. 仅有一次　　D. 从来没有

20. 在课堂上，老师点名表扬过你吗？（　　）
A. 经常　　B. 有过几次　　C. 仅有一次　　D. 从来没有

21. 在课堂上，如果有老师发怒，训斥挖苦别的同学，你会(　　)

A. 心惊肉跳，不知道怎么办

B. 痛恨那位老师，同情同学

C. 无所谓，有时还觉得可笑

D. 这是一种必不可少的教育方式

E. 学生有错，但老师不该打骂，可以换一种教育方式啊

22. 你平时和朋友或同学最常聊到的话题是(　　)

A. 学习方法等学习方面

B. 人际交往、家庭或情感方面

C. 球星、体育节目方面

D. 歌星、影星或娱乐节目方面

E. 历史、政坛或地理发现方面

F. 大学、理想或未来人生方面

G. 学校、老师

23. 你在初三放学后几点钟到家？(　　)

A. 6 点　　B. 7 点半　　C. 8 点　　D. 9 点半

24. 一般情况，你晚上几点睡觉？(　　)

A. 9：30 左右　　B. 10：00 左右

C. 10：30 左右　　D. 11：00 左右

E. 11：30 左右

25. 你每周大概上网多少小时？(　　)

A. 基本不上　　B. 不上网　　C. 半小时　　D. 1、2 小时

26. 你上网主要干什么？(　　)

A. 学习知识　　B. 浏览新闻　　C. 看娱乐节目或电视剧

D. 聊 QQ　　E. 玩游戏

27. 你学习的驱动力，主要来自于(　　)

A. 学校和老师的督促　　B. 家庭和家长的希望

C. 自己的理想和目标　　D. 不服输的性格和勇气

28. 你觉得，学习其实就是(　　)

A. 师父引进门，修行在个人

B. 如同航海，应该有老师的指导

C. 如同爬山，应一步一步来

D. 就像游戏，或和老师一起探讨并发现，或和同学一起争论着进步

29. 就你的经验而言，你知道学习成绩差的原因吗？(　　)

A. 非常清楚　　B. 知道一些但不是全部

C. 不太知道　　D. 从来没想过

30. 通常你和谁生活在一起？（可多选）（ ）

A. 爸爸 B. 妈妈 C. 爷爷 D. 奶奶

E. 姥姥 F. 姥爷 G. 其他

31. 一般来说，你在家里最听谁的话？（可多选）（ ）

A. 爸爸 B. 妈妈 C. 爷爷 D. 奶奶

E. 姥姥 F. 姥爷 G. 其他

32. 从内心来讲，父母对你的管教你能接受多少？（ ）

A. 全都接受

B. 能接受一部分

C. 分什么事，有些事接受有些事不接受

D. 偶尔听，看心情

E. 从来不听

33. 班级学习文化的营造对你的发展有帮助吗？（ ）

A. 一定有 B. 可能有 C. 没有

34. 通常你上学的交通工具是？（ ）

A. 私家车 B. 公交车 C. 自行车 D. 走路

35. 如果学习中老师讲解得很少，主要引导、点拨，以学生的自主学习、合作学习为主，你的感觉会怎样？（ ）

A. 非常适应

B. 适应

C. 尽快努力改变以前的学习习惯

D. 知识是自己学来的，我相信自己具有自主学习的能力

36. 在高中课堂上，你会主动发言阐明自己的观点吗？（ ）

A. 非常主动 B. 会的 C. 不会主动的 D. 看情况再说

37. 如果每个人都被分在一个小组里，你会以你出色的表现为小组争光吗？（ ）

A. 很主动 B. 主动 C. 极少主动 D. 不主动

38. 如果你是你们组的组长，你会牺牲一点儿自己的时间，有计划地安排好你们组同学的预习和讨论吗？（ ）

A. 浪费我的个人时间

B. 是锻炼组织能力的好机会

C. 我一定会率领我的小组脱颖而出

D. 不知道

39. 如果你们小组因为你的成绩低受到了影响，你会如何？（ ）

A. 很郁闷，闹心

B. 不能因为自己影响其他人，我会努力学习，提高成绩

C. 我会用我的优异成绩提高小组的平均分

D. 无所谓

40. 你是否愿意将你会的习题主动讲给不会的同学？（　　）

A. 很愿意　　　　　　　　　　B. 愿意

C. 问到我，我会讲的　　　　　D. 不会的

性别：________年龄：________毕业学校____________________

注：请将您选择的答案填写到下表中。

题号	01	02	03	04	05	06	07	08	09	10
答案										
题号	11	12	13	14	15	16	17	18	19	20
答案										
题号	21	22	23	24	25	26	27	28	29	30
答案										
题号	31	32	33	34	35	36	37	38	39	40
答案										

高一新生学情问卷调查汇总分析

题号	A选项	B选项	C选项	D选项	E选项	F选项	G选项	根据统计情况汇总存在问题
1	86人	96人	3人	4人	无	无	无	对学校基本印象都很好
2	4人	95人	87人	6人	无	无	无	大多数人目标明确一考大学，观点较正确，
3	112人	56人	8人	0人	无	无	无	大多数同学信心较强，想学好高中课程的愿望强烈
4	107人	16人	31人	37人	无	无	无	有些同学不认为自己是主人，大多数同学认为自己是主人
5	23人	108人	51人	8人	无	无	无	可以合理看待自己，多数对自己的综合素质定为优良
6	60人	54人	67人	41人	51人	无	无	学生兴趣爱好广泛，文体较多，其中多人多选
7	35人	125人	23人	3人	无	无	无	多数学生学习习惯不好，自觉学习习惯未养成，部分学生有自学习惯
8	21人	72人	90人	12人	无	无	无	信心都很足，对自己能够进步较为乐观
9	3人	131人	46人	8人	无	无	无	个别学生无强势学科，大多数学生在3～5门，多数选数学为强势学科

续表

题号	A 选项	B 选项	C 选项	D 选项	E 选项	F 选项	G 选项	根据统计情况汇总存在问题
10	56 人	40 人	29 人	59 人	无	无	无	对主科不能综合发展，学生外语兴趣有待加强，较接受语文不能去掉
11	44 人	11 人	78 人	57 人	无	无	无	对主科兴趣不足，学生地理知识较匮乏，对文科较接受
12	54 人	54 人	58 人	25 人	无	无	无	理科问题大些，物理化学兴趣不足，普遍认为物理化学难学
13	27 人	63 人	94 人	20 人	无	无	无	学生学习环节不能兼顾，基本上都是 1～4 项，学习习惯尚需培养
14	24 人	123 人	32 人	3 人	无	无	无	基本有一些，有关学习方面的知识还可以
15	45 人	136 人	无	无	无	无	无	多数同学无写作习惯，需要加强培养
16	79 人	101 人	无	无	无	无	无	大多数学生自主学习能力较差
17	52 人	94 人	30 人	10 人	无	无	无	人际关系都很好
18	4 人	42 人	86 人	53 人	无	无	无	关注学生人际关系，对异性同学看法一般在乎的居多
19	4 人	75 人	20 人	79 人	无	无	无	与老师交流普遍较少，有些学生和老师沟通需要加强
20	19 人	151 人	4 人	6 人	无	无	无	学生受表扬次数普遍较少，老师要多用“阳光”教育学生，老师要多表扬学生
21	16 人	19 人	6 人	13 人	128 人	无	无	初中教育过于严厉有损学生尊严，多数同学选 E，学生较反感老师发怒
22	28 人	51 人	20 人	40 人	12 人	33 人	17 人	学生关注问题较杂乱，话题广泛，多数学生有目标去奋斗

续表

题号	A 选项	B 选项	C 选项	D 选项	E 选项	F 选项	G 选项	根据统计情况汇总存在问题
23	13 人	47 人	97 人	39 人	无	无	无	多数同学业余时间运用繁杂，多数同学回家较晚
24	25 人	40 人	57 人	50 人	36 人	无	无	晚睡休息晚的同学多，多数同学睡觉较晚，时间掌控需加强
25	53 人	25 人	24 人	76 人	无	无	无	有一些同学爱上网，应引导学生用互联网学习
26	19 人	26 人	50 人	61 人	31 人	无	无	上网学习的人少，大多数都是上网聊天，对网络利用目的较分散，认识不够
27	27 人	42 人	98 人	21 人	无	无	无	个人目标居首位，满足家长目标次之，大多数是自己的理想，个别学生学习动力不足
28	66 人	20 人	51 人	47 人	无	无	无	学习应是全面的较量，多数学生能清楚地认识自己，多数人认同个人努力
29	58 人	108 人	15 人	2 人	无	无	无	多数人清楚学习差的原因，多数人对学习原因尚需引导，部分人不清楚学习差的原因
30	149 人	141 人	22 人	23 人	10 人	6 人	4 人	多数同学和父母生活在一起，有部分单亲家庭要引起我们的注意
31	67 人	141 人	14 人	9 人	11 人	3 人	9 人	家庭教育中母亲占有很大比重，选妈妈多，较接受温和教育
32	20 人	60 人	97 人	6 人	0 人	无	无	学生个性较强，学生对家长教育有叛逆心理，对父母管教不能大多接受
33	81 人	72 人	24 人	无	无	无	无	多数同学对班级影响持肯定态度，也有部分同学存在班级对个人发展的影响认知不足的想法
34	21 人	90 人	26 人	46 人	无	无	无	基本都乘公交车

续表

题号	A 选项	B 选项	C 选项	D 选项	E 选项	F 选项	G 选项	根据统计情况汇总存在问题
35	17 人	49 人	101 人	13 人	无	无	无	基本适应，多数同学愿望美好，反映部分学生对纯应试教育不满
36	6 人	79 人	41 人	58 人	无	无	无	有些学生自主性较差，有主动的，有被动的，部分同学发言主动性差
37	20 人	100 人	53 人	9 人	无	无	无	多数同学有集体荣誉感但无所适从，多数同学能主动为小组争光，很积极，少数同学需引导
38	5 人	102 人	44 人	33 人	无	无	无	能有正确的认识，有一大部分同学认为是好机会
39	19 人	132 人	34 人	5 人	无	无	无	多数同学会努力学习，集体观念较强有一定上进心
40	40 人	63 人	85 人	4 人	无	无	无	有些同学认为问到我时我会讲，主动性差，有些同学合作探究配合的不好，多数同学选择帮助别人

从这次问卷中可以看到：在高一新生中，大多数学生对学校的基本印象很好，喜欢学校生活，渴望有良好的人际交往，但在如何与老师、同学沟通方面还需进一步加强。学生们的集体观念比较强，愿意为班级荣誉而努力，但也有一些同学还没有真正认识到班集体对个人发展的影响，应加强团队合作方面的教育。

大多数同学有明确的学习目标，有学好高中课程的强烈愿望，但没有养成良好的学习习惯，偏科现象比较严重，要培养学生的学习兴趣，引导他们多学科兼顾，并且能充分利用网络资源，用互联网学习，提高自主学习的能力。

由于学生正值青春期，有较强的叛逆心理，对父母的管教大多不能接受，又有一部分是单亲家庭，缺乏父母的关爱，感情比较淡漠，要加强对学生爱的教育和学会感恩，使学生拥有健康的心理。

通过对高一新生的问卷调查，教师们对学生们的整体情况有了一个掌握，为对其施以教育指明了方向，为实施“学、悟、探、测、思”课堂教学模式改革奠定了基础。

2010 年 8 月 23 日，关宏彬副校长为高一年级教师作了题为《“学、悟、探、测、思”教学模式的具体操作》的辅导，使教师了解了新课堂教学模式的各个环节、每个流程应该怎么做，包括对老师详细的要求和对学生具体的要求。

高歌猛进

课堂教学改革是一个转变教与学方式的复杂过程，在这一过程中，需要不断调整角色、不断纠偏、不断完善。

为确保新学期正式开学后新的课堂教学模式能够顺利实施，2010 年 8 月 25～30 日，高一年级各学科教师对自己任课班级学生进行了新课堂教学模式的培训。

2010 年 9 月 1 日，高一年级开始全面实施"学、悟、探、测、思"课堂教学模式。为便于及时发现问题，我带领领导班子全体成员深入课堂进行跟踪听课。一周的实践后，教务处及时组织高一教师进行座谈，了解老师们的困惑和需求。学生们开始时对高中的学习生活感到新鲜，热情很高，可是逐渐发现有的学生不完成"教学案"或有抄袭的现象。经过分析，我们找到了症结：有的学生回家不学习，而且这样的孩子随着学习新鲜感的降低而增多，因此，我们亟须家长的配合。9 月 10 日，学校发出《致高一学生家长的一封信》，主要内容是让家长进一步了解学校的课堂教学模式，在家督促孩子完成"教学案"。就这样，随着不断地发现新问题，不断地研究和解决新问题，我们的"学、悟、探、测、思"课堂教学模式改革稳步推进。

有一天，陈奇老师见到我说："校长，现在我都不会上课了。"我说："那就对了，找到这种感觉才能真正上好课"。因为老师们彻底摒弃了旧的教学模式，才会产生不会上课了的感觉，而当他们在对新教学模式不断研究、实践中形成新的教学方法时，感觉到自己学会上课了，我们的改革就成功了。一时间，研究学生、研究自身的教学行为、研究"教学案"，成了高一教师们全部的话题。一位老师感叹：我怎么觉得自己中魔了呢？晚上做梦都梦到上课……一路走来，老师们乐此不疲，形成了"在研究中教学，在教学中研究"的氛围，老师们从最初的一个"教学案"需要 3 节课才能完成，到一个"教学案"一节课就能够完成，在这个过程中，每位教师都付出了艰辛的努力。为了消除老师们担心成绩下降的顾虑，学校提出：不以分数论英雄，分数只是副产品。

2010 年 10 月 15 日，学校安排教学效果突出的安宁、陈奇老师为全校教师作了示范性研讨课，为其他老师的实际操作提供了可借鉴的经验。当时一位高三教师听完安宁主任的课说："太假了！"然而，那确实是一节未经雕琢的原生态课。学生们出色的表现令全体听课教师不敢相信我校的学生能达到那样的水平。

安宁老师的研讨课

2010年11月16日～18日，高一年级所有老师的教学研讨课全面展开，我们邀请区教研员来校听课指导。同时，高二年级进行了常规的模块研讨课，不经意的安排却产生了意想不到的结果，那就是所有老师都不喜欢原来的课堂了，新旧两种教学模式的碰撞，坚定了我们深化课堂教学改革的信心。

"教学案"教学中存在的问题及对策

——高中教研室反馈意见

高中教研室在十七中学听课过程中，深刻体会到学校领导对课堂改革的决心，同时也感受到每位教师参与变革的热情，我们全体教研员一定会尽自己最大的努力当好参谋和助手。以下是我们发现的一些共性的问题，仅供学校领导参考。

一、设计的问题缺乏思维的含金量

发现部分教师的"教学案"是满页的空格，把教材的主要内容都设计成填空，让学生从教材中找出相应的答案填在空格内，自学变成了机械抄写，缺少思维过程，忽视了对知识的深层理解。部分教师"教学案"设计的问题显得过浅、过平淡、缺乏思考的力度，不能充分体现"教学案"思维的导向价值。

建议教师要重视"教学案"教学问题的设计，精心设计具有启发性的问题，加大思维的含金量，引导学生积极思考和主动探索。让学生明确要解决问题不认真读书不行，只读书不思考不行，思考不深也不行，从而在此思维的引导下，不断地提高学生的思维层次，最大限度地发挥"教学案"的导学价值。

二、小组合作还没有发挥出实效性

教学中，教师都采用了小组合作交流、共同学习的方式，但发现在此过程中，有的班的学困生在交流中只有听的份，只听别人说，自己不发表任何言论，学习上很是被动，很多学生没有完全参与到小组的讨论中，很多时候只有几个学生在思考，而其他学生的注意力不在讨论的问题上，教师监控不到位，小组探讨有时失去它原本有的一些色彩和作用。

建议教师在运用小组合作学习方式时要处理好学生自主与教师引导的关系，充分发挥学生的主体性固然是重要的，但是如果忽视了教师的组织与引导，小组学习就变得散漫，没有目标，就会消耗学习时间，所以在小组合作学习前，教师要根据课程的目标和学生实际，制定出明确的合作目标。合作目标不能定得过多，否则学生在有限的时间里不能完成任务，过高了，学生也不能达到学习要求，这都会影响合作学习效益。要使学生"跳一跳，摘个桃子"才能收到好的效果。

三、缺少学法指导

发现有些老师会在"教学案"前面笼统地说一句探究法、观察法等，没有任何实质意义。建议“教学案”中应体现教师必要的指导和要求。教师指导既有学习内容的指导与要求，又有学习方法的指导。如在学生自主学习时，教师要明确、具体地告诉学生看教材哪一页的哪一部分，用多长时间，达到什么要求，自学完成后教师将采取什么形式进行检查等。

学法指导有两种常见的形式：第一种是本学科的研究方法。如：分析归纳法、建立理想模型法、控制变量法、实验推理法、转换法、类比法等研究问题的方法。第二种学法是学生平时普遍的学习方法。如：阅读的技巧、做笔记的方法、小组合作的技巧等。

建议教师在课堂教学中应逐渐渗透各种方法，或在“教学案”中引导学生领会理解，或者提出明确的要求，也可以口头说明。比如复习课：一章的知识学完后，在复习课中教师要帮助学生结合典型例题，展开讨论和独立思考，进一步理解知识之间的联系，从而将零散的知识点串成线、形成面，构建完整的知识网络。除了通过有针对性的练习、巩固所学、拓展知识形成应用能力外，也应该很好地指导、引导学生对本章所运用的科学研究方法进行梳理。

四、“教学案”的使用缺乏有效性

下面的几点不良做法要引起教师的注意：

一是将“教学案”发给学生，放任自流，缺少方法引导。发现部分教师把“教学案”当成练习本交给学生，让学生自己去完成，缺少使用“教学案”的具体方法指导，让“教学案”的有效性大打折扣。有一小部分同学甚至利用课本飞快地填“教学案”，而不是利用“教学案”来自学课本。

建议教师应该引导学生使用好“教学案”。在学习新课前可将“教学案”发给学生，让学生知道学习目标和意图，并指导学生按“教学案”的目标要求进行自主的预习，带着“教学案”中的问题读书，通过思考去发现问题，然后带着问题走进课堂。通过这一步，让学生逐步养成良好的预习习惯，同时逐步培养学生自主学习的能力。课堂上，借助“教学案”和学生预习的问题，引导学生讨论、交流，进行思维的碰撞，优化学生解决问题的方法，提升思维的能力。通过科学性的使用，提高“教学案”教学的有效性。

二是教师“教学案”角色的定位不准确。在“教学案”的使用上，发现有的教师不敢放手，担心过多，把自己当成主角，自导自讲，学生则是听众。这样，在“教学案”教学中，教师的角色不能正确转换，实际上，“教学案”已经变了味，谈不上“教学案”应有的效果，学生的自主学习能力也得不到培养。

建议教师必须转变角色观念，定好自己的位置。在“教学案”教学中扮演好组织者、引领者的角色，让学生自己动手动脑，分析解决问题，在探究中加深对知识的深化理解，在生生之间、师生之间的交流中拓展思路，真正培养学生分析问题、解决问题的能力。同时，在引导和思维启示中，还要担当起整个学习活动进程的调节者和学生学习障碍的排除者角色，以保证学生学习的实效性。

三是“教学案”教学缺乏灵活性。发现在“教学案”的具体使用中，部分教师过分拘泥于“教学案”设计的要求和内容，固定、僵死的固守预设的“教学案”，不能根据学生学习过程中的具体情况而变化，缺乏一种智慧生成的意识，使一些可贵的生成内容得不到重视，影响了“教学案”教学的实际效果。

建议教师应对“教学案”教学有正确的认识，“教学案”教学并不排斥现场生成。如果“教学案”教学中缺乏灵活性，排斥具体有效的生成内容，那“教学案”就将成为束缚千差万别的学生思维、限制学生创新灵性的迸发的僵死模式。

四是缺少课后反思。每节课后，执教者必定有很多的经验和教训，建议教师要及时进行记录、修改和完善，以便提高下节课和今后教学的效益。

以上是一些不成熟的意见，不当之处，请批评指正。

针对教研室提出的问题，领导班子带领全体高一年级教师展开研讨，大家集思广益，取长补短，有针对性地提出进一步改进的措施。

在整个新课堂模式改革的实践中，我们始终坚持两个相信，即：学校要充分相信每一位教师，教师要充分相信每一名学生。

从始至终，学校领导深入课堂，没有“权威性”的指导，只有探究式的分析和建议，在一次次的研讨与座谈中新的课堂教学模式逐步完善与发展起来。

2011 年 3 月，沈河区高中教研员又一次来到我校听课，令教研员们欣喜的是，他们发现我校高一年级大部分教师已经能够很好地应用“教学案”进行教学，学生也会学习了，小组合作开始具有实效性了，并且学生能够提出一些有思考深度的问题了。

克难攻坚

“学、悟、探、测、思”课堂教学模式改革，有两件事情是至关重要的，一是师生教学观念的转变，实现课堂教学过程中的教师教学方式的转变和学生学习方式的转变；二是如何建立促进课堂教学模式改革深入推进的学生评价方式。

历经了一个学年改革实践，高一年级教师的教学观念已经得到了改变，教学方式也随之改变，与此同时，学生的学习观念也发生了改变，学生的学习方式也适应了新的教学方式。教师的教和学生的学相得益彰，课堂教学改革取得了理想的效果。

如何建立促进课堂教学模式改革深入推进的学生评价方式是摆在我们面前的难题，我常对干部们说：现在，许多学校都在课改，谁解决了评价的问题，谁就能取得课堂教学改革的成功。

为了更好地推进课堂教学改革所取得的成果，我校高一年级教师一直在探索新课堂教学模式下的学生评价方法，由最初教师各自评价方法的百家争鸣时期，到最后自主学习明星评价方法形成的归一时期，每一个过程都凝聚着教师们的智慧。

所谓的归一时期是指《沈阳市第十七中学自主学习课堂“明星”评价方案》的应用。虽然这一方案还不完善，只是解决了鼓励学生积极参与课堂活动的一个评价方案，没有囊括学生参与活动质量的评价，但对我校的教学模式改革是起到了积极的推进作用的，具有较强的现实意义。

沈阳市第十七中学自主学习课堂“明星”评价方案

自主学习就是以学生作为学习的主体，通过学生独立的分析、探索、实践、质疑、创造等方法来实现学习目标。倡导学生主动参与、乐于探究、勤于动手，培养学生搜集和处理信息的能力、获取新知识的能力、分析和解决问题的能力以及交流与合作的能力。自主学习不仅有利于提高学生在校的学习成绩，而且是学生终身学习和终身发展的基础，在“让每名学生都成人，让每位教师都发展，让每个家长都放心”的办学思想指导下，制订学生《自主学习“明星”评价方案》。

一、评价的目的

为了进一步调动学生自主学习的积极性，养成自主学习的良好习惯，保持主动学习的兴趣。

二、评价对象

高一年级所有学生。

三、评价方法

1. 指导课

不按照教师的指导进行学习者本人扣5分，同组成员每人扣一分；

2. 展示课

在展示课上，无论对错只要展示，每展示一次，本人得分5分，第二次展示得3分，第三次展示得1分，特殊情况（由教师自行规定分数）除外。

每个学生每周每学科至少展示一次，若没有达到要求，则扣该科该同学10分，同时扣掉其所在小组的所有成员该科5分，并进行强化展示。

3. “教学案”

①“教学案”每周至少随机检查两次，完成情况不好者一次扣除本人5分，同组科代表扣除2分，其他人扣除1分；

②抄袭“教学案”，本人扣除10分，被抄学生扣除8分，同组科代表扣除5分，其他人扣除2分。

4. 当堂检测

①当堂检测过程中有作弊行为的扣掉个人10分，同时扣掉同组其他成员每

人5分；

②连续3次当堂检测不合格扣掉个人5分，同组其他成员每人扣掉1分；

③当堂检测满分，本人加1分；连续3次当堂检测满分，本人加5分；连续5次当堂检测满分者，本人加10分；

5. 周检测

①周检测没有达到要求（及格）者扣掉本人5分；

②周检测每得一个满分就加20分。

四、评价操作方法

得分情况由小组科代表每节课结束后将本小组成员得分情况填写在《学生自主学习（ ）学科分数统计表》中，所有学科每周汇总一次分数。

五、奖励办法

每学科得周课时数×5分时，可获得一颗“星”，多余积分可继续累加到下一周。

每五颗“星”可以获得一个“月亮”，本学期获得月亮的同学将参与月考试题的编写；4个“月亮”可以获得一个“太阳”，获得一个“太阳”的同学将成为自主学习一级标兵；获得两个或两个以上“太阳”：上光荣榜，将成为自主学习明星。

五、组织领导

该评价方案由教学校长领导，教务处全面负责，高一年级各学科教师具体组织实施，备课组长具体落实。

首战告捷

新的课堂教学模式带给我们太多的欣喜，原来的“一言堂”变成了“众言堂”，而且众而不乱，繁而有序，课堂上，别说睡觉的了，就连打蔫儿、溜号的都很少了，学生们争先恐后，积极发言，勇于展示自己……看到这些，欣喜之余还是“没底儿”，毕竟高考要的是分数，要的是成绩。这样的课堂坚持下去，学生的学习能力肯定是与日俱进，但落到考卷上又将如何呢？学生们良好的学习态势让我觉得成绩应该不会差，即使差了，也出不了大格儿。身为改革者必须要有无畏的勇气和魄力，无论如何，要将课堂教学模式改革进行到底。

近几年，沈阳市教研部门每年都要组织高一年级进行全市的统一考试。令我们没有想到的是在2011年1月12～13日进行的高中一年级全市统一考试中，高一年级取得了前所未有的好成绩，超过了录取分数高于我校的两所老牌的市级重点高中，令全校师生格外兴奋与激动。

学校教学成绩在短时期内有大幅提高，并不是说我们的课堂教学改革做得尽善尽美了，也不是所有教师的教学水平突然提高了，关键是学生动起来了。

从教师层面看，课堂教学改革加速了教师观念的更新，促进了教师教学行为方式的变化；课堂教学改革促进了教师的理论学习和教育教学研究，参与课堂教学改革年级的教师都在进行行动研究；通过发挥骨干教师作用，带动了整个年级教师队伍素质的提高，进而促进全校教师素质的提高，有力地推动了教师的专业发展；课堂教学改革中教师讲得少了，引导、调控多了，把课堂还给了学生，教师掌控课堂的能力提高了；课堂教学改革促使师生的关系更和谐了，教师更加欣赏自己的学生了。

从学生层面看，课堂教学改革促使学生学习方式的转变，使学生养成了良好的自主学习习惯，促进了学生的"自主"学习，学生学会了学习；通过小组合作学习，学生的团队意识增强了，有助于学生良好品行和良好思维品质的形成；学生的自信心增强了，敢于表达和展示了；学生的语言表达能力提高了，提高了语言表达的技巧；课堂教学改革促进了学生"自主性"群体文化的形成，为实现学生"自我管理"奠定了基础。

十六、特色德育使校园焕发盎然生机

正是我们重视不断加强学生思想道德教育才有了学校可持续的发展，应该说，我校的全面、快速发展正是以卓有实效的德育工作为基础的。

教育归根结底要解决"培养什么人，如何培养人"的问题。从某种角度上说，"培养什么人"比"如何培养人"更为重要，古语说："士有百行，以德为先。"讲的就是这个道理。曾经看到过这样一段文字：亲爱的老师，我是一名纳粹集中营的幸存者，我亲眼看到了人类不应当见到的情景——毒气室由专家工程师建造，儿童被学识渊博的医生毒死，妇女、儿童和民众被受到大学教育的士兵杀死……这段文字给我深深的警醒：绝不能让学校成为制造学识渊博的屠夫、多才多艺的恶魔的场所。

初到十七中学，对学校德育工作的整体感觉就是纷繁无序、软弱无力。

首先，德育的实际地位不高，重"智"轻"德"现象严重存在。目前，衡量学校办学水平的唯一显性标准仍然是升学率和高考录取率。德育工作的现状是口号太多、内容空洞、措施乏力。教师"考什么教什么，不考不教"，学生"考什么学什么，不考不学"，就连作为学校德育的主要途径、实施思想品德教育最直接的学科——思想政治课也被变化为单纯的知识课、高考得分的工具。

其次，学校德育目标定位不准确，缺乏层次性。有些内容与社会生活相脱离，学生没有兴趣，缺少主动性，被灌输的德育味道浓厚，有成人化倾向。德育工作重管理、轻培养；德育活动追求形式，实效性差。加上社会道德的缺失和不良风气与环境的负面影响，在一定程度上也抵消了学校德育工作的效果，出现了人们常说的"5+2=0"现象，使得学校德育工作举步维艰。

“说起来重要，做起来次要，忙起来不要”是对当时学校德育工作的准确定位。“说起来重要”是指大家都认识到了德育的重要性，特别是出了问题，总结经验教训的时候，调子唱得特别高；“做起来次要”是指社会在评价一所学校的优劣的时候，实际上是把学生的考试成绩，或者说升学率作为“硬”指标来衡量的，而德育好坏的评价标准实际上是模糊的，比较难以量化，就成为“软”指标，因此，学校自觉不自觉地就把提高升学率看作是硬道理，德育工作往往说的比做得好，形象工程做得多一些；“忙起来不要”是指上级教育行政部门乃至其他政府部门对学校布置了太多的各种考核、检查、评比、临时任务，使学校疲于应付，因而放松了平时的常规工作。

在对学校各方面的研究与分析中，我发现造成以上现状的主要原因就是学校对德育的不重视，追根溯源，没有给予德育为首的实际地位，实际上从德育工作的一个侧面反映出来的是学校办学思想的问题。另一方面主要是学校德育工作或活动一直存在随意性、零散性、灌输性，德育的科学性、系统性和实效性并未真正解决。究其根源是学校德育工作内容和方法不能得到学生的认可和支持，未能从学生的兴趣与需求出发，学生对德育没兴趣，从而形成了德育低效的结果。

为了提高德育在学校教职员工中的地位，强化德育的重要性，我们逐步确立了“让每名学生都成人，让每位教师都发展，让每个家长都放心”的“三让”办学思想和“崇德、明志、乐学、笃行”的校训。从而坚持“德育为首”的原则，不断加强学生的思想道德建设，并取得了很好的效果。

实际上，对于我们学校的学生来说，如果没有德育作保证，教育教学质量提高是难以实现的。几年来，正是我们重视不断加强学生思想道德教育才有了学校可持续的发展，应该说，我校的全面、快速发展正是以德育工作的卓有实效为基础的。

为了有的放矢地做好德育工作，我们将学校德育工作划分为学科德育和非学科德育两大类。学科德育包括思想政治课程以及其他传统分科课程中的德育。非学科德育指除学科德育活动外，学校为将中国特色社会主义所推崇的品德规范转化为学生个体品德所进行的一切教育行为过程。

学科德育方面：通过对学科任课教师的培训，转变教师的观念，使教师进一步提高自身的道德水平，深刻领会“艺高为师，德高为范”的深刻内涵；使教师明确学科教学是学校教育的主要任务，其时间长，活动范围广，对学生的影响大，教师要紧紧抓住学科教学主渠道，寓德育于教学之中，充分挖掘教学的教育性。

非学科德育方面：由于非学科德育内容广泛、繁杂，要提高它的针对性、有序性和实效性是我们面临的难题。通过对现代德育理论和现代课程理论的研究我们发现：非学科德育的目标、内容、过程与方法、评价等要素与课程的目标、内容、实施、评价等要素间吻合程度很高。运用现代德育理论和现代课程理论实现高中非学科德育课程化是可行的，借鉴学科教育之长，以补非学科德育之短，改善或提升德行教育的有序性和有效性。即在非学科德育的生活化、体验化、参与化等基础上，借鉴学科教育的有序性、有效性等特色即课程化，以期推动一直困扰非学科德育的诸多问题得到解决。

于是，2007 年 9 月我们开始了非学科德育课程化的探索，非学科德育课程化就是将高中德育中除学科课程中的德育活动以外的其他德育活动转变为课程。即将一些传统和新开发的德育活动转变为具有课程目标、内容、实施、评价四个要素的课程。

根据现行的国家对高中德育内容的要求，我们以思想教育、政治教育、道德品质教育、法纪教育和心理健康教育为内容，结合国家对德育的分目标要求，根据各年级学生的生理心理特征，结合学校实际，将非学科德育课程设置为几个模块，如民族精神教育、理想前途教育、感恩教育、法纪教育、文明礼仪教育、安全教育、环境教育、身心健康教育、成人意识责任教育等等，每个模块下面有若干课例。班主任根据学校德育系列活动安排和班级实际，选择其中某一课例，按照课例目标、课例设计、课例过程、课例启示等方面备课（课件），在德育课时间组织实施教育活动（或由班主任组织，或由学生主持），突出“以学生为中心、以活动为中心、以情景为中心”，学生全员参与，充分体验。每一个课例隶属某一模块，所有模块构成系列非学科德育课程。随着实践的深入，新的课例不断出现，非学科德育课程得到了不断地丰富和发展。

高一年级非学科德育课程设计

一、课程总体目标

高一年级新生刚刚从初中的学习生活走向高中的学习生活，对于他们来说，无论学习、环境还是心理上都会发生巨大的变化。从学习上来说，进入高一后，学习上有很多不同于初中的特点，无论是学习量还是学习深度，都迅速地增加，要尽快完成从初中到高中的过渡，找到适当的学习方法至关重要；从心理上处于一个由童稚走向成熟的时期，自我意识突出，个性开始趋于独立；从环境上来说，新学校、新同学、新老师，一切都是新的，一切都要重新开始，他们急需融合与适应。为了让每一名新生以最快的速度适应高中生活，融入十七中学，根据高一年级学生的心理特征和我校总的育人目标，我们将信念教育、十七中学生形象教育、行为规范教育、培养自主管理能力作为教育的重点。通过开展班级文化建设活动，使学生形成爱校、爱集体、爱他人的积极情感，提高班级的凝聚力，形成班级特色；树立“今天我以十七中为荣，明天十七中因我而骄傲”的思想。

二、课程总体结构

本课程包括三个板块：

其一，适应新环境——了解和适应十七中学的文明传统，做一名真正的“十七人”。（时间：第一学期开学前期8～9月）

其二，文明礼仪教育——强化学生文明礼仪教育，整体优化学校文明礼仪环境。（时间：第一学期10～12月，第二学期开学前期3～5月）

其三，自信教育——树立“今天我以十七中为荣，明天十七中因我而骄傲”的思想。（时间：第一学期11～12月，第二学期开学前期5～6月）

三、课程方法

本课程采取具体实践、主题探讨、心得交流等相结合的教学方法。通过实践，加深认识，明确方向；通过探讨，提高认识，坚定方向；通过交流，使认识更全面更准确，修正方向。

四、课程安排

第一板块

“高中入学教育”课程设计

课程目标

根据高一学生的心理特征和我校总的学生培养目标，教育、帮助学生积极适应新环境，完成初、高中的衔接。

课程结构（概况）

课程方法：

1. 调查分析法：用此方法获得本年级新生整体心理状况基数

2. 通过对我校环境进行调查、分析，从中了解本校发展史

3. 有针对性地开展多种形式的道德教育和心理教育课程方法，如主题班会设计与实践、社会实践与调查

课程安排：

1. 准备篇

A. 目的：了解新的学校，了解高一年级的培养目标

B. 时间：第一学期开学前期8～9月

C. 活动项目：

（1）读一本好书，开展读书心得评比活动

（2）参加一次军训

（3）聆听一堂题为“适应‘十七’生活展望美好人生”的系列讲座

（4）了解新学校部门的设置、功能、位置及负责人，尽快熟悉新环境，适应新生活，以便集中精力搞好学习

2. 走进伙伴之心灵交流篇

A. 目的：让学生认识自己所处的年龄段的心理特征，了解周围同学在各方面的优点，学会欣赏他人，学会沟通与交流

B. 时间：第一学期10～11月

C. 活动项目：

(1) 心理课：人际交流

(2) 以班级为单位的自我认识与认识同学活动（班会课）

(3) 全年级交友活动设计

课程时间：

针对高一学生，在上学期进行。

课程评价：

注重学生亲身参与实践活动并获得感悟和体验。采用形成性评价的方式，重视对过程的评价和在过程中的评价，重视学生在学习过程中的自我评价和自我提高，使评价成为学生成长的过程中的激励。

十七、"三校"共处奏响和谐曲

在学校发展过程中，会有长远利益与短期利益的碰撞，任何明智的团体都会力求长远。这就必须着眼全局、协调发展、兼顾各方，于和谐中寻求机遇。

快速发展的十七中学在2009年7月的时候，又遇到了新情况，有了新的变化。

一是沈河区教育局要求我校借给沈阳市第七中学初中一年级6个班的教室，因为沈阳市第七中学正在改建一栋教学楼，学校因拆掉旧教学楼而导致教室不够用。接到这项任务我内心是很高兴的。首先，我校东厢楼三楼有闲置教室，出借不会影响我们的正常教育教学，君子哪有不成人之美的道理。其次，我校原为两级中学，对于初中生的管理经验丰富，基本不存在什么问题。再次，沈阳市第七中学是沈阳市连续17年升学位居沈阳市第一名的优质初中，如果七中的学生到我校来上课，对我校未来的招生是非常有益的，推而广之，对于我校的发展只有好处没有坏处。所以，我们欣然接受了沈阳市第七中学初一年级6个班级到我校上课的要求，并协调了相关的问题。

二是区教育局要求我们接收沈阳市第四十八中学剩余的高三学生和教师，对于这一点我们是不情愿的。原因很简单，这些学生在行为习惯、学习成绩、精神面貌等诸多方面都与我校学生有一定差距，他们的到来无疑会给原在校生带来负面影响。但是，为了沈河教育的整体发展，我们必须以大局为重，于是我也高高兴兴地接受了教育局交给的任务。

沈河区原有两级中学是48中学、17中学、47中学三所学校，多年以来，48中学是我们三所学校的“老大哥”，无论从学苗的素质还是学校的教育教学水平都是第一名，我们始终是以敬仰的目光看着人家。但是随着我校和47中学的快速发展，2007年我校与47中学同时晋升为沈阳市重点高中，彻底改变了以往的局面。教育局决定我校和47中学办高中，实现初高中分离；48中学办初中，也要实现初高中分离。到2009年8月，48中学仅剩的高三年级学生及其家长对学校意见很大，高三学生家长多次到教育局上访要求解决相关问题，教育局最后做出了由我校接收48中学高中部师生的决定。

从48中学到我校的学生情况可以看出，48中学高三年级共有4个班级，在籍生230人，实际上学的112人，学生流失严重。高三年级四个班一共划拨过来23位教师，其中共有6位英语教师，在家休产假及怀孕待产的共8位教师，几个学科没有教师，真是令人啼笑皆非，难以置信。

为了保证学校的平稳、快速发展态势，对于接收48中学高中部师生工作，我们做了认真部署。2009年秋季开学前，我校多次召开全校教师大会，对全校教师做了耐心细致的动员和思想工作，要求教师们做到：开放的“十七人”，要以博大的胸怀、宽容的心态热情地对待七中的教师和学生，诚恳地接受48中学的教师和学生。

在全校教师的大力支持下，我们以大局为重，很好地完成了教育局交予的任务。为沈河区教育的平稳发展做出了贡献。

在学校发展之中会有长远利益与短期利益的碰撞，任何明智的团体都会力求长远。这就必须着眼全局、协调发展、兼顾各方，于和谐中寻求机遇。

十八、“不一样”的校庆

六秩十七重舒芳华，千百学子泪喜交加。“十七”的校庆是别样的，它载着万千学友、校友的眷念，执著与希望……

学校经过了2006年、2007年两年的发展，取得了前所未有的成绩。2006年高一年级新生录取成绩超过48中学是十七中学历史上的一个突破，2007年晋升市级重点高中，全校教师和学生的积极性得到了很好的调动，但在细致的观察中，我发现一部分教师在2008年秋季开学后有一种胜利者的姿态，有一种好像革命到头了的思想，有了可以躺在成绩上睡大觉的感觉。或许对于我校的教师来讲，对当时学校的发展已经有了一定的满足感，工作上没有了兴奋点，表现为工作热情和干劲递减。

这种局面令我忧心如焚：如果这种状态发展下去，结果是不可想象的，学校的发展将停滞不前。学校应该通过各种方式让我们的教师始终保持着激情去工作，学校每年的工作除了落实上级主管部门的要求，必须要有自己的创新，学校的工作每年都应该有我们自己的重点，为教职工指明近期的努力发展方向，使他们始终保持高昂的斗志，实现激情“十七”，超越自我、主动发展。2008年9月，我在全校大会上做了题为《我们离标准化高中有多远?》的报告，再一次增强了全校教师的危机意识，再一次激发了全体教职员工的工作热情，使全校的教育教学工作明确了方向，坚定不移地向着标准化高中的目标迈进。

全校教师大会上作《我们离标准化高中有多远》报告

与此同时，我在思考着2009年的学校工作重点应该如何定位，怎样才能进一步促进学校的发展，促进教育教学质量的提升，使教师的水平、学校的社会声誉不断提高。经过认真研究，我们将2009年的工作重点定位在“内提质量，外树形象”。要通过加强教育教学管理和促进教师专业发展提高教学质量，通过举办建校60周年校庆，凝神聚力，重树十七中学的社会形象。就这样，我们从2008年秋季开始着手准备60周年校庆工作。

校庆活动是学校最大的庆典仪式，十七中学能否举办一次成功的校庆，这对于学校未来的发展具有重要的现实意义和历史意义。

其一，自1949年建校以来，60年中，学校从未举办过校庆，致使对学校的历史未能给予系统、认真的梳理，档案室可查的一本校志，寥寥万字而已。学校很多重要资料和图片都在“十年动乱”中付之一炬。一个没有历史的学校，何以凝聚人心？梳理十七中学的历史，是今天“十七人”光荣而艰巨的使命，是义不容辞的责任。

其二，2006年以来，学校一年一个新台阶，实现了快速发展。学校取得的这些成绩需要更多的人了解到。因为，身处教育生态多变的社会中，不只是企业为了争取商机要营销，学校为了提高声誉树立品牌也应营销，尤其在学苗减少、竞争激烈的环境中，招生已然成为各校生存与发展的关键因素，因此，如何能够赢得良好的社会声誉，促使“近悦远来”，应是学校持续发展的基础。而校庆活动是对外树立学校新形象的契机，是社会了解学校的窗口。

其三，通过寻访校友，可以还原学校历史，促进学校的可持续发展。学校培养的近两万名毕业生是学校发展的宝贵财富，他们是十七中学再度发展可以依靠的力量，未来的发展需要凝神聚力、集思广益。同时，可以通过校庆为广大校友搭建沟通交流的平台，满足他们重叙同窗情谊的夙愿。

其四，校庆是学校文化建设的重要组成部分，学校文化是学校特有的价值认同和思想、观念、行为的传承，我们以60周年校庆为载体，深入挖掘学校悠久的历史文化底蕴，整合现有的文化资源，凸显学校的文化韵味，提升学校的文化内涵，提升广大师生的文化品位。

举办一次成功的校庆固然益处很多，但是，作为现实中的十七中学，虽然近几年有了长足的发展，但还不广为人知，还没有取得惊天动地的成绩，如何能够保证校庆取得成功？校友们会有积极性参与吗？从哪里着手？校庆需要的资金从哪里来？一个个问题摆在面前。

没有条件，创造条件也要做，做不大，可以做小，总之要做一个有影响力的校庆。这就是我当时决心要做十七中学60年校庆时的想法。

我们经过多方寻找，聘请了曾任我校语文教师后任沈河区文化局局长的赵沨来老师作为我校60年校庆的顾问。赵沨来老师在十七中学任教17年，德高望重，在校友中具有很高的威望，起到了为校庆凝聚人气的作用。老人家热心帮助我们联系校友，成立校友会，为我们的校庆做出了巨大贡献。每每想起赵老师，始终充满感激之情，也正因为校庆，我与老人家结成了忘年之交。

赵沨来老师向校友会赠送对联

在赵沨来老师的帮助下，我们结合学校的具体情况，研究制定了《沈阳市十七中学六十周年校庆活动工作方案》。

校庆的主题：腾飞的“十七”与祖国同庆；

校庆的宗旨：回顾校史、展示成就、联结友谊、促进发展；

校庆的定位：以人为本，以史为根，以情为魂。

校庆原则：隆重、热烈、俭朴、务实；

建校60周年校庆日：2009年10月17日。

从校庆的筹备开始到庆祝大会当日，过程虽然艰辛，但校友们对母校的真情常常令我们感动不已。60年的弦歌不辍成为十七中学永载的历史，60年的真情涌动丰富了十七中学文化的内涵，鞭策我们始终以一种饱满的热情，以一种庄严的责任感和使命感来完成这具有里程碑意义的大事。

崎岖寻访路：

纵观60年的办学历史，十七中学没有成立过校友会，校友之间没有形成以友谊为纽带的联系网络，而校庆是属于全体校友的庆典，因此，联系已经毕业的校友成为校庆筹备工作的重中之重。学校委派专人负责，通过多种形式寻访校友。全校上下齐动员，师生分别以自己的生活圈子为核心寻访校友，特别是离退休老干部、老教师充分发挥他们的优势。电话、个别访谈、座谈会等各种形式有机结合，当离校已经近半个世纪的13名首届毕业生回到母校时，他们感慨万千，学友相拥，泪流满面。经过校庆大会前近一年时间的联系，已经有3000名毕业生加入到了十七中学校友录之中。

60年来，十七中学为国家输送了大批高素质的优秀人才。他们中有受人尊重的全国道德模范，有造福一方的党政领导，有保家卫国的军中将领，有建树不凡的专家学者，更有许多默默无闻、埋头苦干、无私奉献的普通劳动者。他们活跃在祖国的各条战线，用自己的聪明才智、用自己的艰苦努力为社会主义现代化建设做出了杰出的贡献。

对这些优秀毕业生的访谈也是校庆工作中的一项艰巨的任务。在校友采访工作中，困难最大的就是几位在京生活的校友。一是他们当中许多身居要职，公务繁忙；二是北京的交通拥堵也给我们的采访造成了一定困难。然而，功夫不负有心人，校友们对母校的深厚感情，采访教师的悉心周密安排，使得我们采访校友的北京之行取得了圆满成功。

在北京的短短三天，我们采访到9位校友，他们热情地接待了我们，交谈中，我们对学校发展历史有了进一步了解，校友们期待母校蓬勃发展的情怀令我们深深感动。我校66届毕业生现任中国武警总队副政委崔景龙、我校68届毕业生国家粮食局局长聂振邦给我们留下了深刻的印象。

2008年9月24日上午11：15分，在北京木樨地的国宏大厦1002房间，我见到了我校68届的毕业生聂振邦。

当我怀着忐忑的心情从B座上到10楼走出电梯的时候，进入走廊的门却是在里边锁着的，心里想着：难道是我走错了？正当我在电梯口犹豫徘徊的时候，里边的门打开了，一位看上去50多岁，身体微微有些发福、红光满面的领导模样的人，微笑着向我走来，一看便知这就是我要拜访的校友了，他亲切地与我握手，热情地将我让进他的办公室。

没等坐稳，聂局长就迫不及待地询问这些年母校的发展情况，我把学校这些年的不断发展、师生员工的工作、生活情况一一作了汇报。当他问道："学校现在还不是区重点吧？"我很自豪地回答到："我们现在已经是市级重点高中了"，他很高兴地说："太好了！"接着，我们谈到了小河沿、82老校区、冶金专科、西三洞、室内的篮球场等，还有教过聂局长的崔珊等老教师。

他在我们谈话间，还给崔老师打了电话，向老人家表示问候！中午，他邀请我们在他们机关食堂共进了午餐。聂局长为母校亲笔题字：

与聂振邦局长交谈

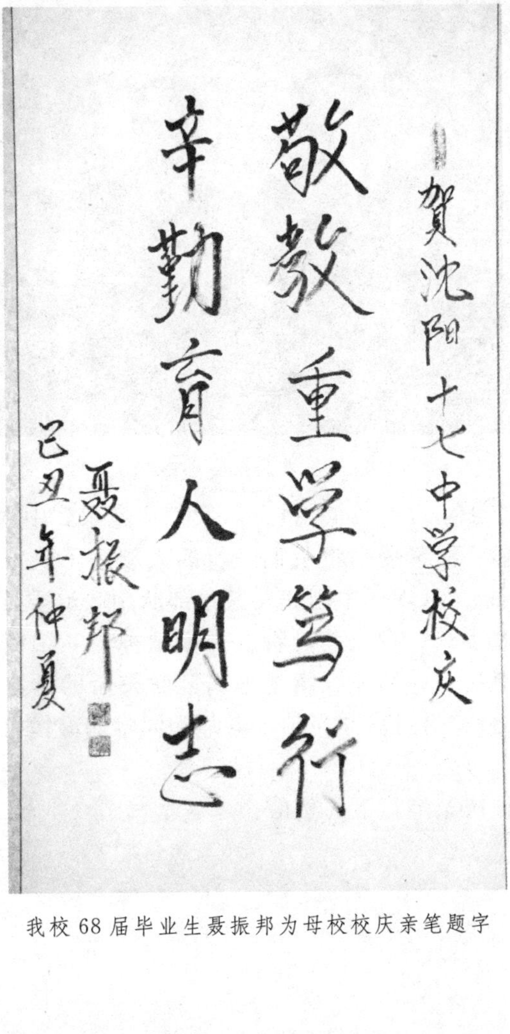

我校68届毕业生聂振邦为母校校庆亲笔题字

校庆当日，聂局长因公务在身，不能亲临现场，特别发来了贺电：

各位老师，各位校友：

欣逢母校—沈阳市第十七中学建校60周年之际，谨向学校全体老师和校友表示诚挚的祝贺！

母校与共和国共同成长，共同发展，在老师们的辛勤耕耘下，培养了大量的各类优秀人才，为国家建设做出了很大贡献。

衷心祝愿母校今后在老师和同学们共同努力下，永葆青春的活力，发扬深厚的学校文化，继续勤奋工作，努力学习，为祖国繁荣富强做出更大的贡献。

校友：聂振邦

二〇〇九年十月十六日

与崔景龙政委合影

2008年12月26日，下午2点30分，我们应邀来到中国人民武装警察部队总队，经过核实身份，潘彭秘书将我们一行四人领进了武警总队四楼，见到了我校66届毕业生崔景龙（现任中国武装警察部队副政治委员、中将军衔）。

初次见面的崔政委，一身戎装，看上去很精神，一派利落的军人作风。崔政委知道我们的来意后，详细地介绍了他离开学校后的学习和工作情况，表达了他对学校的感激之情，他说："当年，老师和同学们敲锣打鼓送我参军的场面终身难忘"。

这是崔政委为校庆亲笔写下的贺信：

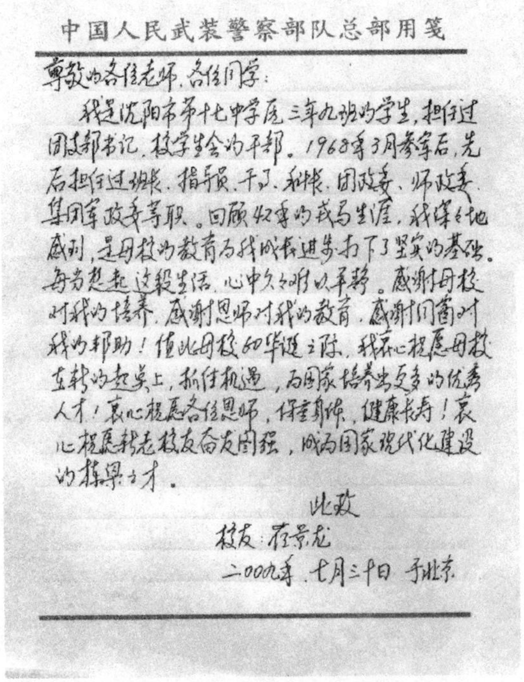

中国人民武装警察部队总部用笺

尊敬的各位老师、各位同学：

我是沈阳市第十七中学老三年九班的学生，担任过团支部书记、校学生会的干部。1968年3月参军后，先后担任过班长、指导员、干事、科长、团政委、师政委、集团军政委等职。回顾40年的戎马生涯，我深深地感到，是母校的教育为我成长进步打下了坚实的基础。每当想起这段生活，心中久久难以平静。感谢母校对我的培养，感谢恩师对我的教育，感谢同窗对我的帮助！值此母校60华诞之际，我衷心祝愿母校在新的起点上，抓住机遇，为国家培养出更多的优秀人才！衷心祝愿各位恩师，保重身体，健康长寿！衷心祝愿新老校友奋发图强，成为国家现代化建设的栋梁之才。

此致

校友：崔景龙

二〇〇九年七月二十日 于北京

我校66届毕业生崔景龙中将为校庆写下的贺信

感恩母校情：

在学校开始筹备校庆期间，众多校友分别以不同的方式表达了对母校的感恩之情，尤其是以爱新觉罗·衡志为代表的老校友们用自己的文章表达了各自的情感，他们用真挚的情感、流畅的语言诉说着过去的故事，展现着童年的憧憬，表达着感恩的情怀。

感恩我母校

爱新觉罗·衡志

每当我回故乡的路上
我心里有一种格外的幸福感
每当我回故乡的路上
我自然想起少年时代趣事
每当我回故乡的路上
恩校辛苦地播种立即浮现

少年时期是人生的关键
保尔卓雅是我青春偶像
学校的教诲我一生受益
学校的栽培我学会做人

亲爱母校我没有辜负您的期望
亲爱母校我时刻牢记您的教导
今天向您汇报我为石油献一生
今天向您汇报我为您已尽力了

我要感恩无私奉献的母校
我要感恩朴实无华的母校
我祝福我母校事业蓬勃发展
我祝福我恩师年轻健康幸福

在大喜的日子里
让我们共同举杯
让我们共同祝福
母校六十周岁生日快乐

难割难舍之母校情结

王天祥

适逢母校60华诞。作为母校之子，此刻我万千思绪涌入笔端。是该写点儿什么了，以表感念之情。

我与母校情感特殊。大概是因为，除1968年入学在校学习3年外，毕业后又留校工作10年的缘故。这13年间，正值我们国家历史上那段动乱与变革的非常时期。而我，恰好不幸复有幸地感受和见证了这个阶段母校所经历的痛楚与喜悦。

学校，是“文革”的重灾区，母校亦在劫难逃。有人把“文化大革命”说成是“大革文化命”，其实一点儿也不错。我在学3年，已无所谓初、高中了。阶级斗争是主课。语文课除了毛主席著作，便是“两报一刊”社论以及那些“三突出”、“假大空”的文章；《工农业基础知识》代替了理化课；体育课即军训课；“学工学农学军”即去工厂、农村劳动，在操场下边挖防空洞。算起来，真正坐在教室里的时间不足一半。老师通通被认定为“资产阶级知识分子”，知识越多越反动，整日里诚惶诚恐，讲课时战战兢兢，唯恐讲错而遭到批判。“造反有理”，则是小将们最崇尚的信条，为数不少的同学虽然不是真正的“造反派”（当时年龄尚小），但“造反派”脾气却不小，经常对老师动横、撒泼，弄得老师急不得、恼不得。愚昧与无知不以为耻，反以为荣，好学与求知却要偷偷摸摸地见不得人似的。

然而，人类的良知，人性的光芒，真善美的魅力却是顽强的、永恒的、不容抹杀的。我的班主任赵老师，就是在这样一个混乱无序、前景莫测的背景下接我们班的，当时被宣布为代理。他是刚从“斗批改班”被放出来的，虽属代理试用，却一直带我们3年直到毕业。这期间，他把他的全部热情与心血都倾注在我们身上，他以他那人格与学识的魅力，把我们带入了一片新天地。

至今，我还依稀记得他第一天给我们上课时的情景：30出头，中等匀称身材，穿一身浅灰色中山装，略显稀疏的头发理得整齐，直挺鼻梁上架着一副黑边眼镜，眼镜后边一双不大不小的眼睛闪烁着睿智的光芒。“今天我和大家共同学习毛主席词《沁园春·长沙》”，一声近乎朗诵的男中音，伴着一行遒劲清秀的板书，连同他整个人的通体气质震住了全班同学，课堂上出现了未曾有过的安静。当然，几分钟后，那个时期任何人也难以控制的课堂局面又出现了。但这一亮相，已几乎征服了全班同学。从这个意义上，可以这样说，学生对母校的好感、认知和接受乃至热爱，首先是从老师身上，特别是从班主任身上得来的。

这以后，我们的班主任老师，似乎每天都在专注地重复着两件事：要么，以他那精彩而又生动、极富感染力的语言打动每一位同学，希望通过字词句章中彰显的文学魅力，引领我们走入知识的殿堂。尽管他明明知道，同学们的接受能力距此相当遥远，他的努力还看不到明确的目标。要么，就是找同学“谈心”，循循善诱、孜孜不倦地劝诫同学进步，指出并肯定每名同学，特别是当时被称做后进生的同学身上的微小优点和长处，及时给予表扬、鼓励，从而引导他们关心班级，克服缺点，远离恶习，发挥特长，多做好人好事。对于所谓的好学生，像我们这些班干部却经常批评多于表扬。而他的这些努力，并不是都能换来理解的，很多被批评过的好学生、差学生，都曾恨过他，顶撞、辱骂过他。我真切地记得对着老师喊的一句怪声怪调的话：“海外来人了！”那是从电影《烽火列车》中学来的特务的台词。那是直戳赵老师“软肋”（老师的哥哥在台湾）的杀手锏。老师只能强忍着痛楚笑一笑。但他仍对我们不计前嫌，一如既往地关心帮助我们，从我们的兴趣特点出发，引导我们做好事。他的良苦用心在于，通过做好事，凝聚全班的心智，培养我们的品质。在他的调教下，同学们争着抢着清早起来扫操场，一天比一天早，后来天不亮这万米操场就已经扫完了。我们班的军训队列比赛、每年运动会男女团体总分都是第一名，“四好”、“五好”称号也越来越多。而这些荣誉对赵老师来说，是绝对沾不上边儿的。

真是难以想象，一个刚从“牛棚”出来，背着“海外关系”黑锅，处于戴罪立功阶段的青年教师，他是哪来的那股子劲头儿能挺到送我们毕业，接着又送下一拨儿毕业，直至“文革”结束！

仔细想来，与他同时代的那些老师们哪一个没有辛酸苦辣，哪一个没有被误解、被伤害的记忆，但是他们都挺过来了。我想主要靠的是他们那一代知识分子所独有的坚忍特质，他们忍辱负重、淡泊名利，他们矢志不渝、忠于操守。每每想起他们，都禁不住暗生敬意！如果没有他们在那荒漠般的年代里，向我们这些懵懂少年的心灵驿站注入一股股清泉，我们缘何能走到今天，我们太有可能因精神饥渴倒毙在荒野途中。有时又难免心生愧意：当年老师苦口婆心“劝学”、“劝进”时，怎么就会有逆反心理，认为老师多事、老师有“资产阶级知识分子”的酸劲儿呢？真是不肖之弟子！由此，我又想到，天下最无私、无怨无悔之人除去哺育子女的父母，便是培育学生的老师了！

及至多年后我已“奔六”了，还在坚持多年形成的惯例，每逢春节我都要偕夫人（也是老师的学生）前去拜见班主任恩师。似乎只有去拜年，虔诚地恪守弟子之道，心里才会安宁些。

实事求是地讲，我并不是恩师最得意的门生，我的地位还不及我的夫人，当年老师也没少批评我。但老师对我的成长进步，包括对我后来的兴趣爱好、求学方向、职业取向，都有着很大的影响。而我，无论工作、学习、生活，有什么调整变化、喜怒哀乐，也愿意向老师汇报，听老师教诲。每次老师见到我都是笑逐颜开的，这时我们师生间那种心心相通、其乐融融的感觉真是美妙极了。

20世纪70年代末，随着党的十一届三中全会的召开，中国开始了变化，母校亦然。校园里的树仿佛更绿、花仿佛更香，琅琅读书声听起来更加和谐悦耳了。母校由9年制改为高、初中两级中学，继而成为市重点高中。老师由“臭老九”成为备受社会尊重的人民教师。赵老师很快入了党，被评为市优秀教师。不久，又被选派做文化工作，不断地发表诗歌、散文、出版专集。我呢，也在1980年调到区里，一直做公务员至今。

真是难以想象，没有拨乱反正，没有正本清源，母校将仍在煎熬，老师仍是被改造的对象，学生中将不断出现“白卷先生”。此时此刻，我真该再次为母校庆幸，为老师庆幸，为我的校友们庆幸！

离开母校多年来，我仍难以忘记我学习、工作过的13年。尽管我也取得了大本文凭，但每当同事、朋友们相互谈起读书简历时，我都会如同大学之于清华、中学之于育才那样，自豪地脱口而出：“我，17中毕业！”

2009年8月

流动情谊景：

与身边学校的校庆相比，可以说我校的校庆是不同凡响的，虽然我们不邀明星，不请大腕，但当日的庆典极为精彩，得到与会3000多名社会各界人士的交口称赞。当11位平均年龄75岁的十七中学首届毕业生高举班旗，以蹒跚的步履整齐地走上舞台时，全场爆发了雷鸣般的掌声。他们自编自演的配乐诗朗诵《我们向母校报道》道出了全体十七学子的共同心声：“我愿与你签合同，来生还做你学生！”这浓浓的赤子情感染了在场的每一个人。

首届毕业生刘景翘

首届毕业生的配乐诗朗诵《我们向母校报到》

向母校报到

孙广茂（首届毕业生、著名中医、教授）

建国诞生十七中，
国庆校庆岁岁同。
光辉岁月六十载，
学子东西南北中。
恩师教诲情难忘，
万世师表惠终生。
为国培育栋梁才，
北大清华有师生。
国防航天和军工，

都有校友在其中。
祖国建设做贡献，
高科领域立战功。
十七中啊十七中，
在你怀抱是骄傲，
在你校园是光荣。
校风校史永难忘，
优良传统记心中。
抗美援朝做贡献，
输送大批志愿兵。
为国捐躯有先烈，
保家卫国留芳名。
十七中啊十七中，
我是您的首届生。
时光倒退六十载，
正和同学是同龄。
师情校谊实难忘，
母校永在我心中。
我愿与你签合同，
来生还做你学生。
参加母校六十庆，
万千思绪心头涌。
校园环境美如画，
师生校友喜相逢。
昔日平房一扫尽，
高楼校舍栋连栋。
初中成为全高中，
师生员工近千名。
教师队伍称优秀，
学生都是好学生。
师生员工齐努力，
开创发展十七中。
祖国长子人人赞，
争当中学排头兵。
教育战线一奇葩，
全国知名十七中。

学校七一届校友、沈阳市市委副秘书长、市委办公厅主任张世斌的讲话代表了与会所有毕业生的心声，体现了各届毕业生对母校的感恩之情，将会场的气氛推向了一个高潮。

整个庆典过程中，自始至终都是一种真情的流动，那就是以母校为纽带的母校情、师生情、校友情，更是“十七人”激情的充分展示。

校友代表张世斌讲话

25 名英姿勃发的在校生的音乐快板《我们的“十七”》，将庆典再一次推向高潮。她们以优美的舞姿、清脆的快板述说着十七中学发生的巨大变化，表达了自己身为“十七”学子的无比自豪之情。

十七中学老教师合唱团排练了两个多月的《革命人永远是年轻》、《越来越好》让人耳目一新，他们饱满的精神、悦耳的歌声，引得八方学子涌上台去，纷纷将怀捧的鲜花献与恩师，与他们拥抱、合影。

人间只有真情贵，浓浓的母校情、师生情是十七中学 60 年校庆取到的真经。献计献策谋发展，群策群力铸辉煌是“十七”校庆的灵魂所在。

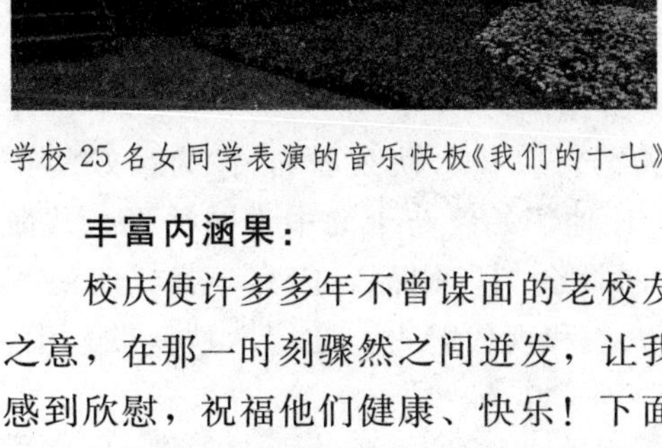
学校 25 名女同学表演的音乐快板《我们的十七》

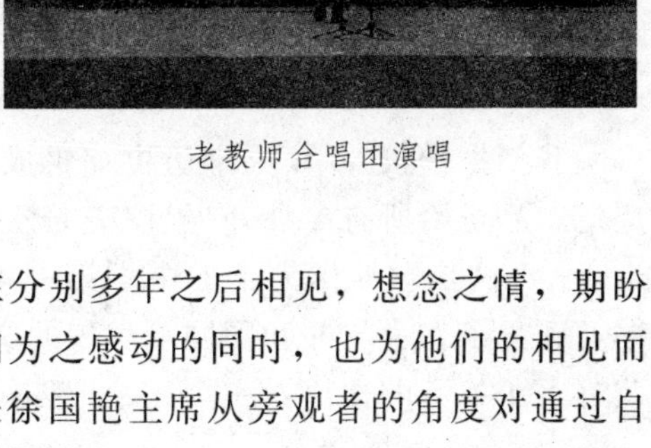
老教师合唱团演唱

丰富内涵果：

校庆使许多多年不曾谋面的老校友在分别多年之后相见，想念之情，期盼之意，在那一时刻骤然之间迸发，让我们为之感动的同时，也为他们的相见而感到欣慰，祝福他们健康、快乐！下面是徐国艳主席从旁观者的角度对通过自己的努力使两位老校友相见所做工作的一段描述：

“你好！徐老师，我求你帮助我找找我儿时的好朋友金玉霞，因为我也记不清，好像她是初中肄业生吧。夏安!”……在负责校庆工作的学校工会徐主席的信箱中突然出现了这样一封信。原来是校友爱新觉罗·衡志女士的求助信。于是，徐主席立即拨通了衡老的电话：“衡老，您还能提供一些具体点的信息吗？比如：她的年龄？她家当时的住址？她家有几个孩子之类的?”衡老说：“五十多年了，都记不清了，只知道她叫金玉霞，我们是最好的儿时伙伴”。撂下电话，不禁犯难：只知道名字，这可难了？按时间推算，两个老姐妹至少失散 50 多年了，当年的金玉霞现在是否还叫这个名字？是否还居住在沈阳市内？都很难确定，到哪里去找呢？衡老对友谊的忠诚、对伙伴的眷念又是那么的执著，令人感动。

学校校庆活动的目的不仅是聚首校友为学校发展献计献策，也是架起联系学子们友谊的桥梁。徐主席带着这份使命，放下手中忙碌的工作，马上与派出所户政处联系，拿着单位的介绍信，借助网络资源查找。经逐个筛选，锁定了 8 个年龄相仿的金玉霞，进行电话联络。当对方惊喜地叫着：“衡志是我最好的朋友，我找她找了很久!”徐主席如释重负。

最终，两位老人接通了电话。这对失散了 54 年的好姐妹相约在十七中学 60 年校庆时相逢。幸福啊，搁置了半个世纪的朋友情将在十七中学重燃，54 载割舍不了的重逢梦将在十七中学实现。

为总结学校发展的历史，我们将所有搜集到的史料整理、加工，浓缩到了学校的校史馆，并把校史馆保留下来作为学校新生入校的第一课，对学生进行爱校教育，成为学校德育的有效载体。

校史馆

我们把学校 60 年办学历史编辑成校庆纪念册《六秩弦歌》，作为最好的校庆纪念品送给所有参加 60 年校庆的校友，让他们始终与十七中学同呼吸、共命运。《六秩弦歌》作为十七中学第一本面向社会的印刷品，内容丰富，底蕴深厚，彰显了作为与共和国同龄学校的文化内涵和现代魅力。在《六秩弦歌》中，我写下了如下的寄语：

沁园春·贺六十华诞

日月更迭，甲子轮回，风华尽显。蕴人文质朴，科学真谛，六秩长卷，尽书辉煌。折桂九州，驰名内外，沈水精英誉四方。重相聚，忆峥嵘岁月，皓首添霜。

莘莘学子满堂，共畅想母校展翅翔。赖办学策略，师生共长；改革壮举，溢彩流光。崇德明志，乐学笃行，薪火相传育栋梁，再回首，更与时俱进，号角激扬。

为了使我们的校庆更加充分展示学校的风采，体现学校的办学思想，树立良好的十七中学形象，领导班子希望我能够为新校歌作词，在无法推托之下，我经过再三思考和努力，校歌《梦想开始的地方》应运而生，在师生中传唱。

梦想开始的地方

沈水之阳，风雨坛旁，是我梦想开始的地方，崇德明志，乐学笃行，指引我们人生的航向。十七中我亲爱的母校，我要深情地为你歌唱，今天我们是你莘莘的学子，明天我们是你放飞的希望！放飞的希望！

沐浴春风，沐浴阳光，老师是我最好的榜样，诚实勤奋，文明进取，我们在这里茁壮成长。十七中我亲爱的母校，我要深情地为你祝福，今天我们是你园中的幼苗，明天我们将成为祖国的栋梁！祖国的栋梁！祖国的栋梁！

十九、金秋的收获

经过“十七人”几年的拼搏，终于在2010年的秋天，看到了我们共同的沉甸甸的果实，有播种、有耕耘、有收获，真是难得的喜悦。

2010年9月初的一个上午，我接到了沈阳市教育局基础教育二处安凯老师的一个电话，大致内容是：鉴于我校的2010年的高考成绩在沈阳市普通高中“入出口”增值评价中，各批次指标全部超额完成实现率，教育局决定，让我校作为全市市级重点高中的代表在2010年9月21日举行的沈阳市普通高中校长大会上交流经验，让我做好发言准备。接到这个电话心里就像打翻了五味瓶，真的是感慨万千。四年的卧薪尝胆，1500多个日日夜夜，“十七人”团结奋进、孜孜不倦，终于用智慧和汗水迎来了这一天！十七中学终于可以在沈阳市普通高中教育领域占有一席之地，我们终于赢得了认可，赢得了发言权。虽然只有十几分钟的时间，我还是做了精心的准备，因为我知道，这个机会得来不易，这个发言对于十七中学来说具有划时代的意义。

激情奉献促发展　质量“十七”谱新篇

——2010年沈阳市普通高中校长大会交流材料

尊敬的各位领导、各位同仁：

大家上午好！

沈阳市第十七中学作为沈阳市重点高中群中的新兵，有机会在这里与大家分享办学心得，既激动，又忐忑，有不当之处敬请指正！

沈阳市第十七中学是隶属于沈河区教育局的一所市级重点普通高中。现有教师100人，20个教学班，在校学生916人。

几年来，在市、区领导的正确指导、关心、支持和帮助下，学校贯彻“让每名学生都成人，让每位教师都发展，让每个家长都放心”的“三让”办学思想，实施打造激情“十七”、和谐“十七”、质量“十七”、绿色“十七”、开放“十七”的打造“五个十七”办学方略，呈现出快速、持续发展的局面。高一年级录取分数线连续攀升：公费由2006年的338分到2010年的571分；择校由2006年的251分到2010年的496分。高考平均分由2006年入口的一般高中第四名到2009年高考出口的一般高中理科第一名、文科第二名。今年高考我校实现了“一个突破”、“三个增加”，即一批本科零的突破，有1名理科考生考入一批本科院校；二批本科比去年增加了3人；三批本科比去年增加了8人；专科比去年增加了68人。在2010年沈阳市普通高中“入出口”增值评价中，各批次指标全部超额完成实现率。

态度决定一切

从刚才量化的一组数据中，大家对我们十七中可能已有了一个基本了解，她是一所正在崛起的学校，一所奋力前行的学校，也是一所人民满意度不断提升的学校。2006年3月，我到十七中学，在行动中明确了我的态度——不辱“办人民满意教育”的历史使命。

1. 扩大宣传，招生满额

2006年3月，我来到了十七中学，当时的十七中是一所有152名教师、1500名学生的完全中学，教职员工思想复杂，初一新生到位率仅为55%，高一新生招不满，方方面面的问题亟待解决，迫在眉睫做的第一件事就是高一年级招生工作。经过学校领导班子全体成员的精心策划，一个崭新的饱含创新意识的宣传方案应运而生，在招生简章中，学校借鉴了大学的做法，利用现代风格的照片，加上流行元素，给人一个时尚的十七中，充满青春活力的十七中。那年的宣传效应使我们不仅以公费338分、择校251分成绩全面完成了招生计划，而且一跃成为全区一般高中的第一名。这一历史性的突破对全校教师的鼓舞是非同寻常的，教师们从此找回了自信，看到了学校的希望，我个人也由此得到了教职员工的认可。

2. 抓住机会，晋升重点

有了信心，我们乘势而上。借“双高普九”，我们改变了办学条件。但我们深知，教育教学质量才是学校的生命线。由于当时的十七中学还是一所完全中学，招收的高中学生基本是省市重点高中剩下的“四类苗”，为了不输在起跑线上，彻底摆脱落后挨打的局面，学校领导班子果断决策，全校上下共同努力，在市教育局的关爱和区教育局的大力支持下，我校以优异的验收评估成绩于2007年5月成功晋升为市级重点高中。这不仅给教师们打了一针兴奋剂，同时更是让我们的学生受到巨大鼓舞并直接受益，有家长到学校反映：“我女儿最近整天都很兴奋，跟我说我们学校现在是市级重点高中了！我将来就是市级重点高中的毕业生了，我要好好学习了，绝不能给学校丢脸，我得像个市重点学生的样儿！”

3. 居安思危，团结奋进

晋升市级重点高中以后，部分教职员工中产生了懈怠的思想，为解决教师中存在的思想问题，2008年9月，我们在全校范围内开展了“我们离市级重点高中有多远？”的大讨论后，专门选择一个下午的时间，全体教师坐下来进行针对学校发展的SWOT分析，让教师自己分析学校进一步发展的优势、劣势，面临的机遇与威胁，怎样变劣势为优势，怎样抢抓机遇，规避威胁。教师们畅所欲言，有位老师当场指出：如果我们不奉献，学校不发展，下一所黄的学校就是我们。这种观点在教师中产生了广泛的共鸣，危机意识带来的是教师们责任感和使命感的觉醒，激发了教师们积极进取、拼搏奉献的激情。

4. 凝心聚力，欢度校庆

2009年10月17日“腾飞的‘十七’与祖国同庆”建校60周年庆祝大会的成功举办，让“十七人”充满激情、自信的精神面貌向社会各界进行了展示，带来了良好的社会反响。一个崭新的十七中学形象树立起来。在整个校庆工作筹备过程中，全体师生的积极参与，进一步增强了师生的归属感和荣誉感。

5. 重新定位，标准化高中

世上没有卑微的工作，只有卑微的工作态度！积极的态度催生成功的果实，消极的态度孕育失败的种子！

学校始终认真贯彻落实市教育局关于标准化高中建设的文件精神，从办学条件、办学思想、人力资源配置、学校文化等多方面积极改进，加强学校的精细化管理，深入实施素质教育，全面推进新课程改革。2009年初，十七中学被确定为首批市级标准化高中创建学校，这无疑是对学校工作的肯定，更是对全体师生的巨大鼓舞，全体“十七人”摩拳擦掌，以更加饱满的热情、扎实并卓有成效的努力投入到创建工作中来。

现在你走进十七中学，有绿意盎然的现代化校园，有一流齐全的教学设施，有浓郁、厚重的文化氛围。你会感受到“十七人”积极进取的态度和雷厉风行的做事风格。一切皆为态度使然。

细节决定成败

在当下教育环境的大背景下，家长心目中的首选是教学质量，小而言之就是教学成绩。学校领导不坐办公室，天天进课堂，无数次走近家长和学生，一次又一次的遍访名家，取经问宝。上下求索，集思广益，共谋质量提高的大格局，为的就是给家长和学生交上一份满意的答卷！

1. 关注师本，促和谐

教师是学校发展的根本。关注教师专业成长是我们义不容辞的责任。学校大力推进“校教学能手、校骨干教师、校学科带头人”工程，加快优秀教师团队的建设。用老师们的话讲：今天的“十七”已经不再是过去的“十七”，我们已经进入了一个激情燃烧的岁月。

建立“点、线、面、体”的综合考核机制，“点”是教师个人教学成绩；“线”是集备组教师集体的教学成绩；“面”是年级组总体的教学成绩和高考成绩；学校分别就“点线面”赋予权重和不同角度的考核，促进学校整体的教学质量这一“体”的健康发展。

狠抓校本培训实效。领导班子成员深入教研组，和教师一起对高考试题双向细目表、课程标准、考试大纲、考试说明进行分析、研究，引导教师进行深入思考，充分明晰教学内容与高考试题的关系，做到有的放矢，追求高效。2009年，为了让大家明确方向，我为高三教师作了一首打油诗：

课改高考头一回，共有四科六份卷。
三大主科是基础，综合取胜最关键。
老师要把说明研，内容结构都有变。

舍得放弃心无恋，收获分数握胜券。
模拟考试练经验，一定能把薄弱现。
适应结构心不变，把握内容在决战。
种子选手要瞄住，偏科学生要紧看。
抓住两头带中间，质量“十七”会实现。

发挥集体智慧。我们要求每个备课组都要发挥组内教师的集体智慧，自己命题或组题，不准使用成题和套题。选题时一定要精挑细选，尽量使每一道题都有代表性，在老师自己做过没有问题后再将习题下发给学生。为学生们节省了最宝贵的高考复习时间，提高了复习的效率。

2. 关注生本，促成长

针对学生实际，我校大胆放弃“某些较难的或有较高的能力要求”的考点，牢牢抓住“学生能够掌握的和对能力有较低要求”的考点。例如2010年高考数学中的第20题、21题中的第二个问题，要求有能力的学生去做，其他同学可以不做，即保一争二；而语文中必考的64篇考背诵内容的文章，我们从诗词到古文由浅入深，以小篇幅的文章为切入口让学生反复诵读，再从名篇到名句有侧重点的进行背诵！大胆地删除一些长、难的篇目。独具“十七”特色的古诗文过级考试、英语单词过级考试为高考成绩的提高奠定了基础。

加强分层次教学、分类推进。实验班重点抓尖子生培养，在夯实基础的前提下，适当增加难度，加快进度，扩充容量，例如今年我校的文科状元王楠同学，当时地理有些偏科，为此地理老师每天都会抽出一定的时间单独给她辅导，每天给她出一道课改实验区的历年高考题，先让她作答，然后给出高考评分标准，让她及时自我总结，并领着她一一分析得分点，总结解题规律、题型特点、语言书写及图文分析技巧。普通班抓中等生，稳定状态，把“双基”作为教学重点，适当降低难度。例如对于写作我们要求学生一定要写够字数，力争每位学生都能在高考中多拿分。

每次考试之后，班主任老师都会让学生画“成绩跟踪折线图”，学校都要召开“成绩分析会”，根据学生的“成绩跟踪折线图”认真进行教学质量分析，细致地进行个体分析，面对面地分析成绩好坏的原因，分析其潜力和优缺点，以求不断提高。

利用“高三动员会”、“高考百天”誓师大会等机会鼓舞学生士气；班主任还利用班会和谈心，加强心理辅导，学校心理教师针对高三学生实行全天候服务，帮助他们消除学习、考试中的紧张、焦虑、恐惧、失眠等心理障碍，让他们以平常心对待高三生活，对待高考。

3. 关注书本，促成绩

高考命题“源于教材，高于教材”，根据我校学生的实际情况，要求师生充分发挥教材的主导作用，弄清每个章节的知识点和要求，基本定理、基本规律的来龙去脉以及本章节内容和前后章节内容的关联。不仅要加深对基本概念、基本原理、基本公式、基本规律的理解与运用，而且还要弄清它们的形成过程。对这些基本知识进行综合归纳，连成线、结成网、形成树。

为确保高三的复习备考工作顺利进行，我们要求高三的各备课组要反复、认真地学习、研究新的《考试大纲》和《考试说明》，明确各章节知识的考点分布和要求的层次。同时与往年的《考试大纲》和《考试说明》进行比较，针对知识点的增减和对能力要求的变化及学生的实际情况，科学地制订备考计划。计划详细到每周复习的进度和练习测试卷的内容，以及如何加强指导学生复习的针对性，避免复习计划的盲目性，安排好一学年培优补差、文理综合训练等等。使教师心中有数，使工作有条不紊。

一进入高三，我们就积极组织各集备组对近几年各课改先行区的高考试题进行了细致的研究。尤其是近三年的海南、宁夏以及2009年的辽宁高考试题。并且详细地列出了试题的“双项细目表”进行比对研究，明确哪些是高考的热点、哪些是高考的高频考点等等，另外我们除参加全市统一模拟考试以外，我们还积极地与省实验、辽南协作体等一些省内知名学校或团体联系，和他们一起进行统一考试，关注他们的备考动态，收集它们的高考信息，为我们的科学备考奠定了坚实的基础。

创造决定未来

未来不是我们要去的地方，而是我们要去创造的地方。学校教育的主要任务是培养人，我们将在“以学生发展为本，为学生终身发展奠基”这一教育理念的引领下，进一步关注每一名学生，真正做到不放弃每一个学生。2010年高考，我校应参考学生中有14人因种种情况没有参考，对此，学校高度重视，认真分析每一名学生的原因，无论是学生的主观因素还是客观因素或者是其他因素造成的放弃高考，都是我们今后工作应该给予关注的地方。在关注每一个学生的同时，我们更要关注学生发展的差异性，让每一名学生都能主动、活泼、个性地发展。注重培养学生自主学习、自强自立和适应社会的能力，着力提高学生服务国家人民的社会责任感、勇于探索的创新精神和善于解决问题的实践能力。深入实施素质教育，全面推进新课程改革，加强教育教学管理，提高办学水平，争取早日进入沈阳市标准化高中行列。为教育强区、教育强市做出我们的贡献。

最后，请允许我代表十七中学全体师生，感谢同仁们的支持，让我们在互相合作、互相理解、公平竞争中共同奋斗。

谢谢！

2010年9月21日

二十、成功是成功之母

教育是一项特殊的事业，教育的失败意味着误人子弟。因此，教育只能成功不许失败。"成功是成功之母"应该作为教育者的唯一信念。

人们常常听说"失败乃成功之母"，因为失败能磨炼人的意志，激起人们奋发向上的斗志。但我以为，这句话不是绝对的，它有一定的适用范围，因为成功之路并非都是由失败的基石铺垫的，不断地从成功走向新的成功才是正常的。试想一下，如果你屡屡失败，从未品尝过成功的甜头，你还有必胜的自信吗？你还相信失败是成功之母吗？

如果你没有成功的经历，别人就不会把机会交到你手里，不要怪别人，你要做点东西出来，展示一下自己的能力。成功的最大好处就是：别人对你有了信心，从而会给你更多和更大的机会。有了更多和更大的机会，你才可能有更大的发展空间，取得更大的成功。

英语中有句名言叫Success breed success，翻译成中文是"成功繁殖成功"或者是"成功是成功之母"。假如我们到一个陌生的地方，往往会选择生意比较好的饭店就餐，哪怕需要在大厅里等一等，我们也不愿意去一个客人寥寥的饭店。这个例子所说的就是这个道理。

成功与失败也有两极分化的马太效应，成功会使你更加自信，更容易取得成功；而失败会使人产生失败感，从而离成功越来越远。拿破仑一生曾打过100多次胜仗，胜利使他坚信自己会所向披靡。而中国古语所说的"屋漏偏逢连夜雨"、"祸不单行"正是失败马太效应的写照。

对于一个企业来说，失败很难成为成功之母。因为只要有两三个决策错误，公司就可能破产，机遇一旦失去就很难弥补。对于学校也是如此，如果在工作中学校始终处于落后的局面，就会使全校师生难以维持取得成功的自信，无法抓住一闪即逝的机遇，错过学校发展的时机。

十七中学从2006年至今的发展应该说是充分显现了成功的马太效应，实现了从一个进步到另一个进步，不断实现着学校的发展。

从影响学校发展的几件大事来看，2006年招生工作取得历史性突破，成为区内同类学校录取分数线最高的学校；2006年全校教职员工一起做了基于学校发展的SWOT分析，进一步统一教职员工的思想，激发积极向上的斗志；2007年以总分第一名晋升为沈阳市普通重点高中；2009年被市教育局确定为首批市级标准化高中创建学校，成功举办建校60周年庆祝大会；2010年学校全面实施“以教学案为载体，构建自主性课堂教学模式”的课堂教学改革；2011年深入开展坚持以“自我管理”为核心的主体性道德教育，构建学校德育“三化（学校德育课程化，年级德育系列化，班级德育特色化）”的德育模式改革，形成“自主性”的学生群体文化和“学习型”的教师群体文化。正是学校每年工作中的这些亮点，给了“十七人”成功的体验，从而不断强化全体师生的自信心，使全校师生始终保持着工作和学习的激情。

对于十七中学来讲，要使学校发展、教师发展、学生发展，“成功是成功之母”远比“失败是成功之母”效果好得多，因为成功的马太效应会产生倍增效应，你越成功，就会有越多机会，也会越自信，而自信和机会又会使你更容易取得成功。从这个角度来说，成功是成功之母。

第三章　让学校成为教师发展的沃土

教师的发展根植于校园，校长要精心培育这片沃土，因为有激情，所以勇于挑战；因为有民主，所以积极参与；因为有责任，所以乐于奉献；因为有开放，所以思维活跃；因为有倾听，所以善于表达；因为有归属感，所以形成合力。

人才的培养靠教育，教育的发展靠教师。没有教师的发展，就不会有学生的发展，更不会有学校的发展。

一个优秀的校长，一定是把教师的发展放在学校发展的优先地位，发展学校就是发展教师，发展教师就是发展学校。

我们要求教师：不仅要做经师，更要做人师；不仅是学生的导师，更要是做人的楷模。教师的发展不会是一帆风顺的，面临着诸多困惑与困难，他们需要引领和帮助，而我所能做的就是给予他们发展过程中必须的土壤、阳光、雨露。

教师的发展根植于校园，校长要精心培育这片沃土，让教师因为有激情，所以勇于挑战；因为有民主，所以积极参与；因为有责任，所以乐于奉献；因为有开放，所以思维活跃；因为有倾听，所以善于表达；因为有归属感，所以形成合力。

还记得2006年3月7日，这一天刚好是我37周岁生日，也是教育局党委任命我为沈阳市第十七中学校长的日子。不知为什么，那一夜，我整夜失眠了，脑子里就是一个问题：我要把十七中学带到哪里？未来的十七中学将是一个怎样的十七中学？答案始终是明确的：办人民满意的教育。那么，人民满意怎样的教育？回顾自己成长过程中的种种经历，扪心自问，换位思考，作为一名学生，我喜欢怎样的学校？作为一名家长，我喜欢怎样的学校？作为一名教师，我又热爱一所怎样的学校？找到学生、家长、教师这些“人民”共同满意的交集并付诸实践，就是我作为一名校长应该做的，也必须做好的。

“让学校成为教师发展的沃土”这个想法萌生已久，当我刚到十七中学，学校的两名骨干教师找到我申请调到省级重点高中任教的时候，那种忍痛割爱，那种万般无奈让这种想法变得清晰犹如石刻。我在心底一遍遍地重复着：一定要让十七中学成为教师们不愿意离开的地方！那么，什么样的学校才是教师不愿意离开的？我觉得就是能够使教师们找到归属感，让教师找到成功的愉悦感，让教师体会到学校对其充分的信任与尊重，最后能够使教师们获得自我实现的价值感的学校。

一、寻找教师的归属感

我始终认为，一所好学校应该是师生共同的精神家园，教师拥有积极的归属感才能感受到职业的幸福感。

到十七中学就任之前，关于十七中学的“典故”听了不少，多半是周围的学生和家长私下里抱怨的话，什么“孩子考到这样的破学校还有什么希望?”之类的。走进十七中学，有一种现象让我实实在在的郁闷了很久，我亲眼所见一些教师甚至干部闲聊时，不时就流露出对学校的不屑，仿佛他们不是十七中学的一分子。教师们缺乏基本的归属感，说穿了，也是缺少一份责任感。但，我觉得这不能完全归咎于教师。试想，教师生命的很多时光都是在学校中度过的，学校中的生命质量很大程度上影响了教师整个人生的生命质量。如果一个教师不能在学校里找到快乐，找到充实，获得发展，那将是一件多么痛苦的事。如果教师们无法找到自己的归属感，可以说，至少他生命的相当一部分是了无生趣的。我们更无法想象一个不快乐的老师，没有归属感的老师如何将积极生活、乐观豁达的心态带给学生，如何帮学生找到内心的充实感、阳光与自信。同时，教师们不认同自己的学校，觉得我不属于这里，这里也不属于我，那么教师的工作热情从哪里来，责任感就更是空谈。为此，我特别注意在学校开展的各项活动中让教师们能够找寻到归属感。

2006年秋，我带领全校教职工对学校进行的SWOT分析，“我们的优势在哪里?”“我们的劣势在哪里?”“十七中学的未来在哪里?”教师们踊跃参与，戴志刚老师说：“今天的SWOT分析让我更加清晰了一个严峻的事实：如果我们今天不努力工作，就意味着我们明天去努力找工作……”

这次SWOT分析，在理清学校发展中面临的优势、劣势，存在的机会与威胁的同时，也是全体教师团结一心、一致对外、形成合力的过程。SWOT分析让十七中学的荣辱成败与每个教职工息息相关的理念深入人心，让教师们初步建立起“校兴我荣、校衰我耻”的认同感。

2007年冬，我校选派苏彧雨、石淑娟、杨靓、刘长静四位教师参加“全国第五届信息技术与学科整合优质课大赛”，这次比赛是我校建立“学习共同体”的第一次尝试，可以说，虽然参赛只有四位教师，但准备工作汇集了全校的智慧和力量。集备组的老师们、教务处的主任以及主管教学的校长都为参赛选手提供支持和建议，使得他们分别获得这项比赛的一、二等奖。用苏彧雨老师的话说："我的成绩属于十七中学。"教师们在十七中学这个和谐的团队逐步找回了归属感，获得了成功的喜悦。

2008 年，随着学校文化的初步建立，我们完善了沈阳市第十七中学识别系统。学校识别系统的建立形成了一种"马太效应"。良好的学校形象识别系统为学校增强了教育能量，教师们置身其中，耳濡目染，归属感变得清晰起来，越来越多的老师和学生们开始以"我是'十七人'"为荣，遇到损害十七中学形象的事，大家都会以主人翁的姿态制止。

苏或雨、刘长静、付慧君、杨靓、石淑娟参加
全国第五届信息技术与学科整合优质课大赛

2009 年 10 月 17 日，十七中学建校 60 周年庆典上，全体教师对 2000 余名来访者的热情服务和灿烂的笑容令与会的领导们赞不绝口，沈河区副区长徐爱秋说："小葛，校庆办得好，有创意，你们的师生太有激情了！"

2011 年 7 月，常亮老师入选沈河区教育局排球队，在沈河区全运会排球赛中取得了沈河区第一名的好成绩，教育局工会领导给予她很高评价，当我校工会主席和她谈及此事时，她爽快地说："必须地，因为我出去代表的是十七中学啊！"

我始终认为，一所好学校应该是师生共同的精神家园，教师拥有积极的归属感才能感受到职业的幸福感。在共同奋斗的过程中，形成一支充满激情活力、和谐向上的教师队伍，从而真正实现学校的可持续发展，而学校的发展又为教师的发展提供了阳光、水和空气。

二、点燃教师的教育激情

激情是爱的迸发和升华，点燃教师的教育激情是实现学校发展，继而实现教师发展的出发点。

多年的教育生涯，我一直信奉着这样一个信念：教育是用激情播撒爱的事业。一名优秀的教师必须要有对学生的爱和对事业的激情，因为有爱才会有激情，有了激情会进一步激发对学生的关爱，对事业的热爱。

激情是什么？是一种状态，一种热爱的状态；或者是一种心态，一种不计个人荣辱得失或成败，长久坚持和热爱的心态。马克思说：激情是人追求自己的对象世界的一种本质力量。教师只有倾注满腔热忱，在任何情况下都朝气蓬勃，才能对学生有感染力和影响力；教师只有有了心灵的支点，才会鼓足生命的风帆，孜孜不倦地追求，顺境不自傲，逆境更刚强，才有使不完的劲。要用教师的激情点燃学生的激情，照亮学生的心灵。教育的激情，就是把外在的表象化为内在的精神气质，不因年龄的增长、环境的改变、地位的变化而改变。

初到学校时，部分教师所表现出来的职业倦怠给我留下了太深的印象，经过认真的研究、思考、分析，我得出了结论：教师职业倦怠是教师个人、学校环境和社会因素共同交互作用的结果。

面对教师的职业倦怠，我认为教师职业价值的提升是教师培养的首要任务，只有将教师职业价值提升到与个体对生命价值追求相一致的高度时，才能最大限度地激发个体对职业的认同感和归属感，才有可能最大限度地使个体投身于工作，并使之成为生命的一部分。于是我们提出了打造一个激情“十七”的办学方略。

我常常对老师们讲：“教育是用激情播撒爱的事业，教师工作，不仅是一种职业，更是一种事业。如果你仅把它作为一种维持生计的手段、养家糊口的职业，那你就不要做教师，因为它太辛苦；如果你没有办法改变你的职业，那就改变你的心态，你只有把它当作事业做，你才能在付出与奉献的同时，获取自身的成长，取得成功的喜悦与快乐，才能享受教书育人的幸福。”

魏秀玲是一位2003年参加工作的年轻女教师，工作几年来，先后担任班主任、团委书记、校办副主任、教务处副主任等职。2007年11月，她的创新意识给学校的学生工作带来了新起色：十七中学2007年学代会工作在她的指导下完全由学生独立完成，从此，学生会开始真正发挥了自我教育、自主管理的重要作用，校园广播站、团报编辑部、各种校园社团应运而生，学生开始逐渐以“主人”的姿态，出现在学校的各项活动中。

2009年校庆期间，魏老师正值怀孕初期，她不顾怀孕早期的种种不良反应，坚持工作，楼上楼下，校内校外，哪里有需要哪里就有她的身影，作为庆典的主持人她与几名学生主持人一起迎来了阵阵雷鸣般的掌声。2010年5月26日，十七中学召开了《查不足，促提升》成绩分析会，魏秀玲老师作为教务处副主任，在还有几天就要做妈妈的状态下，认真剖析自己所负责年级教学成绩的得与失，作了针对性强、对改进教学卓有见地的总结。会后，参会教师发出了这样的感言：“说实话，看着身怀六甲，再有十来天就要做妈妈的小魏坐在那里细致地分析成绩，分析学情，不由你不感动……十七中学有如此敬业的‘小魏们’，没有理由不发展、不成功!”。

2010年9月，因为学校工作需要，魏老师产假未满就回到岗位，由于这学期她负责高三年级的工作，需要早来晚走，而她正值哺乳期，为了学校工作，本来家庭经济负担就很重的她毅然在学校旁边租了一间房子。功夫不负有心人，在她和全体高三师生的共同努力下，2011 年高考实现了十七中学高考成绩的连续第 5 年攀升。具有魏老师这种忘我的工作热情的老师在青年教师中屡见不鲜。据不完全统计，在过去的 5 年中，学校共有 17 位教师休产假，但由于学校师资紧张，有 9 位教师心系学校，为了学校的发展，她们主动提出申请，未能修满法定产假，提前上班，她们是苑庆玫、张新、刘明丽、李慧颖、陈太馨、宁巍、魏秀玲、刘栩彤、祖晓宁。

教师们对教育的激情和无私奉献给我这个一校之长无数激励和感动，鞭策我不敢有丝毫懈怠，义无反顾成为十七中学摆脱落后、愤而崛起的激情领跑者。在工作中，我与教师们互相鼓励、共同进步。

魏秀玲老师在她的日志《影响》中这样写道："葛校给我的第三个重要影响就是做人、做事要有激情，每天要充满精气神的生活、工作。越接触，你会发现越多他身上的独特，不知不觉就受了他的激情的感染，想跟上他的思想，想跟着他去超越，去奋斗。"

魏秀玲主任做教学成绩分析

张丽丽是一名非常认真的班主任老师，从大学毕业后一直担任班主任工作，对班主任工作认真负责，对学生富有爱心，工作中积极努力，深得学生们的喜爱、家长们的赞誉。在其怀孕的前三个月，妊娠反应十分强烈，呕吐得十分厉害，对其身体造成了强烈的影响，但是张丽丽老师还是克服了身体的种种不适，坚持做好班主任工作。每天早上 7 点 10 分前准时到班级，组织同学们上早自习，中午 1 点钟又能准时进入班级安排同学们午休，下午备课和批改作业后的闲暇时间还要找学生和家长谈话，看着她日渐"丰满"的身子，我曾对她说："如果感觉身体不适就不要来得那么早，或者早点休息吧！"张老师对我说："校长，没事，活动活动对小孩有好处，上点课，用用脑，相当于胎教了，您放心吧！"就这样，她乐观地坚持着，一直到生产前一周才请假休息，多好的老师呀！真的让我为之感动！

今天，在十七中学的校园里，饱含教育激情的教师越来越多。他们既热爱生活又钟情事业；既有深厚的专业知识，又有终身学习的意愿与行动；既善于创新思维，又能创造性实践；既能静心教书，又能潜心育人；既能常规教学，又会教育科研；既能收获教育成果，又能得到幸福的人生体验。

三、校长要做教师专业发展的领跑者

如果教师的专业发展是一场马拉松，那么，作为一校之长，不该是教练或者拉拉队员，而应该是一位领跑者。

教师要从一名师范毕业生成为一个合格的教育工作者，需要经过不断的学习、实践，在拓展专业内涵的基础上，提高专业水平，从而达到专业成熟的境界，这样的一个历程并不简单，是在不断加强培训和学习的条件下实现的。

几乎每个做过教师的人都不会否认，学生的成长、进步和发展是老师的最大快乐。而学生的成长、进步、发展需要教师具备更良好的品德，更专业、更先进的知识。某种意义上，教师自身的发展决定了学生的发展。而教师自身的发展是一个教师获得职业幸福感的源泉。教育工作的特殊性与复杂性决定了教师的专业发展不会是一蹴而就的，是一个与时俱进的漫长过程，如果我们把教师的专业发展比作是一场马拉松比赛，那么作为一校之长，不该是教练或者拉拉队员，而应该是一位领跑者。

为了引领全体师生走进新课程，实现课程目标，使他们具备先进的、与新课程相适应的教育思想和实践能力，我一直努力使自己成为一个教师们终身学习的引领者。

我先后参加了北京师范大学经济与教育管理专业的研究生课程班、研究生同等学力的进修，攻读了北京师范大学的教育硕士，完成了北京师范大学高级研修学者的学习，还参加了教育部高中校长领导力培训班和清华大学高中校长领导力培训班等多种培训班的学习。我始终认为，学习是知识的积累，如果仅仅停留在积累这个层面，那么学习不过是一个形式，学以致用才是我们学习的根本目的。2006 年 8 月～2008 年 7 月，我在职攻读了北京师范大学的教育硕士学位，在学习期间，我将十七中学这只五脏俱全的“小麻雀”进行了认真剖析，抓住了实现学校发展的切入点——学校文化。我利用学到的理论对学校发展过程的各个阶段进行逐一分析，对再塑学校文化的原因和过程进行分析，然后，从学校的教育理念、办学思想、办学方略三个方面加以研究、分析和实践，最终实现了十七中学在文化引领下的长足发展。2008 年的毕业论文《学校文化建设研究——以沈阳市第十七中学为例》就取材于我在十七中学的教育教学实践，并获得了北师大教育硕士毕业论文中为数不多的“优”。

2008 年 9 月～2009 年 7 月，我在北京师范大学高级研修学者的学习期间，将目光聚焦在学校未来的发展，毕业论文《走内涵发展之路，创建具有十七中学特色的现代化学习型学校——沈阳市第十七中学改革与发展规划（2008 年～2011 年）》成为指导十七中学未来三年发展的蓝图，而且，现在回首看，规划已经随着“十七人”的共同努力逐一实现。

孔子说：“其身正，不令而行；其身不正，虽令不从。”几年来，学校共有30位教师在研究生课程班结业，8位教师取得了教育硕士学位。有的老师还克服困难到北大乃至加拿大去培训、深造，回来后，将学到的先进思想与方法同教师们分享并运用于实践。

“严谨笃学，与时俱进，教到老，学到老”已经成为“十七人”的观念和行动，学习让老师们实现了发展，发展让老师们得到了学生及家长的欢迎和信赖，而教师们在学生的进步和自身的提高中找到了职业的幸福感。

教师专业发展是长期的、持续性的，甚至是终身的。教育领域有别于其他的专业领域，教育工作的规律性决定了教师专业发展的持续性。教师工作对象的可变性、发展性以及教育任务和责任的不断复杂化决定了其在专业领域必须不断与时俱进。而作为一个发展中的教育者，教师在学习化社会和终身学习思想的引导下也要形成个人的终身发展规划，由此，我们倡导教师应该适应社会的不断发展，成为终身学习者。

我们鼓励教师读书，读名著，营造自己内心丰富的精神世界。我们鼓励教师写读书笔记，把自己的感悟写下来，进一步咀嚼、品味、升华，我们创办了“读书沙龙”，为教师交流读书心得搭建平台，营造学习氛围。

从儿时起，就听过看过无数关于读书的名言佳句，如：“读万卷书，行万里路”、“书中自有颜如玉，书中自有黄金屋”、“书籍是人类进步的阶梯”等等。自古以来无数中外的文人学者将书籍赋予了无比神圣的意义，读一本好书会给心灵一次洗礼，读一本好书会给思想一次荡涤。

儿时喜欢读童话，喜欢在书的世界里梦想自己变成白雪公主的样子；学生时代喜欢读名著，从鲁迅、老舍到普希金、高尔基，从《呐喊》到《钢铁是怎样炼成的》，每一本书都使我成长，令我深思；工作了，当了老师，开始喜欢读与教育有关的书籍，从这些好书当中我学到更多关于人生、关于价值的真谛。读李镇西老师的这本《做最好的老师》就是如此。

这本书是李老师25年教育教学思想和智慧的精华集萃，全方位地阐述了李老师的教育观、学生观、班级管理、思想工作、心理教育以及语文教学的理念与实践。在这本书里，李老师把他的教育思想、教育机智、教育技巧与教育情感融为一体，语言朴实而富有诗意，形象而充满激情。读着这本书，让人不禁为之激动、赞叹、折服！

“做最好的老师”，书的封面上大大地印着这么六个字。何谓“最好”？又怎样才能做到“最好”？做了8年的教师，带了无数的学生，

"要做一名好老师"一直是我的教育理想，但却从不敢妄称"最好"，要拥有怎样的自信才会说出这样的话啊！怀着一颗好奇心，我翻开书本，去寻找答案。

李镇西老师说："'最好'是相对的，因为这是永远没有止境的追求——从这个意义上说，'最好'其实就是'更好'。"这就是一种"虽不能至，心向往之"的自觉地追求更好的境界。虽然这个"最好"永远达不到，但一个比一个的"更好"便汇成了一个人一生的"最好"。李老师常教育学生们要做"最好的自己"，他注重的是"自己和自己比、昨天的自己和今天的自己比，不断地超越自己。""做最好的自己"，便意味着要尽可能在自己的职业中达到自己力所能及的最好程度。这是事业的追求，更是人生的追求。

那么又怎样才能做最好的老师呢？

在李镇西老师的身上，我看到"做最好的老师"，是一个个平凡的细节，是一颗持之以恒的恒心。

李老师自称是个"实干的理想主义者"。的确，他不仅有着崇高的理想，更重要的是他对工作是那样认真踏实。今天，环绕在他头上的美丽光环，就是由一个个平凡的小细节组成的，是他一步一个脚印踩出来的。他把想做一个"最好的老师"化为：踏踏实实上好每一堂课，仔仔细细批改每一本作业，认认真真对待每一次谈心，开开心心组织每一次活动。正是这些平凡的教学常规，这些细碎的日常活动，铸就了一个不平凡的"传奇"！

李老师的恒心同样体现在他的日常生活和工作中。书中提到他每天坚持完成"五个一"工程——上好一堂语文课，找一位学生谈心或书面交流，思考一个教育问题或社会问题，读不少于一万字的书，写一篇教育日记。在我看来，要完成那"五个一"简直是不可能的事。如果能坚持完成其中一项，就已属不易，何况是五项！十天半月完成一次，就已经难得，居然还要每日坚持！那种毅力和恒心真的是难以想象，可李老师做到了，而且坚持了这么久。

读过李老师的这本书，再回首自己走过的教师之路，不禁惭愧万分。其实，我们每个人都可以成为"李镇西"，正如鲁迅先生说过的那样："时间就像海绵里的水，只要肯去挤，总是有的。"其实，不是有没有时间的问题，是你愿不愿意去挤的问题。有时，我们太浮躁，不能安心地进行教育教学工作；有时，我们太拖拉，总是把今天的事拖到了明天；有时，我们也雄心勃勃，但总难坚持到底。我们所缺乏的只不过是对自己的信心和永不放弃的恒心。

读过李老师的这本书，仿佛给我自己进行了一次精神洗礼。我也

> 愿“做最好的老师”，从现在开始，努力做好每一件小事，争取今天比昨天做得更好，明天比今天做得更好！坚持做好自己的本职工作，用一颗永不言败的恒心去践行一个“做最好的老师”的誓言！
>
> ——摘自张新老师《做最好的老师——读李镇西〈做最好的老师〉有感》

我们鼓励教师要通过不断的学习来更新观念、掌握方法、充实知识，在客观审视现实的同时不断超越自我。

教师通过自主学习，及时更新知识结构，保持专业知识的先进性；通过团队学习，发挥群体优势，从而相互促进，共同提高；通过探究学习，改进教学行为，革新教学策略和方法，朝着“专家型教师”的目标发展。

尤其令我感动的是我校姜静副校长和吉晓菲老师认真刻苦学习，通过自己的艰苦努力，考取了国家二级心理咨询师，为我校心理健康教育增添了力量，为学生们的身心健康保驾护航。

对于那段学习经历，吉晓菲老师道出了自己的感悟：

> 心理咨询师培训班是在周六、周日上课，从早上7：30一直上到下午5点，从12月份上到第二年的5月份。这6个月来，我从没缺过课，也不敢缺课，因为这些知识都是我以前从未接触过的，而且老师每天讲的内容相当多，如果落下一点，就很难补上，回家后还要做大量的练习，来巩固所学的知识。这段时间，正是一年中最冷的日子，又赶上春节，琐碎的事情很多，所以就觉得时间特别紧、不够用，基本上每天都要看到12点，忙得像陀螺一样，现在回想起来，这恐怕是我有史以来参加培训最认真、最辛苦的一次了。临近考试时，正值“5·12”汶川地震，每天电视里都播放着地震灾区的情况，那些震区群众痛失亲人的悲惨场面、全国人民抗震救灾的感人画面我都不敢多看，因为我有脑供血不足、脑痉挛的毛病，生怕过分激动导致头痛看不了书，但又很想知道震区的最新情况，只能向家人打听，就是在这样纠结的心情中迎来了考试。2008年5月17日，我参加了全国心理咨询师资格考试。
>
> 等待成绩的日子是难熬的，既盼望着成绩早些出来，又怕考不好辜负了校长的期望，自己的努力也前功尽弃。终于到了公布成绩的日子，我怀着紧张的心情，拨通了查询成绩的电话，当听到电话中传来成绩合格时，我激动地跳了起来。我马上到校长室，向葛校长报告这个好消息，校长听我说成绩合格时也是非常高兴。他对我说：“我知道这个考试很难，也担心你考不过去。但看你这段时间这么刻苦地学习，我相信你一定能行。现在你是我们学校的第一位心理咨询师，虽然我

们学校的心理健康教育工作才刚刚开始，但我相信你一定会把它做好的。”

为了拓宽我的专业知识，校长又送我到北京师范大学辅仁心理中心学习箱庭疗法。在这次培训中，我不但学到了沙盘技术的理论和操作技能，还亲自制作了自己的第一个沙盘，让我体验到了沙盘的神奇魅力，进一步了解了拥有健康心理的重要性，更坚定了我从事这项工作的决心。

——摘自吉晓菲老师《信任助我成长》

王丽杰在周三讲坛与全体教师分享她在北京大学全封闭英语培训班学习感受时说到：“大学毕业已经十三个年头了，重新做回学生，回到大学校园、大学宿舍、大学食堂、教室，让自己沉静下来，沉淀下来，感触很多，收获也很多。所以，我非常感谢校领导给我创造了这么好的学习和提高的机会。在学习过程中，作为一名‘教师学生’，我也在细细地观察，耐心地品味，用心去感受每位教师的教学风格，体会老师与学生之间的平等、互助、朋友一样的关系，认识到：老师不要做高高在上的施教者，而更应该做学生的朋友；教师要不放弃每一名学生，尊重学生，让每个学生都成为最好的自己。”

吉晓菲老师与学生交谈

过去，我们经常说“要给学生一杯水，教师必须有一桶水”，时代的发展，知识更新的速度越来越快，教师唯有与时俱进，不断充电，不断提高。“问渠哪得清如许，为有源头活水来”，现在，我们说“要给学生一杯水，教师必须是一条小溪。”

如今，“学习是最大的福利”已经成为教师们的共识，谁都不愿意错过或者放弃学习的机会。因为学习是教师发展的不竭动力。

四、管理团队在具体要求中发展

一支充满激情、勇于创新、甘于奉献、团结务实、廉洁高效的管理团队是实现学校快速发展的保障。

人们常说："一个好汉三个帮"。学校要发展，光靠校长的摇旗呐喊是不行的，学校的发展既离不开一支高水平的教师队伍，也离不开一支高素质的干部队伍。得力的中层干部不仅是校长施政的左膀右臂，还是校长决策的参谋智囊。

作为一校之长，不仅肩负着学校发展和师生发展的重任，还要带好干部队伍，要用心选拔、锻炼和培养中层干部，以利于自己的决策施政水平提高，以利于学校各项工作的高质高效开展，更重要的是要为干部们将来的发展奠定坚实的理论和实践基础。

几年来的校长经历使我体会到，校长对待干部最基本的要做到三点：

一是要严格要求。严格体现在对工作的高标准、严要求。校长对布置的工作要有一个清晰的、高水平的标准，使他们明确工作要达到的目标；对于工作中取得的成绩和出现的问题，要适时地进行表扬和批评，涉及原则性的问题，校长在关键时刻必须直截了当地予以纠正，帮助其成长，以免对学校造成影响和损失。

2008 年 9 月的校务会议上，我对干部们提出了具体的要求：

我认为，作为学校各项工作的具体管理者和直接责任人，干部必须具备以下职业素养。

两颗"心"——事业心和责任心。只有具备强烈的事业心和责任心的人选才能保证学校的各项工作得到充分彻底的开展又行有实效。如若不然，不仅会影响学校工作的进程与质量，还会影响教职工对学校的感情而涣散人心，毁灭学校的复兴希望。

两个"深入"——深入基层群众；深入工作一线。人们常说学校的中层干部是校长的"四肢五官"，因为校长的意志往往需要借助于中层干部的管理而落实到实践中，此所谓"四肢"；而校长的意志形成过程在很大程度上又与中层干部在执行命令、履行职责过程中反馈的实际情况和群众的意见呼声分不开，此所谓"五官"。校长需要一支能深入基层群众、深入工作一线的中层管理干部队伍，这样才能保证校长决策的正确性和施政的有效性。

四个"性"——主动性：中层管理干部必须具备工作的主动性。预见性：中层干部都是各项工作的具体执行人和指挥管理者，对工作过程中可能出现的问题必须具备相当的预见性，这样才能有效地减少错误，少走弯路。原则性：俗话说，没有规矩，不成方圆，作为各项工作的首负责任人，在布置落实检查各项具体工作中，必须坚持原则，按章办事，否则，一旦有了先例或形成习惯，学校就会因此陷入有章不循、感情用事的泥潭中，最终导致以后许多工作的连锁被动。全局性：部门工作服从、配合、服务学校的整体工作应该成为每个部门负责人的工作指导思想，只有这样，学校的各项工作才能协调一致，形成合力。

此外，中层干部还应该具有较高的执行能力。

执行能力就是把计划、方案变成现实操作的能力。它不是单一的素质，而是多种素质、能力的结合与表现，它体现为总揽部门全局、深谋远虑的洞察力；一种不拘一格的突破性思维方式；一种派兵遣将的指挥调控能力；一种"设定目标、坚定不移"的态度；一种雷厉风行、快速行动的管理风格；一种勇挑重担、敢于创新的工作作风。

具体来说，学校中层干部应该具备以下几种能力：

1. 清晰的岗位认知能力。学校中层干部处于承上启下的位置，角色定位要准。每一个中层干部就像足球场上的运动员一样，要十分明白自己所处的位置，是"后卫"，还是"前锋"？自己这个位置活动范围有多大？自己在这个活动范围内要完成哪些任务？什么时候不能"越位"？什么时候需要"补位"？什么时候加入"助攻"？这些，都要求运动员保持清醒的头脑。一个足球运动员，心中装着集体的目标，真正进入竞技状态，场上跑动积极，注意用"大脑"踢球，讲究和同伴相互配合，才能赢得整个球队的胜利。

2. 准确的政策领悟能力。学校中层领导对校长、副校长负责，又要主持处、室的工作，他们既是执行者，又是领导者，具有双重身份。一方面，中层干部要认真学习国家有关教育教学方面的政策法规，掌握其精神实质，做到执行时以法治教。另一方面，要吃透校长的决策，真正领悟校长的决策意图、决策过程、决策内容、决策效果，并以此作为目标来把握做事的方向，做到执行时不片面、不偏向、不走样。

3. 完整的计划条理能力。中层干部对校长决策意图的理解，具体体现在制订工作计划和工作方案中。每学期，各个部门、处室都要根据学校整体工作计划制订详细的部门计划，围绕学校的总体思路，结合部门特点，落实可行的措施。重大活动、重点工作还要有具体的实施方案，分清事情的轻重缓急，拿出时间表。要保证部门与学校工作的整体性、一致性、连贯性。在制订计划、方案的过程中，多请教师参与，多听取并采纳教师的意见、建议，把部门的要求变成教师的自觉认同。

4. 精心的组织实施能力。这是中层领导干部最重要的能力，是把可能变成现实、蓝图变成行动的过程。其核心是指挥得当、调控有力、激励有方。学校中层干部要能通过优化组合，最大限度地激发每个教师的潜能，实现管理决策层的用心、中层的上进心、教师的责任心"三心"最佳组合。对全体成员进行考核，通过目标管理方式实现教职员工的自我管理。采用必要的物质奖励和有效的精神嘉奖相结合的方式，让教职员工产生归属感。在检查、激励、反馈的过程中，完成组织目标、任务。

5. 全面的协调能力。事物总是在矛盾中发展起来的。作为学校中层干部，起的是桥梁、纽带作用，从这个意义上讲，协调就是沟通，就是及时上传下达，倾听“民心”，反映“民意”，解读校长之声，使关系协调；学校中层干部直面教职员工，碰到的现实问题要多一些，协调就是理顺，创设人与人、人与事、部门与部门之间的交往环境。最好的协调原则就是实现共赢。

6. 深刻的洞察能力。这是一种判断思维能力。学校中层干部虽然不是学校的决策者，但是应该义不容辞地为校长决策提供事实依据。要善于透过现象看本质，认真分析事情的来龙去脉和因果关系，提炼出真实的信息，供校长决策参考。对教职员工中出现的苗头性问题或改革中的一丝曙光，能洞察先机，及时予以抑制或张扬。未雨绸缪，是有洞察力的表现。

7. 有效的授权能力。不可能所有事情都亲历亲为，学校中层干部要明确自己的职责就是培养下属共同成长，成就下属就是成就自己。因此，无论是管教学的，还是抓后勤的，都应该最大限度地赋予助手、下属责、权、利，全体教师才有成就感和责任感。同时，中层干部要勇于为教职员工承担工作中的失误，不把属于自己的责任推给学校领导。

8. 大胆的创新能力。中层干部应该时时、事事都有强烈的创新意识。执行不是简单复制领导的命令，不是机械地照搬教条，应该是一种创造性的劳动。在制订计划、实施方案的过程中，要有中层干部自己的智慧，不断地在工作中发现问题、研究问题、解决问题。解决问题的过程，也就是向创新迈进的过程。这样，校长的决策在执行的过程中，就能不断完善、科学，创新也在执行过程中成为组织解决问题的文化。

另外，中层干部还必须是各自学科教育教学的行家里手，思想政治方面积极要求进步，时时处处以身作则，这样就能更好地提升自己的人格魅力，更有利于自己部门管理工作的开展。

二是要真心爱护。校长不仅要用干部，还要爱护干部。要爱护干部工作的积极性，允许他们在工作中出现问题和失误，并要帮助他们在实践中改正错误；要关心干部们的生活，当他们生活中出现困难的时候，要尽自己的能力鼎力相助，以帮助他们渡过困难时期。此外，还要关心干部们在评职晋级中的利益，保证他们作为优秀教师身份的评职晋级。

三是要精心培养。校长对中层干部的培养要体现在对教育事业无私奉献精神的引领，要以校长的率先垂范和人格魅力做行动的引领；以先进的教育教学理念做思想的引领。对干部的培养更要体现在教育教学实践中的指导，培养干部们学会管理。

十七中学这几年的快速发展，得益于我们已经形成了一支充满激情、勇于创新、甘于奉献、团结务实、廉洁高效的管理团队。

2009 年 5 月学校中层以上干部合影

令我欣慰的是，伴随着学校的发展，学校的干部也在具体的要求中不断地成长与发展。原副校长刘兵同志已经提拔为学校的党支部书记；教务主任关宏彬和德育主任杨丹丁已经提升为副校长；校办主任徐国艳现为学校工会主席兼办公室主任；其他的中层干部也由副主任成长为部门的主任；同时充实了年轻的同志到干部队伍中来。

五、信任与尊重

用人所长，是一种信任；容人所短，是一种尊重。

无论是学校发展还是新课程改革，人的因素是最重要的，一定要充分发挥每一个教师在教育改革中的重要作用。

学校体育组曾经是一个人心比较涣散的教研组，经过几任组长都没有什么改观，当时我很着急，学校的体育工作在学校工作中占有很重要的地位，关系到学校群众性体育活动的开展，关系到学校的精神面貌，更关系到学生的身体健康。

2006 年 3 月，我到十七中学换下的第一个“官”就是体育组长。经过一段时间的接触、了解，班子决定由佘煜同志任体育组组长。

我将佘煜请到我的办公室进行了细致的攀谈：

“能不能把体育的‘放羊’课，变成能够吸引学生兴趣、促进学生体质发展、具有新课改精神和‘十七’特色的课?”

佘煜挠挠头说：“葛校，不瞒你说，真的蛮难的!”

我问：“难在哪儿?”

佘煜回答：“哪儿都难。”

“具体说说”

“比如，场地、教材、排课，还有学生和老师们的重视程度等等。”

“是不是说，这些问题我们完全无法解决?”

“那倒也不是，就看校长您的决心了。”

“我给你一段时间考虑，拿出个比较具体的想法出来，我们再谈。”

两周后，我们再次坐下来，一套比较成熟的体育课程改革方案逐步清晰起来，经过全体班子的研究，全体体育教师共同参与，2007 年伊始，高中体育课程改革的选项教学在我校全面推开。从此，体育课不再是“鸡肋”，而成为十七中学的一大亮点。每到体育课时间，学生们都兴致勃勃地在自己选择的项目中刻苦训练。操场上不再是往日的“闲羊漫山”，而是井然有序、杂而不乱。

在后来的工作中，学校对体育工作给予了大力关注，学校的信任与支持激励了全体体育教师的工作热情，点燃了他们的工作激情。他们积极投身于体育课堂教学“选项教学”的改革，组建了学校体育代表队，加强了日常的训练，学校体育工作呈现了蒸蒸日上的喜人局面。学校的“选项教学”在省内领先，学校体育代表队获得了沈阳市中学生运动会团体总分普高二组冠军，女子篮球队获得第一名的好成绩，成为沈河区普通高中体育工作最好的学校。

作为学校管理者，要把学校的每一项工作都在沟通基础上付诸实施，真正做到“目中有人”，实现以人为本，让教师融入学校的工作中，正像人们所说：用人所长，天下无不用之人；用人所短，天下无可用之人。用人所长，必容人所短。

2007 年 7 月的那场教师考试至今历历在目，时刻提醒我学校的发展要以教师为本，以师为本的前提就是尊重。

初到十七中学，我曾几次接到家长的电话，反映个别教师上课时把题讲错了。作为一校之长，面对家长的质问，真是羞愧难当，除了真诚地请家长原谅，就是急迫地想要寻找一条迅速提高教师队伍整体素质的途径。于是，就有了 2007 年 7 月的那场期末考试。全体一线授课教师与学生同进考场。这场考试的出发点非常简单：帮助教师查找自己的“不足”，提高教师的解题能力继而提高教师的教学能力。按照计划，此番考试是要公布成绩的。但考试成绩出来之后，我犹豫了，有些教师成绩很理想，150 分的卷子考到了近 140 分，绝大部分教师成绩在 120 分以上，不过也有相当数量的教师成绩仅仅在及格偏上，这里不乏那些平日里兢兢业业和学生摸爬滚打、教学成绩一直不错的教师。鉴于复杂的局面，我分别找到几位有代表性的教师，听取他们的意见和建议。近距离的思想碰撞，让我换个角度审视这场教师考试。

教师甲："校长，我能理解您的心情，目前，我们教师队伍里确有不求上进，当一天和尚撞一天钟的，也确实有连和学生一起考试，150 分的卷子达不到 100 分的，但我觉得那毕竟是极少数。校长，不瞒您说，我对自己的这次考试成绩有个估量，估计在 130 分以上，这个成绩公布出来，或许对我没有什么影响，但我感觉，不是所有的老师都能达到这个分数，特别是那些老教师，如果成绩一旦公布，他们怎么面对学生呢？"

教师乙："校长，我知道您是个有进取心的好校长，您来之后，十七中学每天都在变样，您的想法我们都愿意支持，但对于这次考试我保留自己的意见。可能有人认为，数学老师解题能力不如学生应该是最大的耻辱了，我却不这么看，依照这样的理论，是不是世界冠军们的教练和老师就一定要比冠军们跑得快、跳得高呢？有这种可能吗？我倒觉得，自己不会做的题学生都会做，这应该是老师的光荣。自己会做的题，而学生不会做，才是老师的耻辱。"

教师丙："校长，我敢说自己的成绩应该是不错的，但我还是希望学校不要公布这次教师考试的成绩。因为我不想让人评头论足、指指点点的。而且，我觉得解题只是教师的一个必备能力之一，良好的师德、吃苦耐劳的敬业精神更为重要。我觉得提高教师专业素质的方法有很多，比如培训、进修等等，都比考试的方法行之有效。古语就有'师不必贤于弟子'一说，教师也是人，在需要发展和提高的同时更需要理解和尊重。"

我们最终没有公布 2007 年 7 月的那场教师考试结果。之后，类似的对教师的考试再也没有进行过。学校将工作重点转移到促进教师的专业发展上，相继出台了教师专业发展方案，建立健全了一系列的教师进修和培训的奖励制度。因为，我所期望的教师发展应该是在愉快的氛围中进行的，而不是在教师们的欷歔声里实现的。

六、"周三讲坛"如是说

讲坛不是神坛，让我们的教师们走上去，各抒己见，可以更好地促进教师的发展。

十七中学的"周三讲坛"虽然起步晚，至今运行不到一年的时间，但这个平台的搭建，意义深远。

我们熟知的CCTV－10的《百家讲坛》是专家、学者为广大电视观众开辟的一个讲坛，它之所以深受广大观众的喜爱，我想不过有这么几条原因：(1)采用老百姓喜闻乐见的形式，贴近观众；(2)内容上保留了历史的真实性又浅显易懂；(3)具有励志、以史为鉴的积极作用。2010年10月的十七中学，正是“学、悟、探、测、思”课堂教学模式改革全面推进的关键时期，这场史无前例的改革，需要群策群力，需要集思广益，更需要不断发现新问题、解决新问题。我们亟须一个平台或者一种方式实现教师间的合作、交流、学习和提高，我们的“可点可圈”、“读书沙龙”似乎不能够完全承载这样繁重的使命，于是领导班子坐下来，深度思考，寻得了这个适合十七中学实际的途径。以往的周三业务学习时间，老师们坐下来，根据学校的业务学习计划进行学习，听报告、看录像、记笔记等等。而“学、悟、探、测、思”课堂教学模式改革以来，一线的教师们在改革的实践中遇到了大量的前所未有的问题，需要思考，需要探讨，需要共同解决。于是，2010年10月13日，十七中学的“周三讲坛”首期节目正式开播，迄今，已经有7位老师通过“周三讲坛”栏目与大家分享了新的课堂教学模式带给他们的收获、课改实施过程中的体会、班级管理中的心得以及外出学习的感悟，他们以朴实的话语、生动的课件、别具一格的形式实现了“共同的研究和分享”。在“周三讲坛”上，所有善于思考、勇于实践的一线教师都是人们眼里的“专家”，因为他们所有的收获与困惑都源于实践，最具有真实性和借鉴意义，他们提出的问题往往是课改中共通的问题、焦点的问题。

> “当时确实有很多想法，有不理解课改的想法，认为语文教学不太适合用‘教学案’，语文教学不能脱离书本，当时也有想改变自身的想法，正好利用这个契机，改变自己的教学方式，让学生自己能够先走进课本，再融入文章，进一步走进生活。”
>
> “以前的课堂总是把要讲的一篇文章留为作业，但是在讲的时候很多同学都不预习，不知道文章里讲的是什么事情，所以课上回答问题的同学很少，课堂气氛也不活跃，害怕老师叫到他，都低着头。自从课改后，我们都用‘教学案’的方式让同学提前预习文章，做到课上展示的问题心中有数，可以站起来就表达，说出心中的想法，不但有个人展示，还有小组竞赛，合作分工，可以说是“百花园里共竞赛，畅所欲言展风采”。
>
> “在展示的过程中不但锻炼了阅读表达能力，同时也学会了自信，学会了组间合作，有种‘争抢’的劲头，对学习很有热情。”
>
> “新教学模式的好处：课堂就像生活一样，随机性增加了，真实的课堂才是语文的本色。不足：(1)课堂纪律的保证；(2)‘教学案’质量的保证；(3)语文课文中的内在底蕴和‘美感’有待于挖掘。”

"同事说过'我们是第一个吃螃蟹的人'，但我觉得螃蟹我还没有吃到，正处于抓螃蟹的状态。我喜欢把课改比喻成一片汪洋大海，美丽的事物就在大海的深处，等着我们去探索、发现。假期是课改前夕，可以说我就像一个孩子一样，站在岸边，望着一望无际的大海，大海是挺美，但不知往哪个方向走，不会游泳，也不敢下海；课改已经三个月了，现在的我不能再站在岸边，会不会游泳都跳到海里了，在水里不断地扑腾、挣扎，就想快点到岸边。真的希望有一天能够找到一叶'扁舟'，能够'长风破浪会有时，直挂云帆济沧海'，直达理想的彼岸。"

——摘自陈琦老师在周三讲坛上的发言

"学生的多角度思维有时还能有意想不到的效果，举个例子：有一天晚课讲一道题，When I was your age, I dared to go out alone at night, ________ you?

因为这一章我们讲了 dare 的用法及反义疑问句，所以我们同组的人都把它改成了反义疑问句，把后边的 you 改成 I。可是我在一班让学生先展示的时候，有一个同学的理解顿时开导了我，他不是想我们这章学了什么，而是就题论题，根据自己的理解把原句的标点及大小写改了，后面翻译成了'你敢吗?'，如此一来更为合理通顺，让我眼前一亮。

但目前我们仍有几个困惑：

1. 自主领悟部分学生虽然都完成了，但都是照搬目标导学里的内容。我们英语的最大特点是要求记忆的内容占多数，不同于理科，而学生由于懒惰，只靠课堂的时间是远远不够的。如何强化课后的预习复习还是个问题。

2. 现在我们进度有点慢，整天为完成'教学案'而教学，放手让学生展示经常会完不成任务。有的学生还很有特点：如学生的语言表达和知识储备都远远达不到要求，原计划每周增加一节阅读课也因此搁置。

再有，无论教师站在哪儿，都有背对你的学生，摸不清他们在干什么。这个坐的方式我们觉得还应调整一下。"

——摘自刘长静老师的发言

"周三讲坛"不仅仅是教师交流的平台，也是教师发展的平台。

刚刚走下讲坛的董波老师见到我发出这样的感慨："校长，谢谢学校为我们提供了这个平台。前几天，我还不知道自己在讲坛上应该讲些什么呢，但任务驱动还真好使，经过这几天的认真准备、深入思考，发现很多看似棘手的问题是可以寻找到答案的，通过这次演讲，我感觉自己真的有提高了。”

讲坛不是神坛，让我们的教师们走上去，各抒己见，可以更好地促进教师的发展。

刘长静老师的发言

七、在反思中成长

教师们在不断的反思中丰富着教育阅历，转变着教育思想，提升着教育智慧，感受着人生的真谛，体会着教书育人的幸福与快乐。

课堂教学改革的实践告诉我们，“经验+反思”能够有效地促进教师自我更新取向的专业化发展。

反思是指教师立足于自我之外的教育教学过程，对自己有的观念和所做出的行为以及由此产生的结果进行审视和分析的过程。没有经过反思的经验是肤浅的认识，是长时间工作后形成的积累，缺乏深刻性、系统性和针对性，容易导致教师产生封闭的心态，不仅无助于教师发展而且可能阻碍教师的专业成长。

我常常想：如果教师仅仅满足于获得经验而不对经验进行深入思考，那么他的发展将大受限制。反思帮助教师把经验和理论联结起来，提高教师教育教学的专业水平。只有经过反思，使原始的经验不断地处于被审视、被修正、被强化等思维加工中，去粗取精，去伪存真，这样经验才会得到提炼、得到升华，才能使经验上升成为教师的教育智慧。

由此，我们在“学、悟、探、测、思”课堂教学模式中所应用的“教学案”最后一个环节设计就是“课后反思”，这一环节就是学生和教师的反思，教师只有在不断的反思中进行学习，在自我反思中接受再教育，才能够提升自己的能力。

“课后反思”这一环节就是使教师成为反思者的过程中对教师反思意识的强化，使教师养成主动反思的习惯。

学校通过对教师的培训提高教师的教育教学理论水平，为教师反思奠定理论基础；通过提出具体的研究问题，增加教师教学反思的方法，以此拓宽教师反思的视野和反思问题的深度；通过“周三讲坛”、“可点可圈”等活动营造教育教学反思的浓厚氛围，为教师教育教学反思的升华提供可以交流的空间，更为教师搭建了展示的平台。

课堂教学改革中，教师们感觉到“不会上课了”就是进入了一个“教然后而知困”的局面，新的教学模式，教师们要去熟练地应用和把握，促使教师们积极主动地探究教学问题，不断发现教学中的新问题，不断发现一个个陌生的我，使教师能主动地将与行为有关的因素纳入到教学过程中来，重新审视自己教学中所依据的思想，并积极寻找新思想与新策略来解决所面临的教学问题，从而促使自己拜师求教、书海寻宝。这些经历都成为教师发展中难得的宝贵财富。

在课堂教学中，教师不仅要成为教学的主体，而且要成为教学研究的主体，把自己作为研究对象，研究自己的教育实践以及对自己在教学实践中做出的教学行为及由此产生的结果；通过反思、研究，不断探究和解决教学问题，教师不断更新教学观念，改善教学行为，提升教学水平。同时形成自己对教学现象、教学问题的独立思考和创造性见解，使自己真正成为教学和教学研究的主人，提高教学工作的自主性和目的性，克服被动性、盲目性，使教学与研究相结合，教学与反思相结合，成为真正的研究者。

叶澜教授指出：“一个教师写一辈子教案不可能成为名师，如果一个教师写三年教学反思就有可能成为名师。”教师只有在教书育人的同时，坚持读书、写作和反思、梳理自己的成败得失，才能提升自己的教学理念，使自己尽快成长起来。

学校鼓励教师坚持写教学随笔，养成随时开展教学反思的习惯，使教师们逐渐向专家型教师靠近。教师的随笔是通过每天细微的观察，选择有一定影响和有一定意义的教育教学事件与生活事件进行的描述。虽然随笔只是一种写作形式，但写作带动的却是积累、反思和实践。教师们通过真实地记录身边的世界，丰富了自己的知识和理论素养，修正了自己的教学行为，形成了具有个性特征的教育教学思想，使思想智慧的火花留下清晰痕迹，积累下宝贵的经验。

撰写随笔是学校推进教师专业发展的一项重要举措，学校将撰写随笔纳入规范化管理的轨道，要求教师在课后及时书写课后反思，规定所有的教师每学期撰写高质量的教学随笔至少两篇，每学期由教务处检查，年部主任及时总结、反馈。

目前，全体教师已经把撰写随笔作为工作和生活中不可缺少的组成部分，随笔的内容也越来越丰富：课后反思、教育行为的反思、课堂教学的点滴收获、班级管理的体会，也有教师对生活的感悟，对教育事业的热爱的表达等等。教师的“闲暇”被反思占有，撰写随笔正在悄然改变着教师的精神状态，也使教师的内心世界更加丰富。

在我上大学的时候，社会上曾流行这样一个时髦的词，叫“感觉”。那时候我也写了一首歪诗，其中有这样几句：我感觉我是为妈妈而来，感觉死是这辈子免不了的灾，感觉这些年太平平淡淡，感觉有时候也相当精彩。

直到今天，我才真正意识到我人生之精彩既不是儿时妈妈为我点燃起生日的蜡烛，也不是少年时手捧着闪光的大学录取通知书，还不是丈夫为我披上世界最美的婚纱礼服……而是当我第一次站在这三尺讲台，满带着幸福和希望，伫望着我的学生那一双双渴求的眼睛，如三月春水，似秋日清波……从那时起，我便以这银白色的粉笔作为犁锄，在这块黑色的土地上耕耘、匍匐……

经历了，收获了，亦曾为学生成绩的不如意而苦恼，一如那个雨夜的街上，我独自一人穿行而跌倒，但我没有哭泣，也没有求助，当我站起时，这雨便顿然而止，这北方的大都市正直华灯初上，我赶奔家中，伏案灯前，深夜里再次捧起我的教案、学生们的作业，想着明晨雾霭散去，笑迎我的是一张张纯真的笑脸，我的心又活了！

是的，除了埋头耕耘，还有什么可以说！

人，生就为人子、为人女，也注定为人夫、为人妻，而我是那样的幸运——身为人师，便懂得了“教师”这一闪光名词的珍贵！我们绝不愿家长在背后指我们的脊骨，也不愿看到学生们的无奈和迁就，而真的如春蚕吐丝，如直至燃尽的蜡烛！

来到十七中学，领导和老师们给了我太多的帮助和鼓励，而我只拿出一点微不足道的付出。其实我真正奢求的既不是戴着大红花的喜悦，而是当教师节来临，我的学生那小小的缤纷的卡片和声声热忱的祝福，对于老师，那是比什么都更为珍贵的呀！

星光灿烂，银河竞渡，我知道有一颗必定属于我。当我们满含幸福的泪水伫望我们的学生走出校门，步入高等学府，在那挥手之间，顿感生之庄严，只因为我们必须双手高擎教师——这一蓝天般的旗帜！

——王彩虹《教师——蓝天般的旗帜》

教学反思为教师提供了再创造的沃土，是一种新型的学习方式，激发了教师终身学习的自觉冲动，激活了教师的教学智慧，构建良好的师生互动机制，使教师的教学艺术永葆青春。

新课改的教学目标，不仅让学生学会知识，更让学生能应用知识学会探究、学会交流。我在《影响化学反应速率的因素》一节的教学中，体会尤为深刻。

本节课目的是让学生探究影响化学反应速率的因素，并初步运用这些影响因素调控化学反应速率。这样的探究能很好地发挥学生的动手、动脑的能力。教学中通过为学生的探究提供开放式的学习环境，使学生的探究能力得到发展。但是，如何控制探究课，如何引导学生探究？对我来说是一个考验。

以前上课，我采取的教学方法是进行问答，课堂气氛看似活跃，学生都回答问题，但实际是学生在围着教师转，我是中心，学生还是在被动地学习知识，事实证明，下课后，有些学生的思维还处在混乱中。

实行了新课改，我改变了教学方式，让学生自己去探究，这时，学生们都表现得非常兴奋，每人都抢着做实验，抢试剂的、洗试管的、也有不做事的，教室里乱成一锅粥，匆忙中，下课铃声响了，结果，我和学生都很无奈，最终未完成教学任务。课后进行反思，仔细思考如何上好本节课。我想采取这样的方式：分组设计实验步骤——组内进行交流——全班交流实验方案——给每组布置一项探究任务——组内分配任务——全班交流结果——最后教师总结。由于我有两个教学班，第二次上课，按照事先设计的方案进行授课，效果好得多。通过本节课的教学，使我深切地感受到：新课程的教学，教师一定要多动脑筋多想办法，不断改进教学方法。教师要与新课程同行，必须将学生很好地组织起来，成为课程的研究者。充分认识到，课堂是学生智慧展现的地方。学会关心，学会给予，学会分享，学会激励，学会合作，在课程改革中实现自我更新的专业发展。

——宋永春的《让学生体会探究的快乐——影响化学反应速率的因素教学反思》

与此同时，教师们也在不断的反思中丰富着教育经历，转变着教育思想，提升着教育智慧，感受着人生的真谛，体会着教书育人的幸福与快乐。

作为一线教师，每天都有鲜活的教育教学故事发生在身边。我们从讲述自己心中的故事开始，记录自己的教育片断，写出自己的教育感受，疏理自己的教育思考，从而形成教育案例、教学反思、读后感等。我们将自己的这些感悟的“珍珠”串联起来，它成为滋养我们成长的“项链”，在看到自己的文章被争相传阅，我的写作热情也受到了极大鼓舞，“反思”逐渐成为我的自觉行动。

……

反思，让我认真总结了个人工作中的得失，对人生进行深层次的思考，反思生成我的精神动力，激发我的工作热情，明确奋斗目标，我在反思中行走着、幸福着……

——李利辉《反思带来的幸福》

八、“可点可圈”

随着“可点可圈”的建立，教师们纷纷开通了自己的博客，博客成为教师反思的阵地，教师们的日记、对教育教学的感悟、对生活的热爱等等都成为个人博客的内容，他们尽情地抒发自己的情感，充分地表达着对事业和生活的热爱。

人们常说：“一个好校长就是一所好学校。有一个好校长，就有一所好的学校，就能带出一批好的教师，就能培养出一批优秀的学生”。我们且不说这种说法是否具有科学依据，是否经得起推敲，但至少我觉得一所好学校要有一位能给予学校灵魂的校长，一个具有终身学习理念、有理想、敢创新、肯追求的校长。因为，校长的思想，决定了一所学校的办学理念，同时也决定了一所学校的发展方向。

作为一名校长，我常常思考，我如何做到“为官一任，造福一方”？在任期间，除了为学校留下一些有形的东西、物性的东西，还能为学校留下多少无形的、人性的东西。

“可点可圈”（十七中学教师博客圈）的建立，为每一个“十七人”都能秀出自我、秀出精彩拓宽了渠道，开辟了一个实现资源共享、促进交流的网络平台，于是我在“圈子”建立之初写下了“心动不如行动”这篇文章，以期待着引领“十七

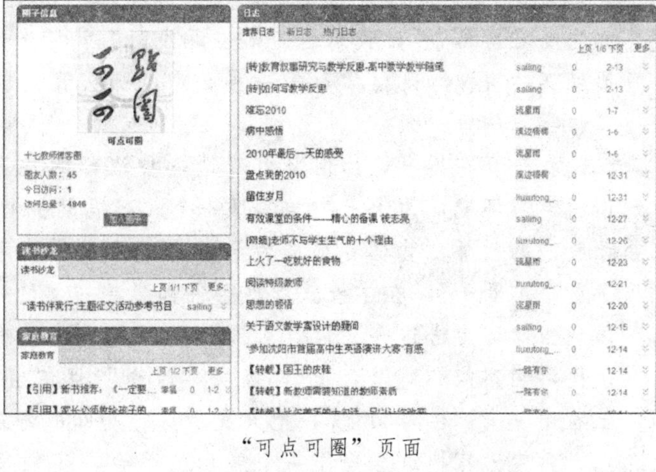

“可点可圈”页面

人”进入一个交流的新天地。

“优质学校是师生成长的天堂，劣质学校是师生痛苦的地狱。”当我第一次以十七中学校长的身份走进十七中学的校园时，一个想法在我内心深处不断滋长：希望不久的将来，这里可以成为师生快乐成长的天堂！

那么，如何快乐成长？唯有学习。

荀子说：“君子博学而日参省乎己，则知明而行无过矣”。古之“君子”要广泛的学习并且每天反省自己来实现“知明而行无过”，作为一名现代教师也别无选择地应该用学习与反省提升自己。

在这个以知识为基础，注重创新、讲究实力的时代，每一个人、每一个组织都面临着生存与发展的巨大挑战。教师个人和学校同样面临着前所未有的挑战与机遇。怎样适应时代的要求与社会的变化？怎样应对激烈竞争带来的种种挑战？学习，唯有学习才能使我们走上专业成长之路，唯有学习才能使学校可持续发展。建设一个学习型校园，应是我们共同的目标和愿望！

作为一名想创建一个“学习型学校”的管理者，我愿与同行们以饱满的激情和切实的行动投入学习中。向书本学习，阅读经典，走近大师，更新观念；向他人学习，博采众长，吸取经验，提升智慧；向社会学习，拓宽视野，去伪存真，与时俱进；向实践学习，总结经验，反思提高，增长才干；向学生学习，走进心灵，永葆青春，共同发展；从经验中学习，在反思中成长。让我们在学习中“更新”，在学习中“充电”，在学习中“提升”，在学习中“完善”；通过学习来成就自我，成就十七中学，成就我们的学生！

荀子说：“吾尝终日而思矣，不如须臾之所学也；吾尝跂而望矣不如登高之博见也”，我想这句话告诉我们的就是光想是没有用的，必须要切实的去做。既然学习是一种必需，那么我们就要把学习融入日常工作学习的每一天。

我一直在思考，如何努力营造一种浓郁的学习氛围，创造一种和谐的学习环境，为十七中学的每一个人，提供一个人性化的学习场所，让我们的教师、管理者都成为学习者，且成为快乐的学习者。我想到了这个“圈子”，在学校软硬件条件都日趋成熟的今天，终于付诸了实践。当然，走进这个“可点可圈”并不是学习的唯一方式，但它确实便捷，确实能“博采众长”，确实“时尚”且“生活”，希望大家把这里看作一个“学习园地”，把你我所见、所知的好东西与大家分享。

希望大家把这里当作一个展示的平台，我们每个教师其实都满腹才华，只要拿起笔，平凡琐碎的教师生活、教育过往就能成为我们的传奇，信手拈来的教育反思、感悟可以争奇斗艳、千姿百态、各如其面；我们且不为发表，只为记录我们当下的教育生活。我还希望大家把这里当成一个交流的平台，生活中的快乐没人分享就少了许多趣味，生活中的烦恼没人分担就多了几分沉重，所以无论是快乐还是烦恼都来这里说一说吧，我愿时刻倾听，与你分享、与你分担。

最后还是想以荀子的话来结束，荀子说过："积土成山，风雨兴焉；积水成渊，蛟龙生焉；积善成德，而神明自得，圣心备焉"，让我们一起"积累"，积累新知、积累感悟、积累感动……有人说："只要上路就有庆典"，我想只要去行动，就会有收获，让我们一起行动吧！

在全体干部的带领下，教师们加入到圈中来，优秀的文章越来越多地涌现并被推荐到"可点可圈"上供大家共同品评和交流，"可点可圈"已成为全校教师展示的天地、交流的场所，开始为教师的专业发展助力。

今天第一天使用"教学案"上课，心里有些紧张，也有些期待。紧张的是不知道能否按照"教学案"的设计完成教学任务；期待的是这样的一种新载体可以唤起学生的学习兴趣，提高课堂效率。带着这样一种复杂的心情我走进了课堂。

"教学案"之使用

今天我们上课的内容是诗经四首中的《氓》，开始上课时我按照课前预设好的流程，了解目标导学后，由同学们来回答自主领悟的内容，然后合作疏通文义，可是疏通文义的过程中，同学们理解不出"桑之未落……无食桑葚"的意思，于是课堂又变成我的了，给学生讲解文意，讲解比兴的手法，领着学生分析"氓"这个人物形象等等，一系列的教学活动又回到了从前，后面的教学环节"教学案"完全被"架空"了，一堂课的内容好像在过去和现在的两种模式的"合作"中完成了。

"教学案"的反思

一堂课下来，我发现在课堂上真正用到它的地方并不多，"教学案"并没有发挥它应有的作用，也并不是我们所期待的一堂课。课下，我赶快和同组的老师交流一下上课的感受，反思我们的教学，大家也和我有着相同感受。我们坐在一起谈论着上课的环节，又重新审视了一下我们的"教学案"，最后我们得出了两个原因：一方面是自己原有的教学方式还没有改变过来；另外一方面就是我们编写的"教学案"实用性还不是很强，不能贴近教学。指导实践的一种做法是反思；另一种就应该是学习借鉴了。于是，我们又集体到高二听了一节课，来学习借鉴。

“教学案”之借鉴

高二年级设计的“教学案”就使用情况而言很好，学生可以借助“教学案”来学习，“自主领悟”部分同学们都做了标记，课上同学们也是积极的讨论，课堂氛围十分的活跃，教师在组织教学时围绕“教学案”展开，贯穿始终。暂且不说这篇“教学案”设计的如何，就使用情况来看可以说是实现了编写“教学案”的初衷——锻炼了学生的能力，提高了课堂效率。

“教学案”之改进

回到办公室我们组内根据自己上课的实际情况，又参考了别的组的“教学案”进行了交流和再次反思。我们发现，我们好像把问题想得复杂了，我们在设计“教学案”的时候更多的是从全文的角度去分析和掌握的，而忽视了最基础的东西，如梳理文义等，这样就使我们的“教学案”外表充实而内在空洞，学生预习“教学案”的时候，不能把握文章的文义，那么分析起来就会很困难，所以“教学案”课堂利用率低。了解这些后我们明确了一点，也就是“教学案”最根本的一点——做实，要真正服务于我们的课堂。我们进行了集备，确定知识点，然后决定更改那些编写完还没印刷的“教学案”。我们要把想讲的知识点在“教学案”上全部体现出来，从基础抓起，让学生明确内容，在此基础上分析理解，以此来达到让学生“吃透”教材的目的。当然这还是我们的一些不太成熟的想法，我们还会不断地思考、借鉴、改进，争取发挥它的最大作用。

这一天是忙碌的，但也是充实的。“教学案”对于我们而言，是一个新事物，我们在编写的过程中一定会有不足，但只要我们能看到自己的不足，在实践中慢慢地摸索，相信我们会把它做好，使它服务于我们的课堂教学，不断地提高课堂效率；服务于我们的学生，使学生实现从学会到会学的跨越；也服务于我们自己，使我们智慧集中，资源共享，促进自身教学能力的提高。

——摘自刘栩彤老师的日志《使用“教学案”的第一天》

教书常常被认为是教师的根本任务，仔细想来或许不尽完全正确，因为教育的根本是育人，教书不是目的，教书是为了育人，育人的过程更是情感流动和沟通的过程，这种流动的情感本身就会使人受到教育，无论是学生，还是教师，因为感情是相互的，受教育也应是相互的，“可点可圈”同时也承载这份流动的情感。

尊敬的王老师：

今天你跟我说的话，我想了好久，我知道是我的错，我不应该那个态度对你说话。但我也是一时冲动，觉得自己点背、委屈，所以才会那样的。你大人有大量，原谅我吧！

老师，你为了我好，我知道，我也理解你。我父母都经常告诉我，让我听你的话，因为他们都说你是个负责任的好老师。我不是在拍马屁，我也不是那样虚伪的人，这都是真的。其实，自从上了高中以后，我学会了很多，也长大了很多。你教会了我许多做人的道理，我感谢你。长大以后，我才知道，以前的我是多么不懂事，今天的举止又是多么的无知。虽然我不能保证一下子就把这个坏脾气改过来，但我会尽力的。尽力去改变我自己，让自己更加适应这个社会。其实，老师，有些话当着你的面是说不出来的，所以我才想通过这种方式告诉你我的想法。今天你说的话，让我有很大感触。原来，自己是这么的不懂事，父母为了我那么辛苦，天天奔波在外，我却这样回报他们。我心里也不好受，我也不愿意这样，但自己就是不争气，从小到大，我最让父母操心的就是学习，别的方面我觉得自己还不错。我觉得我是个好孩子，只是学习不好。我也想好好学习，我也有自己的目标，但总是贪玩，总是控制不住自己……谁都想好，我也一样，我也想让父母省点心，让他们为我骄傲一次。老师，同样我也不想让你为我操心，因为你真的太累了，我知道，当一名老师难，当一名班主任更难，当一名负责任的班主任更是难上加难。你的苦我理解，我不想去承诺什么，因为人都会变，更何况是诺言。我只想尽力做到更好，一切尽力就好。不用去跟别人比什么，只要自己跟自己比，进步就好。对了，老师，上次的家长会你一定很疑惑是谁给我开的吧？告诉你吧，那是我老姑。因为父母工作太忙，抽不出空，所以就拜托我老姑来给开的家长会。还有最重要的是，我老姑说你有一句说得特经典，她都给记下来了，我没太记住，但大概意思是“父母即使再成功，孩子没教育好，也一样是失败的。”就是这句话，我老姑也可有感触了，回家跟我爸、我妈、爷爷奶奶和我老姑父一顿讲，说你说得特有道理。没想到吧，老师，你的影响力还是蛮大的。说了这么多，好像有点跑题了，没事，老师你就凑合看吧，我就是想起来什么说什么，直肠子。

总之，老师，我还是要谢谢你，谢谢你对我的谆谆教诲，我会铭记在心的，然后受用一生。说得有点远。原谅我，原谅我！

——摘自王文娟老师的日志《学生写给我的“信”》

伴随着“可点可圈”的建立，教师们纷纷建立起自己的博客，博客成为教师反思的阵地，教师们对教育教学的感悟、对生活的热爱等等都成为个人博客的内容，他们尽情地抒发自己的情感，充分地表达着对事业和生活的热爱。在享受事业生活幸福的同时，教师们也在不断地成长和发展。

九、鸿翔会议

随着“学、悟、探、测、思”课堂教学模式改革的不断深入，我看到了教师们的改变：由迷茫走向清晰，由质疑走向坚定，由肤浅走向深入，由模仿走向创新……

在课堂教学改革中，校长要充分相信每一位教师，相信每一位教师的聪明才智，相信每一位教师都会努力把工作做好，因为只有这种宽容的信任和基于教学实践中的理解与支持，才能激发教师的教育激情，实现教师的主动发展。

教师们上完课回到办公室，就会兴致勃勃地讲述上完课的感受，讲述课堂上学生们的精彩表现，他们会由衷地感叹某个学生的提问或表达，不断地发现学生的优点，无形之中增强了对学生的喜爱，促进了师生之间感情的加深，师生之间的和谐度达到了前所未有的高度，与此同时，每一位教师的教育思想和教学水平也在不断地提高。

学校的课堂教学改革，改变了教师的思想。虽然还是原有的教师，但是教师们的思想改变了，随之而来的是我们的课堂发生了翻天覆地的变化，学生的学习自主性得到了提高，学生的学习能力增强了，学生们的成绩也得到了快速的提升。

在学校管理中，校长关注什么，副校长就关注什么，主任们就关注什么，教师们就会在投入什么，所以校长要把时间投入到课堂上，投入到与老师的交流和沟通中，在不断地听课和交谈中，帮助教师们纠偏，增强教师们进行课堂教学改革的信心，提高教师们的教育智慧和教育教学水平。

面对课堂教学改革所取得的可喜局面，当时我想：作为校长还要做好两件事情，一是要保持住教师们投入改革的热情；二是要不断地总结改革中的经验和教训。为了使学校的“学、悟、探、测、思”课堂教学模式改革平稳进行，按计划于 2011 年 1 月 26 日在沈空鸿翔宾馆召开了“沈阳市第十七中学课堂教学改革阶段总结与深入推进大会”，就是在那次“鸿翔会议”上，我们进一步统一了思想，坚定了信心。

2011 年 1 月 26 日，正值我国农历小年，也是高中教师寒假放假的前一天，当时选择这一天召开会议是为了表达学校对参与课堂教学改革的高一年级教师的敬意和鼓励。虽然正值隆冬腊月，滴水成冰，而鸿翔宾馆八楼会议室里却洋溢着夏天般的火热和喜悦。大会就 2010 年 9 月在十七中学开始的“以‘教学案'为载体，构建'自主学习'的课堂教学模式"改革，俗称"学、悟、探、测、思"课堂教学模式改革做出了阶段性总结，并公布了在2011年1月份进行的高一年级全市统考中，十七中学以较大的优势超过两所老牌市级重点高中的喜讯。在肯定改革取得可喜成绩的同时查摆教改中存在的问题，明确了下一步改革的方向。与会的全体教师争先恐后发言，谈自己参与课改的喜悦与收获、教训与困惑。安宁主任代表高一年组作了题为《课改提质量，教改促发展》的汇报，关宏彬副校长作了题为《集思广益促改革，凝神聚力谋发展》的总结。

为了使学校的课堂教学改革持续发展，到会的除了学校参与"学、悟、探、测、思"课堂教学改革的全体高一年级任课教师外，学校全体干部和教研组长也参加了会议，同时，沈河区教育局中教科科长曲方芳、沈河区教师学校副校长金志涛、沈河区教研室高中部主任郑军应邀出席了大会。

沈阳市第十七中学课堂教学改革阶段总结与深入推进大会

张凤波老师的一席话令大家很是震撼，张老师说："我们国家从1978年开始农村实行家庭联产承包责任制，分田到户，人还是那些人，地还是那些地，政策改变了，人们的思想观念转变了，行为也跟着变了，结果粮食产量上来了，农民富裕了。我们的课堂教学改革与之有异曲同工之处，实行课堂教学改革之后，学生还是那些学生，教师还是这些教师，我们的教育观念转变了，教学行为也变了，学生发生了巨大的变化，各方面能力得到了提高，学习的自主性提高了，学会了学习，成绩也上来了。"张老师的一席话有理有据，并且把课堂教学改革的成绩上升到了一定的政治高度，让大家感到敬佩，纷纷点头表示赞同。

常靓老师在发言中讲到："在本学期开学的时候，每个老师都有一个感受：不会上课。我们高一老师遇到了几乎所有进行课改的学校都遇到的问题——我们已经习惯了传统的教学方式。以前的课堂，学生习惯了被动的接受，总是听老师'讲'才觉得是学习。通过"教学案"的实施，我深深认识到，必须把原来的传统观念改变过来，课堂应该交给学生。需要改变的是教师而非学生，不是让学生适应教师的教，而应让教师适应学生的学。现在就是要想尽办法去琢磨如何适应学生的需要，让学生乐学、会学！作为老师，我们必须摒弃思想中的惰性，摒弃熟悉的教学模式，在教改中实现学生的发展、自身的提高！当然还需要我们教师要及时‘充电’，及时学习教学理论，阅读与学科相关的书籍，在变化着的教学过程中，顺势而为，不断创新、完善，积极进取，才能跟上时代步伐，体会教学的快乐。使用“教学案”教学，对教师的素质提出了更高的挑战。如果不研读教材，不翻阅资料，不了解学情，那么所编写的导学案不能说是高质量的。课堂上要求教师既要是导演，又要成为参与者。课堂上教师的语言要少而精，不要大讲特讲。如果不提高自己的业务水平，是很难适应这种教学形式的。”

郑丽老师从另一个角度说出了心声。“一学期下来，课堂上让我惊喜的小环节，让我感触颇深的小环节，太多太多。下面讲一件让我感触颇深的事：

集体的力量是无穷的，合作的作用是巨大的，自主的动力是最强的。去年12月份，我们数学组在安主任的带领下组织了一次数学竞赛，竞赛的形式和内容都大大打破常规，每一组自主分工，在规定的时间内完成一张试卷。批卷的时候，我们几个老师都有共同的感受，全学年36个组，36份卷纸，选择题12题60分，几乎都在45分以上。这说明，集体的力量是无穷的。第一轮，我们班只有一个小组没有进入决赛，而这一个小组是五班三组，组长和数学课代表都是张晓斌同学，了解他的老师都知道他是一个方方面面都十分优秀的孩子，当然数学成绩也是很好的，几乎每次都是全班第一，学年前三。这说明，大家分工合作，互相协调配合，真的大大超出了个人能力的简单相加。平时都是第一的他，课后过来找我，非常委屈地说：‘老师，我们组没进去啊’。我跟他也进行了交流，共同分析了一下原因，最后感觉落后的原因就是，组内的其他同学积极性不高，小组合作变成了单兵作战。这也引起了我的反思，一定要通过各种方法调动每个学生的积极性，给不同程度的同学适合他自己能力范围的展示机会，慢慢地培养自信和积极性。同样是这次竞赛，还有一件让我感触颇深的事情。我们选出了几个小组进行决赛，最后胜出的是我们班的第二组，教过五班二组的老师都知道，五班二组并不是很强的一组，但通过小组的分工合作，取得了突出的成绩。课后通过跟同学的交流，学生说，同学们在答题的时候积极性十分高涨，团队意识十分强，二组的高雅同学十分认真地跟我说：‘老师，我们写得慢，吕德骞都急眼了，可着急了，后面两道题都是他做的，为了争取时间，手都写酸了’。看来，放手让他们自己去做，去做真正自己想做的事，去争取自己想争取的东西，动力才是最强的。”

王华老师讲到：“如何把新课改的理念与教学实践相结合是我们改革之初遇到的最大难题。还记得开始上课时，心中那份犹豫与困惑，始终不敢完全放手，怕学生讲得不细，讲得不到位，因此总是喧宾夺主，课堂进行了一半又变成了一言堂，每堂课下来都感到很懊恼和沮丧。后来在学校领导的指导下，我们明确了课堂最多只能讲15分钟，但是每堂课下来我们都感到憋得够呛，总感觉很多东西没有讲完，课程总是不能按计划完成。那时真的很迷茫和困惑，因此，课下时，我们同组的老师都在一起交流心得，重新研究和设计学案，改进课堂模式，精心设计、打磨高效的课堂教学模式。”

栾静老师讲到：“在班级文化建设方面，也注重了课改的内容。如裱了以‘我的课堂我做主，我的人生我把握’为内容的字画，励志的班歌班训、评比台等，有竞争就有进步，学生的集体荣誉感被调动起来了，表明观点时也常以‘我们组认为’开头。”

苑庆玫老师说：“可以有效地促进学生学习方式和学习习惯的转变，使学生由被动的接受者变为主动的探究者。学生自主学习并在小组内互相交流、互相检查，接受能力慢的同学在小组成员的带动和帮助下也能按时完成任务。课堂变成了学生们的乐园，成了他们展现自我的舞台，所以学生们愿学乐学，相对来说，学习效果也要明显得多，让学生的自主性得到了充分的发挥。”

高一年级所有的任课教师在会上都说出了自己对课堂教学改革的感受。让我们真真切切地感受到了老师思想的变化，“学、悟、探、测、思”课堂教学模式改革不仅深入教师的内心，而且从他们的话语中，我更感受到了“在教学中研究，在研究中教学”的教师文化已经形成，学习型组织建设已经不是一句空话和口号。

听着老师们精彩的发言，我的内心十分激动，在肯定前期课改成果的同时，我们也进一步明确了课改的前进方向。

会上，我们对“教学案”名称进行了细致地分析和研究，为了更明确地表明“先学后教”的思想，体现师生间平等和谐的关系，决定将师生们过去所说的“教学案”改为“导学案”。

会议提出，要把“自主学习”明星评价方案在下一个学期落到实处，并将其不断完善与丰富成融教学与德育于一体的学生评价方案，进而形成学校独特的学生发展性评价系统，构建“自主性”学生群体文化。

为了进一步实现学校倡导的“教师下海，学生上岸”，学校对“教师下海”给予资金支持，为教师备课所需资料和书籍的购买提供资金，学生不再使用教学辅导书籍。

根据教师和学生课堂教学改革的实际情况，我们又大胆提出了从 2011 年 3 月开始教师不再给学生留被动性作业，实现零作业。

应该说那次大会为学校进一步推进课堂教学改革起到了总结过去经验教训、明确未来发展方向的作用，是一次学校课堂教学改革过程中具有里程碑意义的大会。

一花一世界，一叶一菩提。我们每个人的思想感受汇聚在一起，就是集体的思想。教学改革的思想与实践，让教师在改变，让学校在改变，学校真正成为教师发展的沃土，教师们正以前所未有的状态飞速前进。

十、等待……

教育是循序渐进的过程，教师的发展也是如此。在教师成长的过程中，校长除了帮助、支持和关怀，还需要等待。

人们常说：不经历风雨，怎能见彩虹。在教师成长过程中同样也少不了各种磨炼，通过磨炼积累经验，总结经验的同时提升了教师的教育智慧，教育智慧的丰富促进了教师教育教学能力的提高，从而实现教师的专业化发展。

校长在工作中，要对经受磨炼的教师给予帮助、关心和支持，对教师在教育教学中出现的问题要适时给予点拨、指导，期间也不乏要严格地批评，使他们能够清楚地看到自己在工作中的错误，同时对于年轻教师要宽容、要善待，更要给他们改正错误的机会，使他们在工作的同时得以提高能力和发展自我。

马玲老师是2006年从辽师大地理系毕业的年轻教师，大学时她的表现就非常优秀，曾获得“辽宁师范大学优秀毕业生”的称号，工作中有热情有能力。由于学校当时班主任人手紧张，在没有更好办法的情况下，2007年3月就让她担任了一个“二手班”的班主任，由于她刚刚参加工作，缺乏管理班级经验，在开学后不久，她的班级就出现了各类的问题，如学生迟到屡禁不止，仪容仪表较差，课堂纪律混乱等，杨丹丁主任与她进行了多次的沟通与交流，但是效果不是很好，班级没有更大的转变。在这种情况下，我与她进行了多次沟通与交流，帮助她能够在管理班级的实践中不断地完善自己，提高能力，适应班主任工作岗位的需要。

很快葛校长找我进行了第二次谈话，了解班级近况后便问我：“你自己觉得问题出在哪呢？”由于一直忙于应付工作，而没有进行过反思，所以把我问蒙了，随口答道：“我挺努力的，可不知道为什么班级总出问题。”葛校长严厉地反问了我一系列问题：“咱做班主任难道班级出了问题都不思考吗，那解决问题能对症下药吗？处理问题时咱就不能用用教育学、心理学吗？上大学时都白学了吗？……”这些问题抛出来，我大脑都一片空白了。葛校长可能看我有点呆，语气稍平和了些接着对我说：“早到班级为什么？稳定军心！学生都来了，结果发现班主任都没来，那他们能马上静下心来进入学习状态吗？班主任早晨进教室不是摆设，先看值日生到没？再观察每位学生的表情，看出来谁表情不佳，那一定是发生什么事情了，就及时了解，学生如果早上就心情不好，他这一天的学习效率能高吗？还要看学生全不，不全马上联系家长啊！学生良好行为习惯的培养是一项工程，非一朝一夕所能解决的问题。没有规矩，难成方圆。你必须对学生提出明确的要求，解决问题才能有针对性。”

这次谈话后，我清醒地意识到自己做得非常不合格，做事只流于形式，而没有深挖实质。此后工作中，我经常反思，向老班主任取经的同时，注重总结自己的经验，积累工作技巧，班级状况略有好转，但是学生顶撞科任老师的事情却时有发生。

葛校长又一次找我谈话，主要是针对学生顶撞科任老师的事情，了解了事情经过后，便问我此类事情屡有发生的原因，我的看法就是现在的学生个性张扬，不尊师重教。葛校长接着问：“为什么其他班类似事情少，难道其他学生都没个性？”再一次把我问得哑口无言。校长接着说：“从接手这个班级，你就没有摆正自己的位置，你是人民教师，不能单纯地说跟学生成为朋友就能管理好他们，除了让他们对你有爱，还要敬，更重要的是尊重。他们现在头脑中连你都不尊重，把你当哥们，他们怎么可能尊重其他老师呢？”

每次谈话，葛校长的问题都发人深省，同时我也渐渐地领会到了做班主任应有的艺术。

——摘自马玲老师《失败的反思》

在我看来，学校安排她接“二手班”是过分相信了她的能力和热情了，学校在做选择班主任的决策时是存在问题的，她在管理这个“二手班”中失败了，后来就把她换了下来，但是失败却使她得到了锻炼，她也在工作中总结了自己的不足，为她日后的发展与成熟奠定了基础。

马玲的班主任被撤换下来后，一些干部认为她的最大问题是在教育学生过程中的观念错误，认为马玲老师偏袒学生，她站在学生的立场上与德育处和其他老师的观点产生分歧，形成了学生管不住、不听话，德育处不满意，老师们不高兴的局面；更有人认为马玲再也不能胜任班主任工作。而我却认为，要相信每一位教师，校长对待年轻教师工作中出现的不足甚至是错误要宽容，要给年轻教师改正错误和不足的机会。我相信马玲能够做好，于是在我的主张下，2008 年 9 月马玲老师又重新开始做了新高一年级的班主任。经过马玲老师三年的不懈努力和奉献，她在工作中认真总结经验，坚持不断反思，严格管理班级，关爱学生，激发了同学们的学习热情。在 2011 年高考中，马玲老师所带班级取得了全校最好的成绩。马玲老师在历练中成长了，我也在等待中，看到了她的发展与成熟。

教师的发展需要我们耐心地等待，犹如等待花开的时刻，静听竹子拔节的声音。在等待的过程中要适时地松土、施肥、浇灌。

十一、特殊的班级给信任的你

当老师遇到困惑迷茫时，校长要做一个“灯塔”，指引教师前进的方向；当老师压力过大时，校长要做一个“减压器”，使其能够轻装前行。

校长每天面对各种工作，千头万绪，但有一点是最重要的，当老师遇到困惑迷茫时，校长要做一个“灯塔”，指引教师前进的方向；当老师压力过大时，校长要做一个“减压器”，使其能够轻装前行。

为了提高学校学苗的质量，2008 年秋季，学校做出了招收农村学生的决定，招收了几十名农村学生，也是我校历史上唯一的一届，由此便带来了住宿生管理等诸多问题，同时也增加了班主任和学校的工作压力。与此同时，这一届学生中有一位学生家长非常特殊，经常到校无理取闹。高一新生还没到校时，这名学生所在的初中毕业的学校领导就向我通报了这个情况，我们对此事非常重视，也采取了特殊的处理方式，避免了对学校产生不利的影响。

经过学校研究，我们选择王文娟老师来当住宿生的班主任，并把这名有着特殊家长的学生放在了她的班级，王文娟老师是一名非常有爱心、有责任心、有事业心的优秀教师，三年中，她为这个学生、这个班级、为学校付出了很多、很多……她出色地完成了学校交给的任务。

因为这个班级有 20 名来自农村的住宿生，王文娟老师付出了比别人更多的努力。三年前，当我看着来给学生送吃、送穿的家长含着泪对她说：“王老师，孩子放您这儿，我放心了”，我的内心充满了喜悦与自豪。三年里，她以真爱对待每一名学生的同时，严格地要求每一名学生。因为住宿生多来自城郊或农村，他们的家庭都不富裕，为了省些班费，她常常在参加朋友的婚礼或同学聚会时向他们申请拿回手巾板，回来给班级当抹布；她常常在晚自习后或周末去宿舍看看他们的住宿和休息情况，坚持一周上六天半的班，为的是让他们在有班主任的情况下更好地自习；常常因为太晚不敢一个人回家而请家人下班后来接她回家；一千多个日子里，她每天都 6:30 准时到校陪着她的学生吃早饭、陪着他们早自习，她没请过一天假，病了挺着，家里有事也不会请假，这期间包括清明节给父亲扫墓和爷爷奶奶迁坟，她就是这样坚定而执著地努力奉献着。

2008 年 8 月 20 日，也就是高一新生军训临出发那天一大早儿，我将王文娟老师请到我的办公室，看着有些莫名其妙的王老师走进办公室，我站起身来笑着对她说：“请坐吧，王老师，今天把你请来，就是一件事情——关于你的班级的事情，你的班级有些特殊情况我必须事先告诉你一下，有利于你的班级管理工作。”当我们都坐下之后，我语重心长地对她说：“你这次带的这个班级是一个特殊的班级，第一，特殊在你们班级有 20 名住宿生，一个班级既有走读生又有住宿生，管理起来要更复杂一些；第二，特殊在你们班有一个学生比较特殊，这名学生的家长比较‘麻烦’，学校再三考虑后决定把她放在你班。你平时工作细心认真，以后在做这个班的管理工作时要注意方式方法，不要让这个家长有借题发挥的机会就好。放心吧，不会有问题，即使出了问题，学校永远是你坚强后盾。”经我这么一说，王老师似乎更有些迷糊了，看着她摸不着头脑的表情，当我正要继续解释时，她说：“校长，我一定会努力做好的，让我慢慢体会吧。”“你的班级比较特殊，如果工作中出现什么棘手问题，要随时和我沟通。”由于王老师要带学生马上出发，又聊了几句关于这名家长在孩子读初中时到校的特殊表现后，一次简短的谈话就这样匆匆结束了。

这名学生是个女孩，在她两岁的时候，妈妈离开了他们父女二人，从此就再也没有回来过，由于多种原因使这名学生的爸爸心理发生了扭曲，精神上也不同于常人。在这名学生三年的高中学习生活中，家长做出了很多让正常人难以理解的事情，他曾多次酒后到教师办公室无中生有地诽谤谩骂老师，曾无数次地发短信骚扰王老师，曾被派出所训诫过，曾多次打过他的女儿，曾在高考前的三个月将他女儿的头发剃光……

面对这个极为罕见的非正常状态的家长，王文娟老师用宽宏的胸怀和极大的忍耐教育着家长和学生，令人费解的是所有这些并没有得到家长的理解，家长频繁地给王老师发短信，由于我的手机是对家长公开的，所以在这个家长发给王老师的每一个短信的同时，我也会收到一份，让我更加理解她工作的艰辛，让我更加了解这个非常态的家长。

他常常发短信说些令人摸不着头脑甚至无聊至极的话。比如“王老师，您好！请通知葛校、教育、德育主任，这周内家长要到校了解学生×××近两年的学习情况。您的敬业精神家长很佩服，功不可没，但学生的成绩急剧下降家长很无奈，我不想学生的不佳成绩给十七中带来不良的声誉而影响她的一生！她的教材费是我派出所所长×××捐助的，政府救济没到位，听您的通知。谢谢！×××家长（周四上午市教育局有事，除外）”。他还以学生的身份给王老师发短信：“王老师：您好！请通知苑老师、宗老师和郑老师给我补物理数学生物！这是我父亲的旨意。我爹说了我没有资格和时间去玩。教学质量是检验学习成绩的唯一标准。我父亲想明天见校长。请老师提前打个招呼。谢谢×××”。

诸如此类的短信有几百条，短信的长短不一：短的惜字如金，三五个字“买豆腐回家”；多则洋洋洒洒三五百字。其短信也不分早晚且喜怒无常，心情好就是表扬和祝福的话语，心情不好就是什么教师法、未成年人保护法什么的，然后又会有解释“有些误解，请原谅”之类的短信。更让人费解的是：该家长希望孩子考上国家一本清华北大之类的学校，该家长还一心想“帮助”班主任老师把这个班级管理成区优秀班级、市优秀班级、甚至是国家级的优秀班级，等等，于是在该家长眼中，什么局长、区长、校长、主任，都该放下自己的工作而为着这“不可能的任务”努力奋斗。

三年时间，一千多个日夜，这些短信会随时出现在王老师的手机里，这是一种怎样的精神折磨？真的是让人无法容忍但又不得不忍，只因为他是学生家长。为此，我们也想过多种办法，但都没有什么太好的效果。在现实的经济和法制状况的生活中，学校作为事业单位，面对处于社会底层的特殊家长，更是一个弱势单位。在这种境况下，作为校长责无旁贷应当成为一线教师的“减压器”，帮助教师减轻思想和心理上的压力和负担，使他们能够轻装前行。

有好几次，在该家长无中生有的诽谤下，甚至是恶意中伤、恐吓威胁时，我在忍无可忍又不得不忍的情况下，去找葛校长请教该如何面对这样的家长。以我的个性，不是万不得已，我是不会主动去找校长的。但是为了痛苦的事只说一次、说一次就足以“伤心寒心”不止；为了不让更多的人不理解“干嘛忍这样的人”；为了不让逐级汇报的制度耽误班级管理工作；为了葛校长的那句话“关于这个学生的和家长的事，你可以直接找我”；更因为每次和葛校长谈完之后，我总能找到最佳的解决方案，把与该生有关的影响降到最低。而每次我找到葛校长时，葛校长都放下手头的工作，不厌其烦地开导我，帮我分析该家长的心态和行为，告诉我如何进行下一步的工作。一次次，我因这样无理取闹的家长的蓄意伤害而流着泪去找葛校长，他一次次地有理有据地分析，甚至以哲学和心理学原理来宽慰我，一次次，我总能在听了他的话之后擦干委屈的泪水，像没发生任何事一样回到班级上课，继续任劳任怨地做我该做的工作。

——摘自王文娟老师《看到结果时才发现过程更重要（三年的特殊班主任工作中感悟）》

鉴于该生家长非常规情况的事实，王文娟老师对该生及家长采取了以下对策：首先，她在工作中谨言慎行，不给家长任何可以借题发挥的机会。因为有这样“特殊家长”的学生坐在班级里，在日常说话办事做到一丝不苟，先考虑到这个特殊学生的存在，然后才去说去做。其次，对该生的管理采取了严、爱结合的措施。严，体现在该生的学习和纪律问题上，凡是该生的大小毛病必须落实在笔头上，以备家长询问或是查证，比如迟到专用本、手机材料说明等等，时间、地点、人物、事件材料都详尽记载，而且每次的考试都让该生自觉地写总结反思，甚至是错题摘抄（不然家长也会让老师交该生的成绩提升报告）。爱，体现在对该生的生活和身心教育问题上，凡是该生的在校生活费用王文娟老师都会要求学校给予减免或者她本人替交，目的是不让家长对学校有意见，比如日常喝水、实践中心吃饭、自愿捐款等，并考虑照顾学生在同学面前的自尊心，她总是与其他学生一起齐上来，然后私下再返回给该生。当然，对于该生已经问题累累的心理疏导问题，在不影响已经够敏感的家长情绪的情况下，王老师总是时常关心询问，做得恰到好处。

2011 年 6 月 11 日毕业典礼

令人欣慰的是，王文娟老师三年不求回报的付出和努力终于换来了学生们的认可，在 2011 年 6 月 11 日的毕业典礼上，学生们为她而挂起的红色条幅上面写出了他们的心声：“恩师，三年以来，你为我们无怨无悔；娟姐，三年以后，我们爱你直到永远。”同时，他们为所有教他们的老师写下了条幅“苦了累了瘦了，老师辛苦了；教了学了会了，我们长大了。”看着令人激动的条幅，我兴奋地对王老师说：“你的学生真的懂事了！这是对你三年工作的最好赞誉！”王老师有些激动地说：“我真的是公平地对待他们每一个，希望他们每一个都成人，不论学习好坏，不论我们曾经有过什么冲突和不解……”

> 而在今天，这批学生已经毕业升入大学学习和生活的今天，看着学生自发找专人录制的毕业典礼的短片，看着影像中哭得稀里哗啦的我们——老师和学生，回忆起三年里我不知多少次当着人更多的是背着人流下的眼泪，脑海浮现的是葛校长对我说的那句“你是有着特殊学生和特殊家长的特殊班主任，所以得特殊对待，来，我敬你一杯吧！辛苦了！”于是我所有的委屈和不甘都如浮云般散去了，原来看见结果时，我才懂得过程更重要。在这三年的特殊班主任的工作和生活中，我明白了一件事、学会了两样本领。那就是近水人洁、临荷心香，在工作中，遇到一位好领导和好同事，如同风雨中拥有一把雨伞，其作用不仅是遮挡风雨，更是你前进的保障。而葛校长就是这样一位好领导、好同事，他总在我最无助最想放弃的时候给我如朋友如兄长的鼓励和支持，作为一名普通的教师，我因为遇到了这样的领导而感到幸运和欣慰。而我学会的一个本领是忍耐，忍常人所不能忍者谓之“神”。遇到该家长的无理取闹时、接到他可称之为骚扰的电话短信时、面对他指名道姓的谩骂时、听到他近似疯狂的恐吓时，我能做的只有

看着听着，最好是面带微笑（这一点对于我有些难，我正争取做到而且已经做到）想着应对的方法。因为他的指责是不实的、他的言行是不正常的、他的所谓的道理是讲不通的；而我不怕他那不切实际的指责、不理他不正常的言行、更不和他讲“道理”。其实做到如此从容淡定，最有效的是我在无计可施时而为之的“容忍”。这样做首先在姿态上战胜他，其次在语言上打败他，最后，也是最重要的是我的实际行动让他无话可说。就是这样，每次家长做过闹过之后，我就当什么都没发生过一样，做我该做的，这样，我也就胜利了。另一个本事是反思，通过班主任工作，我接触了形形色色的人，经历了各种各样的事，而不反思就没有进步，就没有经验可言，因为当人忘了，事过了，罪就白遭了，苦也白受了。但经过反思而得到的经验则是难得的财富。在管理班级、教育学生时，方法是关键，方法得当在处理问题时就会游刃有余。而方法的积累，其主要来源还是实践中不断的反思总结，当第一次面对这样疯疯癫癫的家长时，我也恐惧过；当第一次面对家长的无理取闹时，我也愤怒过；当第一次收到莫名其妙的骚扰短信时，我也深感无助过；当第一次听到无缘无故的谩骂指责时，我也哭泣过；当遇到同事家人的不理解时，我也想过放弃；当我教育本班学生引来别班学生的谩骂而被迫管教该生而成为“案例”时，我也愤愤不平过……因为有经验方法的总结和反思，现在的我可以很坦然地面对形形色色的家长了，我可以很自信地处理各种各样的突发事件了。遇事要冷静、沉着、不急躁、不冲动，方显“大家”本色，这是我对这三年班主任工作的最深刻的反思。

而这一切的收获和感悟让我想说感谢，感谢学校给了我当这个“空前绝后”的特殊班主任的机会，感谢葛校长每次的倾听和鼓励，并给予我前进的推动力。曾经，我是那么固执的一个人，我的QQ说明就是明证。

“If there's an endless way, I'll never go to another for the way;
If there's an unwakeable dream, I'll never wake up for the dream;
If there's an unchangeable love, I'll never give up for the love;
If all the “if ” above never exit in the world, I will...”

而今，历经人生风雨的我，在结束这特殊的三年班主任工作和生活为自己做出总结时，我却想说“未来不是一个我们要去的地方，而是一个我们要创造的地方。通向它的道路不是人找到的，而是人走出来的。走出这条路的过程既改变着走出路的人，又改变着目的地本身。”这也是葛校长常引用的一句话，用耳朵听的人听了也就过了，而用心听的人却在迷茫困惑中找到了方向。

——摘自王文娟老师《看到结果时才发现过程更重要（三年的特殊班主任工作中感悟）》

三年特殊的历练，练就了王老师的宽容之心，增长了她的教育智慧，她成功了，也更成熟了，我为有这样优秀的教师而自豪。

校长在对待特殊问题的时候，要坚持特殊问题特殊对待，并要给予其高度关注，把握住方向，控制住节奏，便可以做到：把该办好的事情办好。

十二、搭建教师发展的舞台

教师的发展不仅要有其自身发展的主动性，更需要良好的氛围和条件，学校只有成为教师发展的沃土，才能有力地推动教师的专业发展。

在教师专业发展的过程中，校长要善于结合学校和教师发展的实际，搭建教师专业发展的舞台，学校的教师专业技能大赛就是我校教师专业发展的平台。

几年来，基于同课异构的教师基本功大赛从课堂教学大赛、基本功大赛、到专业技能大赛的发展，不仅说明了我们对教师专业发展认识的逐步加深，也说明了我们教师队伍的专业化水平逐年提高。教学技能大赛促使大批青年教师迅速成长起来，适应不断发展的课程改革形式，大赛为青年教师锻炼能力、增长才干、展示风采搭建了充分展示的舞台，更为学校全面的教育教学改革奠定了基础。

学校的教师技能大赛每年一次，安排不同的学科，教师们通过包括教学设计、课件设计、课堂教学及现场问答等方面的竞技，在竞技中向同事学习，不断完善自我；通过学校聘请的省市区三级教研员的评判，教师们在每次大赛中都能够与省市区教研员进行交流沟通，拓展了教师交往的范围，与专家们形成了良好的个人关系，教师们在点评中虚心向专家学习，不断自我觉醒、自我发展。

十七中学隆重召开第五届教师专业技能大赛表彰大会（报道）

2009 年 12 月 16 日下午，沈阳市第十七中学隆重召开了第五届（理综合）教师专业技能大赛的表彰大会，对此次大赛进行总结，对参赛选手进行表彰。全体教职工参加了大会。

沈阳市第十七中学第五届（理综合）教师专业技能大赛表彰大会

在总结表彰会上，首先由教务处安宁主任对此次大赛进行了全面的总结。接下来，全校教师共同回顾了记录参赛教师在赛场上精彩表现的难忘瞬间。王欣老师代表参赛教师做了发言，她的发言说出了全体参赛教师的心声。王欣老师说："感谢学校为我们全体教师搭建专业成长的平台，在大赛过程中真的让我们收获很多。大赛既使每位参赛教师的专业技能得到了充分的展示，又使大家得到了充分的交流学习的机会。"随后，校党支部刘兵书记宣布本次大赛的获奖名单。葛海丰校长、刘兵书记共同为获奖教师颁发了奖品和荣誉证书。最后，葛海丰校长发表了重要讲话。他首先对全体获奖教师表示了衷心的祝贺，希望他们不断努力，"争取有更多人走出学校，走到区里、市里、省里，乃至国家，成长为骨干教师，成为名师"。他还语重心长地嘱咐全体教师：要树立终身学习的意识，要忌浮躁；要不断磨炼自己，使自己成长为有崇高的职业道德、有过硬的专业本领、有过硬的心理素质的优秀教师，这样才能实现自身价值的不断提高，才能适应学校发展的需要、适应教育发展的需要；学校的发展是基于教师和学生的发展基础之上的，学校将一如既往地创造一切条件为教师搭建成长的平台。

大会在热烈的气氛中结束。会后，教师们纷纷表示：大赛虽然结束了，但我们对"高效"课堂的探索、对教育的思考永远不会停歇。

从2005年十七中学举办了首届教师基本功大赛以来，一年一度的教师基本功大赛已成为十七中学集"赛、评、研、思、学"为一体的一项重大教研活动，也成为十七中学学校文化建设的重要组成部分，因为在大赛这个平台上，教师们相互交流新的教育思想，切磋教学技艺，真正实现了专业素养的不断提高，专业成长的不断进步。集中体现了十七中学“三让”的办学中“让每位教师都发展”的思想。[①]

2008年2月16日语文教师周宏成，数学教师戴志刚、刘玉环，物理教师苑庆玫、苏或雨，地理教师戴晓光，化学教师段继芳、王欣五个学科的八位教师代表沈河区参加了沈阳市基本功大赛，经过一番紧张激烈的角逐，各个学科均获得第二名以上的好成绩。在区内八所高中中，代表沈河区参加市基本功比赛的选手，我校所占人数是最多的，他们凭借着扎实的基本功、勤恳的敬业精神和极大的工作热情，充分展示了我校教师的风采，为学校争得了荣誉。他们在沈阳市教师基本功大赛中取得的优异成绩，是我校教师技能大赛取得的成果，集中展示了我校教师教育教学水平的提高，更是我校教师专业发展的体现。

参加沈阳市教师基本功大赛的物理教师苏或雨在博客中写下了下面的反思。

从比赛到现在已经有一段时间了，回忆当时准备、参赛的整个过程，对于我们这些第一次参加沈阳市基本功比赛的老师们来说，都经历了一次追赶时间的赛跑、一次刻骨铭心的锻炼、一次严酷的筛选检验和一次提升能力的历练，紧张、忙碌、兴奋的状态一直持续到比赛结束！这种团队型的基本功大赛真的能够从多方面锻炼和提升参赛选手的能力，参赛的团队同台PK，既有个人风采的淋漓展现，又有团队的精诚合作，我在这种新型的比赛过程中，学到很多有用的知识技能和宝贵的教育教学经验。

赛前的准备是紧张而忙碌的。时间很短，任务很重，压力很大。从熟悉教材到研究教法，从编写发言稿到搜集开发相关课程资源，从资源的归类整理到演示文稿的编辑制作，从教学环节的巧妙设计到教学资源的完善与创新，我们无时无刻不在努力着、思考着，生怕因自己的疏忽、懒惰而给自己留下遗憾，更怕辜负各级领导对我们的殷切希望。我们丝毫不敢懈慢！再累也要坚持住！

比赛的过程更是紧张、刺激、煎熬、精彩纷呈又扣人心弦！从赛前王老师跟我们说的，只要做好充分的心理准备，这种大赛什么样的惊喜都会出现。我们在比赛时发挥得都很出色，从评委的眼神中，从观众聚精会神的表情中我们找到了自信和答案，我们成功了！

回首这段经历，虽然艰辛，但很充实。准备时间总是仓促，演出总是有遗憾。不过遗憾的多少是和平时下的工夫成反比的。平时的积累越多，遗憾会越少的。只要用信心和勇气！袒露自己缺憾、不成熟的一面，让别人真切地看到我们的优点的同时指出需要雕琢、改进的

① http://www.sy17z.com/ReadNews.asp?NewsID=1545

地方；用信心弥补自己的缺憾，超越自己。唯有如此，我们才能很快的进步！虽然比赛已过去，但过程却永远烙印在了我的心中，这将是我反思的珍贵案例，成长中珍贵的记忆。

我们努力过、拼搏过、收获过，在收获之余，更多的是一些思考。我们还年轻，我们也还很稚嫩。在教学的设计上可能还不够新颖；在教学的语言上不够有艺术；在驾驭课堂的能力上还有欠缺；在把握教材上不够有深度等等。未来的路还很漫长，我们还有许多东西需要去学习，还有许多能力需要提升，还有许多愿望等待我们去实现。在今后的教学中我们会继续勤奋工作，认真教学，在不断的锻炼中反思，在不断的反思中成长。教育更有“酿得百花成蜜后，为谁辛苦为谁忙”的甘甜。让我们将自己对学生的爱，对教育事业的执著追求，尽情地挥洒出来！衷心祝愿我们今天的努力，在明天结出丰硕的成果！①

经过几年的实践，学校的教师专业技能大赛已经积累了丰富的经验，目前，伴随着课堂教学改革的深入，由教师专业技能大赛发展为展示课和研讨课大赛，更加体现了研讨性和民主性，激发和调动了广大教师的参与热情，促进了教师专业发展的主动性。

为每一位教师搭建发展的舞台更体现在学校鼓励教师积极参与基于教育教学实践的教育科学研究，体现在学校为广大教师创造更多的走出去学习考察先进经验的机会，体现在学校为教师们能与更多名校名师为伍搭建广泛交流沟通的平台，学校所要做的就是为教师发展提供所需的土壤、阳光、雨露。

守望，守望着一批批优秀的教师在这片沃土中脱颖而出；享受，享受教师们的成长和发展带来的幸福与快乐；期盼，期盼教师们的长足发展带给学校的跨越式进步。

① http://suhuoyu.blog.163.com/blog/static/60147062200961321218271/

第四章　让学校成为学生成长的乐园

学生成长的乐园就是能够充分满足学生健康、生动、活泼、个性化成长与发展需要的场所。

“让学校成为学生成长的乐园”一直是我的教育梦想。还清晰记得学生时代，每到放寒、暑假，同学们的那种狂喜；也记得开学时，同学们的那种沮丧和失落。自恃学习成绩好、深得老师宠爱的我依然有着天真的想法：要是能不上学多好啊！现在想想，之所以产生那样的想法，除了年幼无知也确实有一些客观因素：比如，上课要笔直地坐着，一天八节课下来挺累的；上课发言要举手，一旦没板住，随意发表点意见，就可能被视为影响课堂纪律，惹来训斥；学校里本就寥寥无几的受欢迎的课和活动动不动就“因故”被取消了等等。

等到我自己做校长，我常问自己，我要把学校办成什么样的？答案就一个：办成师生都喜欢的。虽然迄今为止，我不能说做到了，但我一直努力在做。20年的教育实践，风风雨雨一路走过，我对“学生成长的乐园”有了全新的认识：学生成长的乐园就是能够充分满足学生健康、生动、活泼、个性化成长与发展需要的场所。

马斯洛理论把人的需求分成生理需求、安全需求、归属与爱的需求、尊重需求和自我实现需求五类。把这个理论迁移到学校来，我觉得所谓学生成长的乐园，就是可以满足学生的学习需求、安全需求、归属与爱的需求、尊重需求和自我实现需求的学校。

学习需求：学生到校的目的主要是学习，学校教学质量是学生最基本的需要，学校应该为学生积极、主动、个性化的发展，提供可以多样化选择的课程。

安全需求：学校应该为学生撑起成长的保护伞，创造和谐融洽的教育氛围，使学生获得安全感。

归属与爱的需求：来自同学的友爱和教师的关爱是学生情感和心灵的需求。同学之间互相关心、互相爱护，班级具有很强的凝聚力，学生生活在其中，感到十分的幸福；学生的学习和生活能够享受到老师的关注、关爱，享受成长中的幸福。

尊重需求：学校应该为学生成长提供师生、生生相互尊重的和谐环境，让学生在学校得到充分的尊重，获得尊严。

自我实现需求：通过开展丰富多彩的活动，使学生的各种能力和特长得到培养和锻炼，使学生成为自己期望成为的那种人。

一、道德不好是“危险品”

百年树人，德行天下。我们把“崇德”列为校训之首。

高中教育是基础教育的最高阶段，在国民教育体系中有着十分重要的地位。高中是人生道路上的关键阶段，是学生世界观、人生观、价值观形成的黄金时期，更是学生学会做人的关键阶段。让每名学生都成人是我们培养学生的目标，而这一目标的基础是学生的品德良好，因为学生思想道德状况如何，直接关系到中华民族的整体素质，关系到国家的前途和命运。

为了实现让每名学生都成人的目标，我们始终坚持德育为先，把德育工作放在重中之重的位置，形成了全员育德的良好氛围，实施学生“自我管理”的主体性思想道德教育，不断创新德育形式，丰富德育内容，提高德育工作的吸引力和感染力，增强了德育工作的针对性和实效性。

目前，我们学校已经成为沈阳市第一批德育示范校，学生已经具有较好的思想品德和良好的行为习惯。这一成绩与几年前的学生思想道德状况相比，已经大相径庭。

往事不堪回首，几年前，学生们的思想状态真是令人痛心疾首：

打架事件频发：这类同学往往是讲所谓的“哥们”义气，性格上好斗，遇事不冷静，看问题具有片面性，把打架看成是“能耐”和“勇敢”，缺乏正确的道德观念，法律意识淡薄。这些同学往往因抢占球场小事产生摩擦，有的因过去的仇恨而算账的，有的因所谓的女朋友原因，往往叫来在外校的同学或校外青年参与讲和，其结果通常是互不相让，导致带刀、棍等器械打群架。他们的行为严重破坏了学校的正常秩序，给学校的声誉带来了不好的影响，更为严重的是对学生的身心造成不同程度的伤害，其危害性是很大的。

诚信缺乏：学生在犯了错误后，往往隐瞒事实真相，对父母说谎，对老师同学说谎，经常说谎会滋生他们的虚伪，造成诚信的缺失。考试作弊行为更是屡屡发生。

师生关系紧张：有的是学生因拒绝接受老师的批评教育引起的，有的是因拒绝接受老师的安排和支配引起的，还有的学生是易暴发型性格障碍。这类学生道德涵养性差，自控能力弱，往往产生过激行为，从而导致师生关系紧张。当然，这里也不排除教师缺乏教育艺术的因素。

偷窃行为：有对班级内的偷窃行为，有对教师办公室行窃的等情形。他们用偷窃的手段来满足个人需要和贪婪的欲望，反映其自身道德失衡的严重性。

异性关系不当：我们从平时的观察了解中发现，高中学生存在相互搂抱、抚摸、接吻，甚至产生越轨行为。

通过对以上五种学生思想道德状况的分析可以看出：具有这种思想道德素质的学生不仅对其个人成长形成了极其严重的阻碍，将来还会对社会产生更大的危害，极易引发各种违法犯罪现象的发生，成为社会的不稳定因素。

正如有人说，“体质不好的是残品，学习不好的是次品，道德不好的是危险品；德智体全面发展才是优等品”。此话不无道理。

学校德育工作取得的成绩只能说明是过去的成绩，况且我们并没有做到百分之百杜绝以上所有现象的发生。

教育是面向未来的事业，我们将始终面对高中学生的思想道德教育，责任重大，任重道远，让每名学生都成人是我们的理想，也是我们努力的目标。

道德教育是学校德育的灵魂，其任务就是要通过对学生进行道德认知的灌输，道德情感的激发，道德意志的磨炼，道德行为的养成，来实现“知、情、意、行”的统一、融合、内化和固化，并形成优良的、稳固的道德品质，进而夯实学生做人、成长、发展的道德品质基础。

当前，我国正处在社会转型期，经济社会的高速发展使得社会、文化复杂而深刻的变化，使学校教育受到了前所未有的挑战。其中，德育更是处于众多矛盾中的焦点。①

一方面，市场经济条件下，迫切要求形成与市场经济相适应的新的道德规范，而在新的道德规范尚未真正建立之时，社会上“信仰危机”、“诚信危机”、“道德失范”屡见不鲜，直接影响着世界观、人生观和价值观尚未定型的高中学生的价值取向，极大地冲击着学校的道德教育工作。

另一方面，受“应试教育”的影响，为了升学率这一评估学校办学质量的显性尺度的考量，往往使道德教育“说起来重要，做起来次要，忙起来不要”，道德教育往往在“德育首位”的口号中被忽视或遭到扭曲，不少学生普遍表现出道德上的知行脱节、言行不一，面对现实问题往往难以作出正确的道德判断和行为选择，难以形成良好的道德人格。

学生的思想道德教育在新形势下显得尤为重要，我们在办学实践中始终坚持“以学生发展为本，为学生终生发展奠基”的办学理念，坚持“崇德、明志、乐学、笃行”的校训，既重视抓教学质量，更重视抓道德教育。让每名学生都成人，既要教好书，更要育好人。

百年树人，德行天下。

---

① http://paper.jyb.cn/zgjyb/html/2009-09/17/node_7.htm

二、让文明成为学生的习惯

文明是一个人迈向成功之路的通行证。

初到十七中学时，总是会碰到这样的尴尬局面。上级领导来校检查或督导工作之前，学校至少要提前两三天打扫卫生，特别是要清除墙上的那些“足迹”。由于没有养成良好的行为习惯，总有个别学生喜欢在墙上印下自己的“足迹”。为了遮丑，我们将白色墙壁刷上了绿色油漆墙裙，没想到，几天之后，足迹就又上升了……气愤之余不禁思考，如何才能彻底解决这个问题？还有类似的学生不雅的口头语、在走廊里喧哗、跑跳、打闹等问题。

冷静思考学生所表现出来的各种行为，都可以归因到学生的不良行为习惯。良好的行为习惯不是一朝一夕可以养成的，必须反复抓、抓反复。

与此同时，学生不良行为习惯的养成也不是一个短期行为，而是一个涉及社会、学校、家庭等各方面环境因素并且是不良行为被不断强化的结果。针对这种负强化必须实施正强化来解决，以此来培养学生良好的行为习惯。于是，经过我们认真研究，决定从培养学生的文明礼仪习惯开始抓起。2006 年 9 月开学，为了改变学生的行为习惯，学校作出了加强学生文明礼仪教育的决定，确定了“以文明礼仪教育为主线，融德育、美育、健康心理素质教育于一体，培养高雅气质的‘十七人’”为礼仪教育主题，选择了《全国青少年文明礼仪教育读本》为教材。全校由德育处统一部署教育时间和内容，利用早检、午检、班会、升旗仪式等时间，利用校园网络、宣传栏、板报、墙报、校园广播站等方式加大宣传力度，开展了“文明礼仪伴我行”竞赛活动，营造了一个全校讲文明、懂礼仪的氛围。

本次文明礼仪教育活动，把人文、人格、礼仪、气质、诚信教育与民族精神教育以及校风建设紧密结合，从日常行为修炼，从细枝末节展开，从学生站走说做开始训练，抓住点滴小事做文章，努力使每一个“十七人”成为知书达理、谈吐文明、彬彬有礼、气质高雅的人。

通过不断探索、实践、总结、完善，学生的行为习惯产生了前所未有的变化，取得了很好的效果，改变了我校学生的精神面貌。

2007 年 4 月 6 日，由中国关心下一代工作委员会、中共中央宣传部、中共中央党校、中共中央文献研究室、中共中央党史研究室、中华人民共和国教育部、中华人民共和国文化部、国家广播电影电视总局、中国共产主义青年团中央委员会、中华全国妇女联合会十部委共同开展的“中国关爱成长行动——全国青少年文明礼仪普及活动”辽宁省启动仪式在沈阳市第十七中学举行，全国青少年文明礼仪普及活动组委会杜庆锋副主任出席了本次活动并作了讲话。历时40分钟的会议，全校学生站在骄阳下纹丝不动，当时，我由衷地为自己的学生感到骄傲。学校被授予辽宁省首家“全国青少年文明礼仪教育示范基地”称号，德育处杨丹丁主任代表学校到人民大会堂领奖，30多名师生受到国家级奖励。

中华民族自古就有礼仪之邦的美誉，我们的青少年应该继承这种优良传统并发扬光大，而且外在的礼仪与内在的素质培养是相互作用、相互促进的，礼仪的规范可以促进学生素质的提高，而素质的提高又反过来增强礼仪的规范。我们正是看到了其中的利害关系，赋予了礼仪教育以深刻的内涵，使学校的整个精神面貌呈现焕然一新的局面，为让每名学生都成人奠定了基础。

全国青少年文明礼仪普及活动启动暨揭匾仪式

通过长期开展文明礼仪教育活动，提高了学生的文明道德水平，为学生营造了一个文明程度较高水平的环境，作为高中学生能够按照校内礼仪、家庭礼仪、公共场所礼仪等各种礼仪要求去做。学生在参加各种活动时，表现出良好的文明行为和习惯，受到活动举办部门的夸奖和赞誉，为学校争得了荣誉。

沈河区保健所王所长在全局卫生工作总结会上的讲话提到：“希望各个学校高度重视组织学生体检工作，一定要组织好自己的学生，候检时不能在走廊内大声喧哗、打闹。从这学期各学校学生体检的表现来看，十七中学的表现是最好的，学生守纪律、有礼貌，希望各学校向他们学习。”

如今，当你走进教学楼时，遇到的学生会主动向你敬礼、问好，给你让路。同学之间的纷争、矛盾被今日的探究与合作所替代。十七中学的跨越式发展正是从改变学生的行为习惯开始的。

我们说“学生成长的乐园”就是要为学生提供一个可以快乐成长的环境，这个环境除了物质层面的清洁、卫生、美化、亮化，更重要的是文明、友善、团结、向上的人文环境，在这样的氛围中，学生才能拥有愉悦的心境与充足的安全感，充分满足他们健康、快乐成长的需要，成为一个为社会、为他人所欢迎的人。

三、“诚信考场”背后的人格塑造

“诚信考场”锻炼了学生自律的能力，培养了学生诚实守信的品质以及良好的学习习惯和能力，塑造了学生良好的人格。

又是学期末，期末考试如期拉开帷幕。在高一年级的走廊里巡视，你会发现有两个考场非常特别，在这两个考场里你只能看到参考的学生，却看不到“考试必备”的监考教师。这是学校推行“学、悟、探、测、思”新课堂教学模式后的衍生物——诚信考场。

之前学校也想尝试建立“诚信考场”实行“无人监考”，但几番讨论下来，老师们对学生们还是信心不足，同学们对自己的“自觉性”也是底气不足，为了保证每一次考试的公平性、成绩的真实性，学校只好作罢。

随着新课堂教学模式的实行，课堂内外的一切都发生了翻天覆地的变化，在高一年级上学期期末考试结束之后，竟有同学提出了：老师，你们监考太累了，一科都不能休息，建立无人监考的考场吧，这样老师就可以轮流休息了。对于学生能提出这样的想法，老师一时间都感到很意外，但同时又觉得很欣慰。回顾新课堂教学模式实行的半年，同学们成了课堂内外的主人，“主动学习，自我管理”的积极性大大提高，而且已经初步养成了习惯，看来这回他们又想把考试也“自我管理”了。老师们把学生的这种意见转达给了教务处，教务处在学校行政例会上把这件事提出来，请大家讨论。在讨论中，干部们提出了不少顾虑：学生会不会只是一时冲动才这样想了，而到了无人监考的考场里真的能约束好自己吗？会不会只是极个别的学生有这样的想法，而其他的同学尚不具备这样的自觉性，无法“自主”？一旦发生了作弊现象而老师又没有发现，在同学间传播开来后果又是什么？经过大家充分的讨论，最后达成一致意见：支持学生的这个想法，学生已经勇敢地迈出了第一步，学校要做的就是一定要实施好，让无人监考的“诚信考场”在十七中学也能开展起来，坚持下去。会议决定：由教务处负责制定申请书、起草相关规定。就这样，诚信考场终于在大家的忐忑中姗姗而来。

经过周密的准备后，在2010年10月的第一次大型考试——期中考试中正式建立了诚信考场，诚信考场无监考教师，巡考老师负责收发试卷，考试期间每隔30分钟左右巡视一次，解决学生提出的试卷印刷等问题。从学校发出倡议到学生志愿提交诚信考试申请，签订诚信考试协议，到进入诚信考场参加考试，一切都进行得十分顺利。

但对现场效果，领导、老师们还是捏了一把汗。第一科语文开考了，发完卷后，老师似乎有些“恋恋不舍”地离开了考场，开考半个小时了，巡考老师来巡视了，偌大的考场内，只听得见“刷刷刷”写字的声音，未发现考场内有任何异常动静，所有学生都保持着埋头写字的姿势，偶尔有人抬起头来揉揉眼睛。

考试在一科一科地进行着，巡考老师发完卷后离开的脚步越来越轻松。不少其他年级的老师也来好奇的偷窥一下，可他们也只是看到了“静悄悄”和“目不斜视”。最终的现场效果就是六场考试下来无人作弊。所有人都自豪地松了口气，我们的学生经受住了“考验”！

现在第一批进入诚信考场的同学已经开始参加高二下学期的期末考试了，中间经过了两次月考的考验，他们还是每次愿意写申请进入诚信考场，以进入诚信考场为荣，还有更多的同学也想进入无人监考的考场体验一下。

也许从考试本身来看，诚信考场和其他考场其实没什么区别，主要是学生的心理感受不同。从申请报名到考试期间，同学们互相影响和激励，大家都以能进入诚信考场为荣。无人监考考出诚信，在无人监考的环境下考试，考验了学生的自律能力，对其他同学也是一种激励。

“诚信考场”是我校推行学生“自我管理”的一部分，它锻炼了学生自律的能力，培养了学生诚实守信的品质以及良好的学习习惯和能力，塑造了学生良好的人格。

四、让关爱无处不在

推心置腹的好朋友相当于半个心理医生，让教师成为学生的知己，我们一直在努力。

2009 年 6 月 15 日凌晨 4 时，高二四班张忠园同学在家中割腕后跳楼身亡。警方通过调查取证，最后得出的结论是自杀。因父母离异，缺少亲情，迷恋网络，缺少沟通与交流，心理得不到疏导，有强烈的孤独感，就是他自杀的原因。

事发当天，班主任杨老师在班级早检时，发现张忠园没有到校。早检结束后，杨老师就回到办公室，给张忠园的父亲打电话，张忠园的父亲告诉杨老师说孩子自杀了，警察正在他的家里调查。得知杨老师汇报的情况后，学校立即向区教育局主要领导作了汇报。学校领导、区教育局领导和班主任杨老师一起在当天上午 9 点多赶到医院，看望了孩子的父亲，以表慰问，并参加了两天后的葬礼。

在整个高一上学期，张忠园并没有引起老师太多的注意，上课纪律好，很少有上课和同学说话或睡觉的情况，成绩较好。但性格内向，极少与人沟通，只与班级内两三个男同学关系较好，但在一起谈论的多为网络游戏，极少谈起自己的家人。在我找他谈话的时候，我发现他在很多事情上大多表现出无所谓的态度，不管是考试成绩还是班级的活动都是如此，在我问起他的家里情况时，他就只说与父亲生活在一起，父亲是出租车司机，别的就不说了。在高一上学期期末考试后的家长会会后，张忠园的父亲找到我，跟我说起了他的家庭：他和张忠园的母亲于12年前离婚，张忠园的母亲到韩国定居，12年间很少回国，只见过孩子一次。他和孩子两个人生活在一起，他是一名夜班出租车司机，每天晚上6点上班，第二天早上6点下班。也就是说每天他下班时孩子就上学去了，上夜班时孩子放学一个人在家。张忠园每天晚上一个人在家，大多数时间在上网。当我听到张忠园每天晚上一个人在家时，我就立刻跟张忠园的父亲说，让他换一个白班出租司机工作。张忠园父亲说不好找，现在只能这样。然后他跟我说他现在跟孩子的沟通很少，希望我能和张忠园多沟通，劝孩子多学习。

在高一下学期开学后，我找到张忠园说起他和父亲的关系时，张忠园说他的父亲算不上是一个父亲，他与父亲没感情。听到这些，我感觉到孩子的孤独，于是和他谈了许多。说到了他父亲这么多年的不容易，谈了亲情的伟大，谈了一名中学生正确的人生观。在与张忠园谈话之后，我又给张忠园的父亲打电话，希望张忠园的父亲能设法联系张忠园的母亲，让他的母亲多与孩子联系和沟通。但张忠园的父亲说早与张忠园的母亲没有联系，也不想再与她有联系。我就跟张忠园的父亲讲张忠园缺少亲情，希望他多与孩子沟通。我问他还想不想再成立一个家庭，给孩子一个完整的家。张忠园父亲给我的答案仍然是不行。高一下学期开学的一段时间，张忠园在上课时的状态开始不好，上课开始有睡觉情况发生。通过了解知道张忠园每天晚上都上网到两点以后。我又找来张忠园，我希望他能按时休息，虽然家里没人，但要按时睡觉。他又是无所谓的态度，甚至和我说如果不让他上网，他就不念了。我与他家长联系，他父亲说如果把家里网退了，孩子就会晚上出去上网更不安全。我觉得家长在这方面也帮不上我什么忙。于是，我就组织班委会开班会，讨论关于上网的利与弊。结果对其他学生的教育效果很明显，不少学生找我，跟我说今后会注意上网时间，不再迷恋网络。可是通过侧面了解，张忠园晚上还是继续上网。

在事发之前的一段日子里，张忠园在学校并没有十分异常的表现，只是与同学之间交流更少了，虽然我又与他谈过几次他的学习情况，但情况并没有好转。(上述文字，是我在得知这个惨痛的消息后第一时间找到班主任老师了解情况时的记录)

虽然，事发后，孩子的父亲只是一味地感谢老师和学校对孩子的关心，懊悔自己命运的不好，没有对学校提出任何意见。但是，这一事件使我很长一段时间难以安稳入睡，总感觉作为校长的我做得还很不够，还没有尽到应尽的责任，总感觉如果学校再多做点什么，或许能使他健康快乐地生活在这个世界上……

痛定思痛，我陷入深深的思考：近些年来，社会上出现的高中生、大学生自杀的事例屡见不鲜，难道这种事情仅仅就归咎于“80后”和“90后”的个人原因吗？虽然这种事件已经成为一个社会问题，有着复杂的来自方方面面难以说清的原因，但作为一名教育工作者，能说这种现象的产生与学生赖以生活的环境——学校，毫无关系吗？惨痛的教训，让我们认识到学校必须进一步加强生命教育，帮助学生认识生命、珍惜生命、尊重生命、热爱生命，于是我们开始着手开发十七中学《生命教育》校本课程。

十七中学部分生命教育课程内容

模块	课程内容	教学目标
认识生命	人类生命的诞生	1. 了解人类生命诞生的全过程 2. 提高对生命本身奥秘的探索能力 3. 增强对家庭、对社会的责任感和义务感
	遗传与遗传病	1. 了解遗传与遗传病的知识和产生的原因 2. 提高对疾病的鉴别能力 3. 增强对家庭、对社会的责任感
关爱生命	预防艾滋病 你我共参与	1. 了解艾滋病的基本知识，包括概念、传播途径和预防方法 2. 使学生了解艾滋病对人类健康和发展造成的巨大危害 3. 培养学生“艾滋病预防与关爱”意识和责任感
	珍爱生命 远离“白色瘟疫”	1. 了解毒品的种类、毒品的危害及抵制毒品的方法 2. 增强学生抵制毒品的能力 3. 通过活动使学生认识到我们正面临着毒品的严重威胁，从而都来关心和参与禁毒工作
提高生命价值	自尊自信 挑战生命	1. 认识自尊自省与虚荣嫉妒、自卑、自傲、自负的区别 2. 初步掌握建立自尊自信方法，并能较正确地看待成功与失败 3. 培养学生的表达能力、辨别分析能力以及通过活动自我教育能力
	良好的第一印象	1. 通过活动使学生理解什么是人际交往中的第一印象，并能认识到第一印象在人际交往中很重要 2. 掌握一些人际交往的技巧

然而，仅仅把教育落实在课程的层面，是远远不够的。

在我国，自杀已经成为人口的第五大死因，而（15－24岁）年龄组人群死亡的第一位因素就是自杀。要避免张忠园惨剧重演，学校要寻找一条通向学生心灵的途径，让所有的学生在校园里都能得到充分的关注，让他们归属与爱的需求得到充分满足。

有人说：其实每个人都需要一位心理医生。我觉得这话不无道理。因为每个人的成长都不会是一帆风顺的，恐惧、无助、愤怒、内疚、痛苦、失望、紧张、压抑、羞耻、郁闷等这些负面的心理情绪几乎我们每个人都会遭遇。如何避免学生在学习和生活中产生的这些负面情绪恶性膨胀、加剧，最好的手段就是心理疏导。但目前，我们的学校还做不到为每一位学生配备一位心理医生，于是，几番探索、寻觅，一个想法逐渐形成。导师（Hierophant）一词源自希腊语，被视为“知识和道德的传播者，是诊疗人世伤痛的行医人”。导师制作为一种教育制度，早在19世纪就被牛津大学所应用。我们虽然不能为每一位学生配备一位心理医生，但我们可以为每一位学生找到一位导师，从学习、生活，特别是心灵上给予其关注，从而保证学生健康、快乐地成长。

李昭祥副校长带领学生参观禁毒教育基地

2010年9月，为了更好地贯彻全员育人、全过程育人、全方位育人的现代教育理念，更好地适应素质教育的要求，我校在积极推进教学改革的同时，在不打破原来班建制的基础上实行导师制，即采取导师制和班建制并行的教育模式。为此，我校确立了导师制的基本原则：一是个性化原则，教师必须承认学生的个性差异，善于发现个性、研究个性、发展个性。二是亲情化原则，建立民主平等的师生关系，尊重学生，和学生交朋友，给学生以父母般的关爱，导师应成为学生的良师益友。三是渐进性原则，遵循青少年学生的身心发展特点和认知水平，循序渐进地实施教育。四是实效性原则，加强过程管理，健全科学的评价机制，全面充分关爱学生，促进学生学会做人、学会求知、学会健体、学会生活，激励学生健康向上并取得实效。

导师制的具体做法：班主任原有的负责班级管理的职责不变，导师负责不同班级一个或几个小组学生的管理与指导，班主任同时也是导师。成立以班主任为核心、班级任课教师为成员的导师组。

导师制的实施，密切了师生关系，导师针对学生的个性差异，不仅指导学生的学习，还关注学生的生活，适时地进行德育和心理疏导，教师们的倾情投入换来了师生关系的彻底转变。“在‘十七’，每个学生都有一位老师成为他的朋友和知己”，为了这个目标，我们一直在努力。

五、我是主人我“点餐”

选项教学为学生学习体育与健康课程提供了个性化学习与发展的可能性，充分激发了学生对体育的兴趣，调动了学生参与体育活动的积极性和主动性。

我们始终坚持“以学生发展为本，为学生终身发展奠基”的教育理念，在教育教学管理的具体实践中，就是办让学生满意的教育。

办学生满意的教育就要首先考虑学生的想法和诉求。通过调查，我们得出一个结论：无论是初中，还是高中，绝大多数学生最爱上的课程是体育课。而事实上，学生的这一想法却常常被无情地剥夺了。

还清晰地记得，我初三毕业时，要有体育达标测试，测试不合格是不能升高中的，虽然现在也有体育素质测试，但是标准却大大降低，以男生引体向上为例，当时是13个为100分，而现在是7个为合格。

受我国传统文化的“学而优则仕”、“望子成龙”等方面思想的影响，家长们普遍认为只有读书才有出路，才能有好的工作，因而家长们对孩子期望很高，关爱备至，管教严格，非常重视孩子的天赋开发和智力发展。出现了一到休息日，从幼儿到中学生像“走穴”一样到处“被辅导”的现象，使家长和孩子始终处于高压的疲惫不堪的状态之中。从家庭教育到学校教育都形成了为升学而努力奋斗的局面，学生的身体素质被淡忘了。

由于日益加剧的社会就业和竞争压力以及片面追求升学率倾向的影响，学生课业负担过重、学校体育被弱化或边缘化的趋势在一些地方和学校仍然不同程度地存在。学生身体素质差，这已是不争的事实。

作为普通高中的一名校长，有责任也有义务把我们的学校办好，让我们培养的青年学生在未来的国际竞争中有能力、有实力参与竞争，为国家发展和民族复兴培养德智体美全面发展的接班人和建设者。

我觉得，让学校成为学生成长的乐园，首先要界定的就是“学生是学校的主人”这一概念。无论教育教学还是课余生活中，让学生充分体验“我是主人我做主”的感觉，这样才能避免学生将学校视为“没有铁丝网的监狱”。

在学校教育教学管理中，我们始终坚持学校体育工作是学校教育工作的重要组成部分，在马克思主义、毛泽东思想“人的全面发展”学说指导下，把学校体育工作作为全面推进素质教育的重要突破口和主要工作。根据《学校体育工作条例》以及《中共中央国务院关于加强青少年体育增强青少年体质的意见》

的规定要求，以国家《体育与健康课程标准》为依托，积极开展普通高中体育课改实验工作，充分发挥体育的教育功能，全面开展丰富多彩的体育教育活动，积极构建富有校本特色的体育教育体系，推动我校教育教学的改革。

我觉得新课改最大的亮点就是学生自主选课，同时，它也是最大的难点。亮就亮在它充分尊重了学生的个性发展，难就难在学校的师资、设备、场地无法满足选课的需要。迎难而上一直是我个性的一部分，只要是对学校、对学生有利的，再难也要去做、去尝试。

2007年秋季，我校率先在《体育与健康》课程中实行了选项教学改革。

体育选项教学是指以学年或学期为一个基本时段，在每周两节的体育课上同时开设多项体育科目，每一科目为一个新的教学团体，学生可根据自身的条件和兴趣爱好自由选择科目。在新课程理念与体育教学基本规律的约束下，不受传统的教学模式自然班授课制的限制，在充分挖掘学生学习潜能、发展学生个性的前提下，达成体育教学目标的一种体育教学形式。在实施和推进课程改革工作中，排除了实施课改的阻力，提供了充足的经费。我们请来省市专家亲临指导，帮助排除和解决了课改工作中已经出现和即将出现的问题。

体育课程选项教学的实施，得到全体学生的热烈欢迎，每学期初选课时，他们那个得意劲儿一点不亚于拿着菜牌点餐的顾主。为了不断完善我们的选项教学，我们从新高一学生中选出几名学生作为选项教学的跟踪调查目标。三年的实践，让我们对选项教学的作用与意义有了更高的认识。

跟踪记录

学生姓名：黄超、性别：男、出生年月：1991年5月21日

高一年级身高：168厘米、体重：61公斤

高一年级开设的课程有：篮球、手球、田径、排球

说明：从高一入校以来发现该同学的身体偏瘦，力量不足，在2007年9月至2008年7月高一上学期时选修的是篮球，必修的是田径（跳高）、体育与健康，他在必修田径时，特别喜爱跳高项目，学习十分认真。在9月末的学校的田径运动会上跳高获得第二名，成绩是155厘米。到了高一下学期该同学选修篮球、手球，对篮球十分喜爱，进步较快。参加在2008年5月区篮球比赛（替补）获得沈河区第一名。

高二年级身高：176厘米、体重：65公斤

高二年级开设的课程有：篮球、足球、乒乓球、健身操

说明：该同学在2008年9月至2009年7月高二年级时选修的是篮球、足球、排球，必修的是体育与健康，在9月学校的田径运动会上跳高获得第一名，成绩是160厘米。2009年5月参加沈河区篮球比

赛（前锋）获得沈河区第一名。参加沈河区田径运动会，获得跳高第一名的成绩（165 厘米）。通过两年的选项教学，使该同学对跳高、篮球项目的喜爱转化为一种素质和技能，期间，该同学的身体素质有很大提高。

高三年级身高：184 厘米、体重：71 公斤

高三年级选开设的课程有：篮球、武术

说明：该同学在 2009 年 9 月至 2010 年 5 月高三上学期时选修的是篮球、武术，必修的是体育与健康，高三下学期不参加选项教学，通过三年的选项教学该同学获得 11 学分。在学校 9 月的田径运动会上跳高获得第一名，成绩是 168 厘米。2010 年参加高考体育加试（篮球项目）获得 78 分，2010 年 5 月参加沈河区篮球比赛（前锋）获得沈河区第一名。参加沈河区田径运动会，获得跳高第一名的成绩（172 厘米）。最后的高考成绩为 323 分，考入沈阳大学师范学院体育系。

黄超同学三年的选课统计表

项目 / 年级	选修								必修	
	篮球	手球	排球	健美操	足球	乒乓球	武术	体育舞蹈	田径	体育与健康
高一上学期	√								√	√
高一下学期	√	√								√
高二上学期	√				√					√
高二下学期	√		√							√
高三上学期	√						√			√
高三下学期										√

从黄超同学在体育方面的成长、进步，我们不难看出：我校的体育选项教学取得了圆满预期效果。

实际上，由于电视和国际互联网的普及，学生能够更多渠道了解体育知识和观看体育比赛，高中生随着年龄的不断增长以及对体育不断实践认识、尝试，已经具备了一定的选择能力，学生逐步找到了适合自己的或是自己喜欢的体育项目。

选项教学满足了学生对课程的选择性需求，让学生选择自己喜爱的体育项目进行学习有利于培养学生对体育的兴趣，发挥学生的体育专长，提高学生的身体素质；有利于学生的身心健康；有利于促进体育技能的形成和提高；有利于教师专长的发挥和教师的成长；有利于合理利用教学资源；有利于培养学生

终身体育的意识、习惯和能力。

由于实行了选项教学，促进了教师知识结构的完善，教师的知识结构呈现了以教育学、心理学为基础的文化知识不断提升、专业知识更加全面的喜人局面；教师更加重视学生的主体地位，以学生发展为本，关注个体差异和不同需求，确保每个学生都受益，注重学生的全面发展。

选项教学促进了学校体育运动代表队水平的提升，也促进了学校整体运动水平的提高。

2010 年，学校的女子篮球队获得沈阳市高中女子篮球比赛第三名，2010 年学校的体育代表队获得沈阳市中学生运动会高中乙组第一名，学校的体育代表队从 2007 年开始连续四年获得沈阳市沈河区中学生运动会高中组第一名的成绩，学校获得沈阳市群众性体育活动先进单位、沈阳市体育工作先进单位等荣誉。

虽然基于办学条件的种种限制，目前，我们还不能达到所有的课程都实现学生的自主选修，但我们一直树立这样一种理念：教育是为学生服务的，倾听学生的心声是我们做好一切工作的前提和保证。

六、我行，我能行，我是最棒的

蒙田说："只有信念使快乐真实。"让学校成为学生成长的乐园，首先要将自信根植在学生心田。

2010 年 9 月的一次教工大会上，我在总结学校近五年所取得的成绩后，提出将学校过去的精神"积极向上，不甘人后；团结一致，顽强拼搏"应该重新定位为"敢为人先，勇于创新"，得到了全校教师的一致赞同，学校精神的重新定位是学校师生精神面貌的写照，也是我们做事的努力方向，更是基于师生自信心的强化。

为了使我们的教师能够充满自信心，我多次在大会上强调：我们要为教师的尊严而教，我们要抬起头、挺起胸来走路，我们"十七人"进入新时期，首先应该有的就是自信。

班主任作为学校最基层的教育教学管理者，对学生自信心的培养起着重要作用，尤其是要在深刻领会学校办学思想的基础上，形成自己正确的教育教学管理思想，通过言传身教，建立积极向上、团结友爱的班集体，创造各种条件和环境培养学生的自信心。

我校青年教师周宏成 2002 年毕业于鞍山师范学院中文系，在校期间工作与学习积极努力，在社团活动中表现突出，是一名优秀的大学毕业生。毕业当年分配到我校工作，他肯于吃苦，敬业奉献，担任多年班主任工作。

几年来，他针对自己班级学生实际情况，通过落实班训“我行，我能行，我是最棒的”对提升学生“自信力”做了积极的实践探索与思考，深受学生的喜爱。

为了进一步了解他管理班级的思想和典型做法。2011 年 3 月的一天，我把他请到办公室，跟他攀谈了起来。

我说：“宏成，听老师们说，你们班的元旦联欢会开得很热烈，很成功！学生们还给你献上了一首歌曲《老师，我们爱你！》，是吗？”

他有些不好意思地笑着说：“是的，同学们用雪村的《东北人都是活雷锋》歌曲为基础，重新填词后，改创成了一首歌曲《老师，我们爱你！》。校长，当时学生的演唱很动情，我很受感动。”

老师，我们爱你

——献给我们的周宏成老师（歌曲）

老周开车去“十七”（干啥）　去教无敌高三一（好的）
高三一班不咋的　就是考试总第一（必须的）
校长让把主任干　去问老周怎么办　他说……
什么事情我都得努力干　千万别说要给我几百万（不差钱）
我的梦想永远在一班　要让一班未来更灿烂
我会努力教好高三一　一定能够为校出成绩
高考过后人人心欢喜　一班学子都出人头地
老周、我们爱你……

说到此，我能够感受到他仿佛又回到了那令他难忘的时刻……

片刻的宁静之后，他接着说：“这一届学生让我感动的地方很多”。

我说：“那你说说看。”

他说：“一个感动是 2010 年 9 月 10 日早晨，学生们以‘感念师恩’为主题的‘教师节’策划给了我一个惊喜，不知道什么时候班长组织全班同学制作了一个关于我和同学一起学习生活的 DV 片，并且挂在了搜狐网上，片子记录了我和学生们活动的快乐和忧伤。另一个感动是 2010 年元旦联欢会上，学生们为我颁发了最佳爸爸奖，班长含着眼泪为我朗诵了《我的好爸爸》的诗文，当时让我感动得流泪。”

2010 年度感动十七中学高三一班评选组委会授予周宏成老师的颁奖词：

不是骨肉，但都是他的孩子。他展开羽翼，撑起孩子们的天空。三年付出，终会回报，压力劳累，一肩担当。在这个大家庭里，亲情超越了血缘的界线，泉水最清，师恩最重。

我说："真是做得很好！同学们很喜欢你！你觉得得到同学们爱戴的原因是什么呢？"

稍加思索后，他说："我认为主要原因是学生的自信心有了，自我管理能力增强了，尤其是我对学生们提出并贯彻落实的'相信自己：我行，我能行，我是最棒的！'班训对他们的成长起了很大的作用，遇到什么事情，学生们都会首先想到班训"。

接着他面带自豪地说，校长，在 2008 年 10 月 21 日下午 3 点多钟我突然收到毕业生康笑鹰同学的短信："老师，我当选学生会副主席了！今天上午我们进行公开竞选，我可紧张了，但我想到我们的班训——'我行，我能行，我是最棒的！'默念三遍就不怕了，我的演讲博得了全场的掌声……"

"我还有一个学生叫刘佳山，在加拿大进修歌剧表演，他在给我的信中这样写道，恩师，您好！我现在在渥太华给您写信，我的心情好极了！刚来到这时，由于我在沈阳音乐学院所学的美声专业，功底还不够扎实，与这里的同学同台演出时总感到压抑和胆怯，但我想到您教给我们的话'相信自己：我行，我能行，我是最棒的！'我便会信心百倍地刻苦训练，现在我已经成为合唱团主唱之一了……"他补充说。

我高兴地说："你在管理班级中落实班训取得了很好的教育效果，那你回忆一下，当时是在什么情况下，怎样想到用这样一句话作为班训呢？"

他略加思索后说："首先是学生在高一入学后，我经过仔细观察发现：有些学生平时成绩不错，但是心理素质较差导致中考失利，又被按照考试成绩人为的分流进入了市重点高中，他们内心深处不但没有总结自身的不足，没有认识到自己该如何调整自身状态，反而产生了反正是现在这样，便就当一天和尚撞一天钟的麻木心理状态；有些学生本身没有要考大学的愿望，只是看到其他同学报考高中，自己如果去职业高中的话太没面子，而且将来去工厂工作又太累；还有部分学生家长认为孩子太小让他们在高中养一养'身板'，念完高中毕业后再做打算……一些学生不适应高中生活，不能调整好自身的学习状态，有的甚至产生自卑的心理；其次就是您对我的影响，您始终要求我们对待教育事业要有激情，于是我想到了学校打造'五个十七'办学方略中的打造'激情的十七'。灵感突现使我觉得：作为班主任应该燃起学生们在学校的激情。于是，我提出了'相信自己：我行，我能行，我是最棒的！'的班训。"

班主任在班级管理中，善于观察学生并能从中发现问题，然后根据教育教学理论，找到适合的解决问题方法，这是做好班主任工作的重要的能力之一。

年轻班主任的成长需要不断地在实践中学习和积累，更需要校长对其思想上的引领，在言行上起到表率作用。人们常说：有什么样的校长就有什么样的老师，有什么样的老师就有什么样的学生。由此，我更感觉到作为校长，责任重大。

我始终认为我是一个对教育事业充满激情的校长，我更应该用我的激情去点燃干部和教师的激情。

周宏成老师在介绍班级管理策略时，写下了这样一段文字：

首先，我想到班主任老师榜样作用是潜移默化的。班主任老师每天和学生共同生活多达12个小时，其一言一行直接潜移默化地影响着学生，正如大家说得“有什么样的班主任，就有什么样的学生”。因此，我给自己的教师思想定位为“激情型”教师。一是“思想理念”激情，要求自己有一流的爱岗敬业精神，能够以“最”饱满的热情投入到工作中，用自己的热情和精神影响周围的同事和学生。二是“语言行为”激情，自己在生活中必须说积极向上的话（一切有利于学校的发展，一切有利于学生的发展，一切有利于自身素质的提高），同时对学生勤鼓励、勤表扬，总以微笑面对学生，用自己的实际行为去感化学生。生活中，一方面我每天都会在早晨起床、晚上入睡前默念十遍：“相信自己：我行，我能行，我是最棒的!”用它作为我对待生活的态度，另一方面我积极参加学校的“一切”文体活动，在活动中让身边的老师们和学生们感受到我的“激情”。因此，我所带的班级师生关系融洽，学生们在学校的活动中表现得特别活跃，充分展现出了他们的青春活力和才华。

其次，我在思考班级管理策略中认识到高效班级管理的方式应在制度建设基础上构建“文化”。而这种文化又应该是实现学生自我管理的钥匙，是推动学生自我意识提升的种子。于是，我在学生头脑中输入了积极向上的信念：“相信自己：我行，我能行，我是最棒的!”“我们用优秀中学生的思想控制我们的行为，让良好的行为养成良好的习惯，让良好的习惯塑造我们的性格，这种性格就会决定我们将来的命运!”同时，在教室打出了“我行，我能行，我是最棒的!”“因为学习而快乐，因为快乐才学习”的条幅来强化这种观念。

这些只是开端，我在平时语文课堂教学活动和课余生活中时刻努力营造着和渗透着这种哲学文化思想。如果对学生思想教育的途径只限制在说教中，无异于纸上谈兵，要让学生将此思想融入实际行动中。于是，我调动班级干部的工作热情，树立他们“相信自己：我行，我能行，我是最棒的!”的思想，然后帮助他们组织同学搞文学社、自律会、文艺展示等活动，逐步贯彻这种自信的理念。

实践证明，学生在边自主学习边自我管理中，“自信力”得到了空前的提升。学校安排的活动大多由班级同学毛遂自荐完成，而我变得越来越“懒”了，却也越来越“幸福”了。

就是这样一个班训：相信自己，我行，我能行，我是最棒的！增强了学生的自信，实现了学生的自我管理，学生的各种能力得到了提高。

班主任的管理思想直接影响着学生的发展，怎样通过班主任的班级管理来促进学生的自我管理，使每一名学生都能够生动活泼、主动、全面、富有个性地发展，是我们的一个永恒主题。

七、分班风波

平等的交流更容易达成理解和共识。

人们常说：学校无小事，事事皆育人。这要求学校在处理每件事情的时候，都要做到：大处着眼，小处着手。凡事不可草率行事，必须经过认真思考，谨慎行事。我认为这就是我们现在实施精细化管理的初衷。

每个学校在教育教学管理过程中，都会遇到分班这项工作，虽然说分班工作属于学校的正常工作，但是，却要受到社会、教育行政主管部门、学生家长和学生的高度关注，如果学校不能很好地做好相关工作，就会对学校造成严重的负面影响，甚至影响到学校的整个教育教学工作及学校在社会上的声誉，给学校的发展带来负面影响。

目前高考制度情况下，高中学生正常情况下要经历高一入学时的分班和文理分科时的再次分班，一共要经历两次分班。学校在分班过程中，保证分班顺利有序，那就要做好三件工作：一是分班原则必须清晰，考虑问题全面；二是分班必须做到一视同仁，公平、公正、公开；三是一旦分班结果公布，必须坚持既成事实。

实际工作中，由于教师身体有病或女教师集中怀孕生产无法坚持带班、上课等种种原因，有些时候个别班级的学生还要经历第二次分班或拆、并班。从学校角度讲，这是无奈之举，因其不利于形成稳定的、积极向上的班集体，不利于学生的教育和培养。而学生和家长通常会极力反对，认为学校是对学生不负责任，对学校产生极大的意见。遇到这种情况，如果学校不能够给予充分的重视，一旦负面情绪急剧膨胀，家长通过相关媒介和渠道向学校施压，就会使学校处于十分尴尬的局面。因此，每次迫不得已的拆、并班，都是对学校管理者工作能力的一次检验，要妥善解决来自教师、家长、学生方方面面的思想问题。

在拆、并班这项工作中，要充分考虑到学生的身心特点。高二的学生，大部分都在十七八岁，这是一个脆弱且敏感的年龄，介于成人与孩子之间，心理和生理都在经历着巨大的变化，再加上学习任务日渐繁重，很容易产生一些叛逆的冲动的不理智的行为，有许多同学在家里跟父母唱反调；在学校跟教师唱反调，存在较为普遍的逆反心理，严重干扰和影响学生思想工作的顺利展开。不仅对学生本人，有时甚至对亲人及朋友，也会造成非常消极的影响。学生的不满情绪如果互相感染，“羊群效应”就会显现，容易产生“抱团”的情况，与学校对立，有一种不达目的不罢休的冲动。校长要给予充分的重视，必须做好以下三方面的思想准备：一是拆、并班理由必须充分；二是拆、并班操作要迅速，快刀斩乱麻；三是以真诚的态度赢得学生的理解和谅解。

2009年7月4日，由于我校教师缺员迫使学校必须对高二即将升入高三年级的学生拆并班，当时经过了认真细致的研究，确定了方案。但是没想到的是由于保密工作不到位，让学生得知了这一消息，并且学生们已经得知区内一所省重点和一所市级重点高中由于学生反对没有实现拆并班，出现了“拉抽屉”现象。而此时，我得到的反馈信息是部分学生对学校的决定很不理解，产生强烈的不满情绪。于是，我们安排德育主任协同班主任董波老师做好学生的思想工作。第二天，学生参加完期末考试后没有离校。下午初中南部学区在七中召开大学区的学期初工作会议，我和刘兵书记要一同参加会议。

下午一点钟，当我和刘书记下楼准备乘车去开会时，我看到有些学生三三两两聚集在操场东侧足球门旁，也没感觉什么特别。当司机缓缓开动车时，发现聚集的学生们开始快速向学校大门走去，随机排列成一横排站在了大门前，当我的车来到大门时，他们仍然站在那里不动拦住了我的车，当时我忽然间明白了，这是学生们因为不满意拆、分班而作的“拦车请愿”。于是，我迅速下了车。

我问：“同学们，为什么拦车呀？你们有什么事情吗？”

一个女学生情绪有些激动地回答：“校长，我们不同意拆我们班，我们要跟您对话！”

“你们选出代表吧，我们谈一谈”。

“我们班就是一个整体，所有的同学都是代表，我们要跟您一起谈。”说话的同时学生们并没有将路让开。

我一看这局势，转过身对刘书记说：“你去开会吧，我跟同学们谈一谈。”

“同学们，我们一起到会议室去谈吧！”就这样，我带领身后的几十名学生来到了学校的大会议室。

当同学们在大会议室坐下之后，我便坐到了会议室主席台上讲桌的位置，我面对的是高三二班全体同学，与此同时，各班级的班主任老师也闻讯陆续来到了大会议室。我对全体同学说：“同学们今天拦住我的车，要跟我对话，我表示欢迎！下面我可以回答每一位同学的提问。”于是开始了我与同学们长达一个多小时的对话。

我的话音刚落，迫不及待的王爽同学就站了起来："校长，为什么到高三还分班，为什么拆我们班？"

"我们这次分班的原因是因为由于各种原因造成学校教师不够，为保证同学们高三备考的最优化才决定要分班的。至于为什么拆你们班？主要是由于你们班主任董波老师的身体原因致使她不能继续带你们到高三毕业，所以才想拆你们班。"

"校长，这是你们学校三年前的招生简章吧，这上写的是师资力量雄厚，现在怎么缺老师了呢？是不是你们当时欺骗了我们，把我们骗到十七中来了？"王璐同学手里拿着2006年学校的招生简章对我进行质问。

"王璐同学，首先我要对你进行批评，你说：'校长，这是你们学校三年前的招生简章吧'，我要告诉你，你这么说不对，因为你是十七中学的学生，不能说这是你们学校的招生简章，而应说是：'这是我们学校三年前的招生简章吧'；你说对了，没有错误，这是2006年我们学校的招生简章，上面写的师资力量雄厚也没有错误，但在这里我对你的不理解需要作以解释。每个学校的教师都存在着自然更替，也就是老教师到了年龄要退休，新毕业的师范毕业生要加入到教师队伍中来，我想这一点你是能够理解的。按照2006年我校招生时的情况，如果在原有情况不变的情况下，不会出现今天的缺教师状况。但是具体事实是：从2006年开始一直到现在，由于沈阳市教育系统人事制度改革，已经连续三年，市人事局、市教育局未批准任何一个师范毕业生进入教育系统工作。因此，我们的老教师正常退休，而新教师却补充不上来，自然就形成了现在教师短缺的局面。这样一个事实，我作为校长也是无能为力的，只能请同学们给予谅解！但绝不存在刚才同学所说的欺骗了大家！'十七人'不会作出欺骗的事情来。这一点请同学们相信。"

"校长，招生简章上还写了实行小班化教学，现在分完班后，班级人数多了，就不叫小班化了，那又怎样解释呢？"刚听完我解释，王璐又指着招生简章说。

"对于小班化教学同学们应该给予正确的理解，我们所提的小班化教学是一个相对的小班化，不是绝对的小班化。大家可以想一想，再向我们周围所有的省级重点高中和市级重点高中看一看，哪个班级不是五六十名学生，我们即使分完班每个班才三十六七个人，难道与这些学校相比，我们不是小班化吗？"

"如果学校缺少老师，我们班级学生可以集体出钱外聘老师给我们上课，学校找或者我们自己找都可以。"王爽急切地说。

"你的心情我可以理解，但我们是公办学校，即使你们同意，我也是不会同意的，市区教育局更不会同意的。谢谢你的好意！"

"校长，不知道您是否养鱼？事实是这样的，假如我们从班级分出来的学生是鱼缸里的一条鱼，把它放到一个新的鱼缸里，一定会遭到遇到原有鱼缸里的鱼的欺负，您怎么看这个问题？”洪彤彤站起来说。

“首先，我觉得你说的比喻就是一个错误的比喻，因为鱼是没有思维的，而人是有思维的；鱼是没有情感的，而人是有情感的。由于人情感的存在，不会存在像你所说的以偏概全的被欺负现象存在。”

“那好，校长，如果我们被分到其他班级，班主任老师和任课教师会不会对我们另眼看待，不把我们当成自己的亲学生？”洪彤彤接着提问。

“哈哈，你多虑了。我敢说我们的所有老师都不止教了你们这一届学生，他们会公平地对待每一名学生，不会存在厚此薄彼的现象，这一点我是非常相信我们老师的，你不认为是这样吗？难道你们董波老师不公平吗？放心吧，同学们！”

黄文婷站了起来激动地说：“我们班级同学是一个整体，分班硬是把我们给分开，截断了我们同学之间的友谊，你知不知道这是在伤害我们，看到的将是血淋淋的心！”

“我觉得你说得言过其实了，一个分班就能够看到血淋淋的心吗？有点夸张了！我相信我们同学之间的友谊都是真诚的！是建立在信任之上的真诚感情，不会因为不在一个班级就断绝了同学之间的友情，如果那样也太不讲究了吧！就连我国古代描写爱情的词句都给出了答案：‘两情若是久长时，又岂在朝朝暮暮’。我相信同学们之间的友情永远是珍贵的，永远是绵长的。”

说到这里，郑蕊同学站起来说：“校长，我知道您始终坚持民主理校，那么从法律的角度讲，我们作为学生，对于学校分班是不是应该有知情权？而学校分班时没有告诉我们，做完决定后我们才知道，是不是违背了你所坚持的民主理校？同时也剥夺了我们的权利？”

“你说得好！我始终坚持民主理校，没有问题的。我告诉你：‘你们应该有知情权’，因为此次分班是一次非正常的分班，应该让你们知情，但不是所有的分班你们都必须有知情权，比如高中入学后的第一次分班，只有分到班级后你们才会得到结果，而这次你们的知情就在于你们应该知道你们将被分到其他班级，而不是别的什么内容。首先，我们已经让董波老师向你们班的部分同学进行了渗透，否则，你们怎么能拦我的车呢？这证明了你们是知情的。你们已经拥有了这项权利。另外，你们在此基础上，还拥有了决策权，因为分班这项工作还没有进行，我和大家正在一起来探讨和研究这次分班工作，你们在行使争取到的决策权，难道我还不民主吗？”

黄首贺不耐烦地站起来说：“校长，你就给个明确的答复吧。不分行不行？不分最好，如果必须分，怎样分？我认为最好整个年级全部打乱，重新分，拆我们一个班不公平。”

“我可以给你一个明确的答复，答案我已经说过了，那就是必须得分。关于怎样分？你给出了一个方法，我认为是公平的，但是不可能用来操作的。大家都说到了，就拆你们一个班，大家都认为非常痛苦，如果都拆开，重新再分，岂不让全年级学生都痛苦一遍吗？我想同学们都是善良的，还是用你们所谓的'痛苦'来承受，给其他同学一些幸福吧。谢谢大家！如果再没有其他问题，我要说几句了。"

"同学们，刚才大家的问题我都一一作了解答，我想大家是满意的。黄首贺同学说的好，既然必须分，那我说我们就用可以实施的方法来分。你们和我一起通过敞开心扉的沟通，进一步进行了决策。本来今天下午我要参加区里的会议，在同学们的邀请之下留下来，我们一同谈心交流，让刘书记自己去开会了，我倾听了同学们的意见，我很高兴，也很感动。同学们是不是也该为我作为校长能够和同学们在一起平等沟通交流鼓掌呀？(学生鼓掌)"

这时高三一班班主任陈奇老师走到前边，面对全体同学说："同学们，我们作为你们的老师，我们绝不会歧视你们，一定会平等对待每一名同学。你们还有一年时间就高考了，时间很宝贵，再没有时间了，你们班学习氛围不浓，分开了我看是好事，对你们高考有利。校长很忙，请你们体谅校长!"

然后，我接着陈奇老师的话说："那我们就以大局为重，个别问题个别处理，现在请陈占中主任公布分班名单，然后请各班主任将分到的学生带回自己班级。谢谢同学们对学校工作的理解。"

就这样一场分班的风波在经过了一个多小时的沟通与交流中平息了。应该说，这里边有被分班级班主任董波老师的努力工作，更有接收学生的班主任的积极配合，重要的是作为一个校长要勇于直接面对困惑的学生，进行面对面的交流。对于学校而言，在分班过程中失败，形成了"拉抽屉"局面的原因就是出现问题后校长没有直接面对，采取了回避的态度和行为，这在分班工作中是要竭尽全力避免的。

八、原来苤蓝是长在土里的

学农社会实践活动可以培养学生的劳动习惯，提高学生的动手能力，增强对国情和农业的认识，增进对劳动人民的感情，培养学生勤俭节约和吃苦耐劳的精神。

综合实践活动是普通高中实施新课程改革后，由国家规定、地方指导、学校开发的必修课程。设置综合实践活动必修课是基础教育课程体系、课程结构的重大改革，是促进人才培养模式转变、落实素质教育目标的重要措施。

普通高中综合实践活动课程包括研究性学习、社区服务和社会实践三个组成部分，每一部分的实施都需要时间，而对于普通高中来说时间是最宝贵的，所以对于高中的时间管理是最难的事情。要求高中学校必须在有限的时间内将与高考科目无关的课程，而与学生终身发展密切相关的课程妥善科学地安排好，促进学生的全面发展。

事实上，对于研究性学习和社区服务来讲，总体看各学校做得都很好，但在社会各方面对普通高中教育以升学为主的单一评价影响下，以学军、学农、学工为代表的社会实践活动并没有很好地得到落实。然而可喜的是越来越多的家长开始重视和支持学校的社会实践活动了，越来越多的学校已经开始重视社会实践活动了。

不仅家长和学校开始逐渐重视社会实践活动，社会也开始关注学生以劳动教育为代表的社会实践活动。针对学生的劳动话题，《辽沈晚报》记者徐月姣曾随机采访了100位家长，并进行了分析后，于2010年11月18日的《辽沈晚报》A04版发表了一篇题为《教育规划纲要不见‘劳’字——学校安排劳动挺难心》的文章，文章针对“小学生扫除多由大人代劳、学校不给学生安排太多劳动、现在‘劳’的具体内容变了”等事实，列举了专家学者、家长和教育部门的观点。此文的发表堪称是社会关注学生劳动的开始。

我校在2009年暑期与辽阳新特农业园区开展合作，将辽阳新特农业园区作为学校的学农基地，开始了我校学生的学农实践活动。同时学校也成为沈阳市第一批开展学农实践活动的普通高中之一。

学农活动是我校社会实践中非常关键的一部分，是继高一学生军训后的又一次重要的社会实践活动，是高中阶段学习的必修课。通过学农，让学生了解农业生产的基本情况，体会国民经济中农业是基础地位的重要性，培养学生热爱劳动、吃苦耐劳、珍惜劳动成果的思想品质，增进同学间的互相了解和友谊，加强集体主义教育，强化学生的集体、竞争、进取意识；学农也是学生个体自我表现、自我塑造的良好时机，是增强学生自管、自强、自律能力，充分发挥学生的“自我教育，主动发展”的有效形式。

为了保证学农任务顺利、圆满地完成，学校成立了学农工作领导小组，认真研讨学农工作，制定了学农计划、学农纪律、作息时间、评比要求等。使学农社会实践活动做到时间、内容、组织三落实。并要分别召开学农教师会议、高一年级全体学生家长会、高一年级全体学生学农动员大会，使教师人人明确各自的岗位和肩负的责任，使每位家长知道应如何配合学校，教育、鼓励自己的孩子在学农实践中锻炼成长，使每个学生做到心中有数，积极努力完成学农任务，争当学农积极分子。

我们还召开了高一年级各班班长、团支部书记、宣传委员、卫生委员会议，要求各位学生干部在学农中积极配合班主任老师搞好集体活动、团组织生活、宣传报道、卫生内务等工作，使学生干部增强责任感，在学农中自觉锻炼和提高工作能力。让全体老师、学生及家长都明确了学农的目的、意义和要求。

学校抓住学农的教育契机努力提高学生的综合素质。学农活动是素质教育的重要途径之一，是学校德育工作的有机组成部分，是学校课堂教育的延伸，更是学校进行德育最好的契机。学农是让学生走出课堂、走向社会、服务社会，接受社会生活的教育。为此，我们努力做到学农实践活动的“三个结合”，加强对学生的教育。

学农实践与研究性课程相结合。在学农前，相关学科教师布置了有关学农社会考察调查课题，倡导学生在老师指导下，尝试关注“三农”的问题，亲身感受改革开放30年农村发生的巨大变化，通过农田劳动和参观考察，识五谷、认蔬菜、辨花草，了解传统农业和现代农业的区别，认识科技对农业的重要性，扩充课堂教学内容，将书本中学到的知识与现实生活中的事物进行对照，实现理论和实际的辩证统一，并在实践中汲取人文体验、生态发展、环保意识、水土保持、地理方位等综合的社会知识，进行研究性学习，拓展知识面。

学农实践与思想教育相结合。虽然学农活动时间短，但对学生来说是高中三年学习生活中的一次难得机遇和人生历程，对于帮助他们树立正确的世界观、人生观、价值观有着重要意义。学农实践活动，也是学校进行德育的良机，因而我们把思想教育作为学农实践活动的重要内容，并贯穿于整个实践活动中，始终着眼于学生思想道德和劳动观念的培养，提高学农实践活动的思想性、教育性，并将参加社会实践活动的表现作为评价学生素质的一项重要内容。我们抓住教育契机，向学生提出“六个一”的目标要求，即通过学农实践活动要培养一种习惯（劳动习惯）、一种能力（动手能力）、一种认识（国情、农业的了解认识）、一种感情（热爱劳动和对劳动人民的感情）、一种责任（关心国家、集体和他人的责任）、一种精神（勤俭节约和吃苦耐劳的精神）。

同学们在编草篓

学农实践与学生自主管理相结合。在学农中倡导学生自我管理，充分发挥学生主体作用，强调自主化团队的理念，让学生在踏入学农基地的那一刻起，就时刻牢记自己是集体的一员，要有为集体争光的思想准备，要牢记自己是十七中学的学生，要为学校争光，要展现十七中学学生的风采和精神面貌。同学们时时刻刻以学校集体的荣誉为重，不论是在劳动中，还是闲暇之余，他们都严格要求自己，努力做到最好，呈现出团结协作、友好助人、认真学习、不怕苦、不怕累的精神面貌。

德育处组织学生成立了学生学农自主管理委员会，负责对一天学农的日常管理检查反馈，对集合、就寝、内务、纪律、劳动、学农日记、社会调查等项目进行检查、评比、反馈。寝室有寝室长，负责寝室内务卫生、作息纪律以及生活上的互帮互助等，每天内务评比、纪律检查；就餐有桌长，负责分好饭菜、管理就餐纪律、清理餐桌等；学农日记的收发工作、班级文艺节目的排演等一些琐事，都是学生在严格遵守学农纪律的情况下，自我组织、自主管理的。不仅激发了学生学农劳动的积极性，还培养了学生自我教育、自我评价、自我管理的能力。

同学们在上编织课

通过学农实践活动，老师们发觉同学比过去更懂事了，他们在思想作风、行为规范、集体观念、学习态度、师生关系等方面都有较大的变化。

通过学农劳动，我体会到了农民劳动的艰辛和收获的喜悦，不仅学会了劳动技术，学到了课本中学不到的知识，陶冶了情操，丰富了视野，磨炼了意识，培养了良好的劳动习惯，更学会了同学之间相互关心、团结协作的精神，增强了班集体的凝聚力。

——高一一班　管鑫

在这三天的学习中，我不仅学到了知识，而且还有物质收获，真实不白来啊！这一次的学农将成为我高中三年之中一个值得记忆的片段。

——高一四班　常婧琦

这三天的学农让我们从在家中的娇生贵养转变成现在的独立、自主，我很高兴自己有这样的转变，不再依赖父母，不再只为自己着想，懂得了为别人多想一想，多做一些，为了集体的荣誉而努力。

——高一三班　刘旭

三天学农生活的影响将是久远的，我们学会了在艰苦中寻找快乐，在努力中寻找收获，在相处中学会真诚。我们从学农中学到的本领、知识，将会让我们终生受益。我会把“不怕苦、不怕累”写入我今后的人生字典中，时时刻刻对自己严格要求，用高标准来衡量自己。

——高一五班　唱鸽

学农社会实践活动可以培养学生的劳动习惯，提高学生的动手能力，增强对国情和农业的认识，增进学生对劳动人民的感情，增强学生关心国家、集体和他人的责任感，培养学生勤俭节约和吃苦耐劳的精神。

学农社会实践活动有利于促进学生自我教育和自我管理能力的提高，加快“自主性”学生文化的形成。

下面是高一一班袁千乔同学的学农感受《原来苤蓝是长在土里的》

原来苤蓝是长在土里的

时间如弹指之间，一眨眼的工夫，为期三天的学农生活已经结束了。虽然说三天的学农时间是短暂的，但也教给了我们许多平时学不到的东西：什么是团结，什么是独立自主，什么才是真正的成熟。这三天将和军训一样，成为我们一生中最宝贵的财富。

迎着凉爽的风儿，踏着轻快的脚步，我们来到了辽阳新特农业园区，开始了为期三天的学农生活。凭着先前对乡下的印象，总以为农村生活属于“狗吠深巷中，鸡鸣桑树颠”的悠闲的田园生活，到了基地才知道想象与现实的不同。初来乍到，一切对于我们来说都是那么的新鲜：举目四顾，到处都是茂盛的田地，占地辽阔的蔬菜大棚和实验基地，还有那只靠苍蝇就可把人赶出去的旱厕……体验真正的农村生活和“粒粒皆辛苦”的真正含义。

在此次学农活动中，第一天就充满了汗水——拔苤蓝，原来苤蓝是这样长在地里的（这是我的第一收获），在广阔的田野上，两人一垄收获着蔬菜，挥洒着汗水，亲身体验了一把“面朝黄土背朝天”的感觉。与此同时，我们还体验到了集体的力量之大，偌大一片田地，在我们的努力下在不知不觉中完成。看着收获完毕的田地，这是对我们的肯定。

第二天，我们在闷热的大棚中完成了叶菜的移植，在双手碰触到农具的一瞬间，一股熟悉的感觉涌遍全身，我们重新拾起了炎黄子孙的土地情怀，在老师的帮助下学会了翻土、起垄、种植……挥舞一下锄头、挑一下箩筐，每个人都很开心。同时我们见到了许多前所未闻或者只从图片、电视上看到的植物，有大片大片叫不出名字的高大乔木，有碧绿碧绿的鱼塘，在这里，我们感受自然。

学农中最让人感动的就是老师和同学之间的彼此照顾。不管是老师、班干部还是普通的同学，在身边同学遇到困难时都能主动伸出自己援助的双手：天气寒冷时衣物更换的提醒，身体不适时的体贴关怀，心情不快时的促膝交谈，手头拮据时的慷慨大方……一切都是那么的自然，每一个微小的细节，每一句关心的话语都见证了我们的成长。

正是这一点一滴的学习过程印证了我们正慢慢长大、慢慢成熟。

很快，学农的三天已经结束。在不舍中我们离开了基地，基地没变但我们变了，我们团结、独立自主、成熟，我们会把学农时体现出来的品质和精神投入到日常的学习生活中。学会真正的不怕苦不怕累，坚持到底就是胜利！

——高一一班袁千乔

九、架起心灵沟通的桥梁

一个快乐的人一定是一个心理健康的人。让每个学生以健康的心态面对紧张而快乐的学习生活是我们每个教育者义不容辞的责任。

当前，我国正处于经济转轨、社会转型的历史时期，社会主义市场经济迅速发展，各种社会矛盾不断出现，竞争的挑战、风险的压力以及忧患意识使很多人感到难以适应，日积月累，也就形成了沉重的心理包袱。这种环境氛围和心理趋向已经影响到了在校学习的高中生。再加上学业负担过重以及外来文化中不健康内容的冲击和社会上不良行为习惯的影响，使一些高中生不同程度地出现了焦虑、内向、孤独、忌妒、厌学、逃课的现象，有的个别学生甚至出现了离家出走、自杀等现象。多种因素的接踵而至都对高中生的心理健康产生了影响，学校必须针对学生的实际情况进行心理健康教育。

国家对青少年的心理健康教育也提出了要求，《中共中央关于进一步加强和改进学校德育工作的若干意见》中指出："要积极开展青春期卫生教育，通过多种形式对不同年龄层次的学生进行心理健康教育和指导，帮助学生提高心理素质，健全人格，增强承受挫折、适应环境的能力。……通过谈心、咨询等活动，指导他们处理好在学习、成才、择业、交友、健康、生活等方面遇到的矛盾和问题。"《中小学德育大纲》也明确将心理教育作为中小学德育的重要组成部分，学生心理辅导和心理素质的教育日益受到广大教育工作者的重视。

高中学生正处于青年时期，也是他们身心发展的突变时期，心中难免会产生矛盾、困惑和苦恼。若不能及时排解，势必影响身心健康，妨碍全面发展。帮助高中学生排忧解惑，提高心理素质，则是家长及学校、教师义不容辞的责任，也是社会和时代对我们的要求。

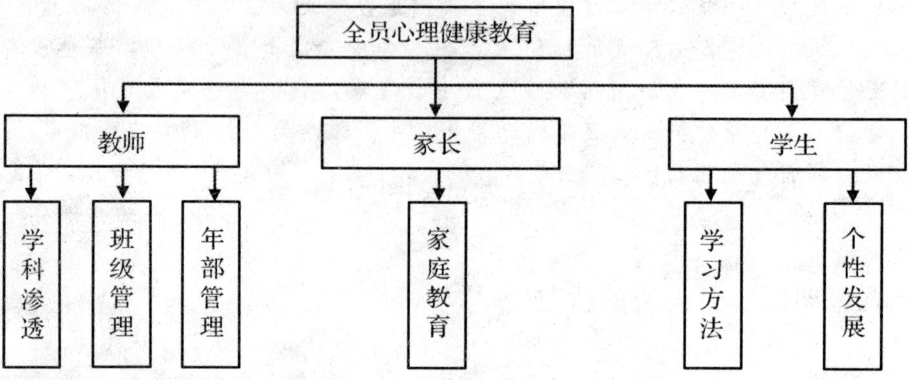

因此学校、教师和家长要善于抓住生活中各种教育机会，有意识地加强学生心理健康的教育，为我们培养的学生走向现代化、走向世界、走向未来建功立业奠定基础。

学校按照德育“三全”育人思想，通过全员、全方位、全过程逐步深入地开展心理健康教育工作。

第一是全员心理健康教育

学校全员的心理健康教育是指：以提高教师的心理健康水平为起点，以提高学生家长的心理健康水平为依托，达到最终促进在校学生的身心全面发展，使其成为人格健全、耐挫折、适应环境的合格人才。

学校始终把课堂教学作为学生心理健康教育的主渠道，主要体现在要求教师要结合课堂教学内容对学生进行健康的心理引导和暗示，通过学科发展史中的事件和人物事迹教育学生形成健康的心理素质；在年部管理和班级管理中，注重学生良好心理品质的培养。为此，学校不断加大对专职心理健康教师培训的同时，加强对班主任和任课教师的培训，使全体教师都具备一定的心理健康辅导能力，为培养心理健康的学生奠定师资基础。鼓励教师在教育教学工作中不断探索心理健康教育与德育、班主任工作以及学科教学相结合的有效途径和新方法。

在教师心理健康的维护上，学校工会定期安排促进教师身心健康发展的讲座与活动，给予教师充分的人文关怀，减轻来自方方面面的压力。通过学校领导与教师的经常沟通交流，给予教师适当的疏导。在学校、年级和班级的日常管理中，我们的班主任、学生导师以及相关的教育教学工作人员主动积极地参与到搭建师生沟通的桥梁、关怀学生心智发展的工作中来。

家庭是与学生成长息息相关的主要环境，学校与家庭相结合的教育对学生的成长是十分重要的，良好的家庭教育是学校教育的有力保障。学校通过家长委员会和家长学校与学生家长保持沟通，对学生家长进行家教指导。

从我校学生家庭的具体情况看，对家长的教育从某种意义上来说要重于对学生的教育。究其缘由可归结为与省级重点高中相比，我校学生家长在文化背景、经济条件等方面是较之有差距的，而且家庭结构不健全的比例偏高，家庭环境的影响已经成为学生出现心理问题的重要因素。某种意义上，个别家长已经成为阻碍学生健康成长的力量，所以必须首先做好家长的教育工作，改善家长的心智模式，使家长能够关心学生，对学生充满正常的希望，既不过高，又不放弃，用支持的态度对待学校的教育，与学校一起为培养学生而努力付出。

通过家长学校让家长能够正确看待高中学生的日常生活和出现的正常情况，不断改善家长教育孩子的态度和方法；通过不同阶段的家长会，指导家长帮助孩子顺利从初中过渡到高中，适应新的学习方法，有针对性引导自己的孩子有一个好的开端；指导家长有目的地观察自己孩子的变化，给予孩子适当的指导，缓解孩子青春期心理上的不安，帮助孩子调整情绪，解除烦恼和郁闷，避免由于这个时期孩子的一些心理、生理变化造成与家长的隔阂，促进良好亲子关系的形成与发展。

学生的身心健康成长是学校教育的目标之一。我校在对学生心理健康教育上着重于学生人格的完善和帮助学生掌握科学的学习方法，促进其学业发展。我们的学生进校时已不是一张白纸，他们的个性已初步建立，因而我们把人格完善作为心理健康教育的目标之一。

我们通过班主任的日常工作和丰富多彩的校园生活渗透人格教育，开阔学生的心胸，培养学生的合作和创新精神；锤炼学生的意志和对挫折的承受能力。通过学科教学，减轻学习成绩给学生造成的思想负担，帮助学生改进学科学习方法，以促进学生学业水平的提高。

第二是全方位心理健康教育

实际上，心理健康教育并不是一件简单的工作。它需要渗透到校园生活的方方面面。我校通过构建全方位的学校心理健康教育环境，建立了心理健康教育常规工作体系。

首先，建立全体学生的心理档案，了解每一位学生的心理发展现状，便于一旦学生出现心理问题能有一个整体把握，并及时与班主任和科任教师交流，研究制定教育方案。通过建立问题学生的心理档案，给予其特殊的关注与更多的关怀，及时帮助他们排解困扰。

其次，通过高一、高二年级隔周一次的心理健康教育课程的开设，讲授心理健康知识，疏导学生产生的心理问题，提高学生的心理健康水平，促进学生个性健康发展，增强其社会适应能力。另外通过心理讲座和心理专栏普及心理健康知识，提高师生自我心理健康维护的能力，帮助改善其内部心理环境；通过校刊、校园网和橱窗等渠道介绍心理教育和自我提升的方法，帮助师生成长。

再次，以心语室为心理健康教育工作基地，充分发挥装修典雅的心语室内的接待室、个案室、团训室、发泄室、涂鸦墙以及现代化的音响、数字电视、

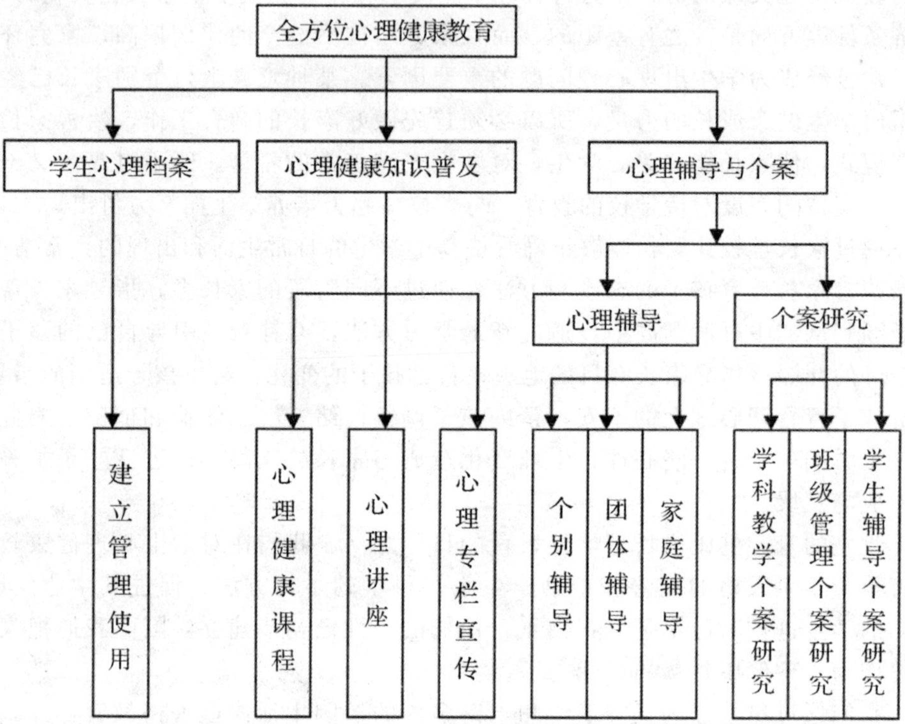

宽带网络、图书等设施设备的作用，开展心理辅导活动，进行心理个案研究。以北京师范大学辅仁心理咨询公司为学校提供的心理健康教育的智力支持为依托，对师生个人进行个别辅导，对同质问题群体进行团体辅导，对家庭教育中的问题进行家庭辅导。注重学科教学心理个案、班级管理、心理个案和学生心理辅导个案的研究，保证了学校的心理健康教育工作卓有成效地开展。

第三是全程心理健康教育

心理健康教育要根据高中学生的心理发展规律，实施贯穿于整个高中三年的心理健康教育，根据学生年龄阶段的不同实行重点各异的心理健康教育内容，促进学生健康成长、健全发展。

高一年级以入学适应心理调适为主，辅之以学习心理、人际交往心理的调适，使新生能够尽快完成“初高过渡”，适应新的学习生活。

高二年级以青春期心理调适为主，辅之以成功与挫折心理的调适，帮助学生建立健康的人生观念，学会理性地爱与被爱，提高学生的心理耐受力。

高三年级以升学择业心理调适为主，辅之以考试心理调适，引导学生进入高考备战状态，保持平衡心态，减轻高考前的心理压力，积极备考，并做好人生规划。

高中学生是一个心智相对成熟的群体，他们复杂而多变，敏感而矛盾。要

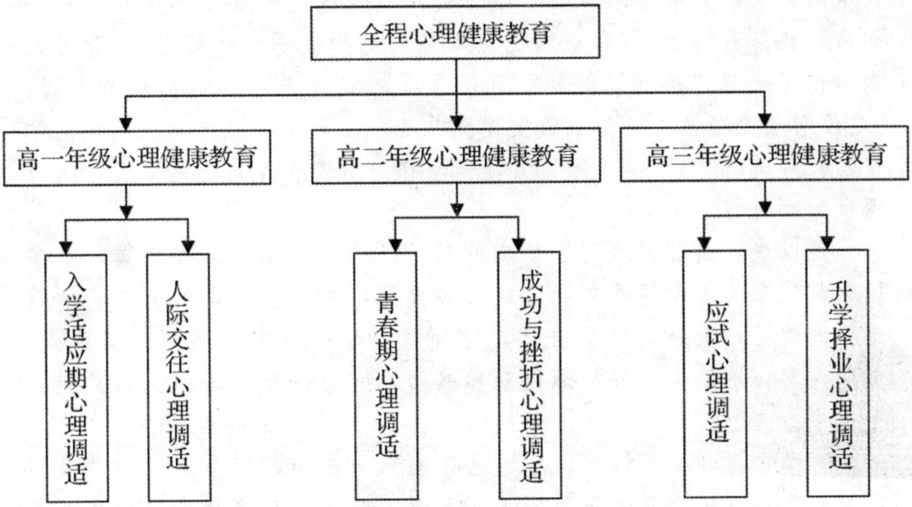

开展好高中阶段的心理健康教育工作不能龟缩在心理咨询室里，而应该从小小的咨询室走出去，结合学校教育教学工作的实际情况，了解学生、教师和家长的现实需求，取得学校方方面面的力量的支持，渗透到学生校园生活的各个角落，营造一个统一和谐的心育环境，以推动学生个体及其家庭乃至学校的共同成长。

由于学校在心理健康教育工作中，思想重视，方法得当，措施到位，培养了一支具备较好心理健康教育素质的专兼职教师队伍，取得了较显著的成绩，实现了学生的培养目标，学校被授予“辽宁省心理健康教育先进单位”的光荣称号。

在教学中我发现，现在的学生很容易发现别人的缺点或错误，而对别人的优点却不太在意甚至忽略。为了让学生说出别人的优点，也为了让学生接受别人的赞美，我设计了一堂《真诚的赞美》的活动课，让学生体验被人赞美时的感觉，使学生学会采用真诚的赞美来处理人际关系，增进同学之间的友情。

由于这节课是活动课，我希望每名同学都参与进来，所以，每个接受赞美的人都要站到讲台上，由同桌先对他表达赞美，其他学生依次表达自己真诚的赞美，先想出来可先说，后想出来的后说，但是全班每个人都要说出自己的赞美的话，也可以配合表示赞美的动作或表情。最后再由接受赞美的人说出自己的感受和心情，并谈谈这次活动对自己今后的人际交往有什么触动，有什么打算？

就是这样的一节课，却给我留下了深刻的印象。

那天的课开始进行的都很顺利，直到一个女生站到讲台等待接受大家的赞美，先由她的同桌开始赞美，可是她的同桌站起来却没说一句话，我笑着问她："同桌的优点太多，不知道说什么好了吗？"可是她却说了一句"我不了解她"就坐下了。我先是一愣，然后马上说："这位同学很谨慎，不想很随便地赞美别人，那让我们接着听其他同学是怎样赞美的吧！"接下来，其他同学都纷纷表达着自己的赞美，这节课也继续进行下去。

可以说，这节课达到了预期的目的。同学们都收到了赞美，很多同学都说今天才发现原来我有这么多优点，自己在同学们的心目中是这样的美好，重新认识了自己，增加了自信；原来真诚地赞美别人，被别人真诚地赞美是那样地快乐和感动，好像彼此之间的关系又亲密了很多。

可是，我却并不快乐，总觉得心里沉甸甸的，那个同学的"我不了解她"一直压在我心里放不下。下课的时候，我悄悄地把她带到了我的办公室。我先让她坐下，然后对她说："怎么了，最近心情不好，有什么烦心事和老师说说吧！"她坐下后开始了我们的对话：

学生："我和我同桌还有另外一个女生的关系一直挺好，每天下课都在一起，吃饭也在一起。她们俩是亲戚关系，我总觉得她们俩的关系比和我要更近一些。最近，她们俩总是在背着我说什么，我问她们，她们又说没有，我就很生气了。经过了几次，我现在干脆不理她们了。她们主动和我说话我也不理她们，现在她们也不理我了。我周围的同学和亲友都说我小心眼，有时我也觉得是自己太敏感，可我还是禁不住要那么想，越想就越生气，我自己也很苦闷、很孤独，看到别的同学在一起开开心心的，很羡慕，但却不知道该怎么办？"

老师："你真的听到她们俩在背后说你吗？"

学生："我也不确定，但我想差不多是。"

老师："这只是你的想象，没有根据啊！你说她们是亲戚关系，也许她们是背着你说自己家庭中的事呢？再说她们的亲戚关系，近一些也是很正常的，可是你们的友谊也是一样啊，你要对自己有信心，是完全可以融入她们之中的，毕竟你们总在一起。"

学生："有时我认为她俩不喜欢和我在一起。"

老师："可她们还是先找你说话，是你不理她们的呀？"

学生："我就是认为她们背后说我坏话，可她们却不承认。我特别生气。"

老师："友谊是建立在相互信任的基础上的，不能总是互相怀疑，应当安慰自己不要在意别人说什么，这样就可以解脱自己了。你怀疑他们，你的心情也不好啊，直接影响你的学习和生活。你看这节课，你都没有正常的状态，那么在其他老师的课堂上也会心不在焉的，这对你的影响该多大啊。其实你们本来没有多大矛盾，只要把误会解开就好了。把自己的心态放平和了，主动和同学去化解误会，你们还会成为好朋友的。”

学生：“那我主动和她们说话吗？”

老师：“对啊，误会是你引出来的，你就得先出面解决它。以后无论什么时候心生猜疑，都要冷静地思考，如果思考后疑惑还在，就要进行推心置腹地交谈，若是误会了，可以及时消除；如果证实猜疑并非无端，那么心平气和地讨论，也有可能使事情解决在冲突之前。千万不要把小误会变成大矛盾，到最后无法挽救，那么你可能会因此失去知心朋友而追悔莫及。”

学生：“老师，我懂了，我这就去和她们谈，我不想失去这两个朋友。”

通过这件事，让我认识到，在课堂教学中，不能单纯地为完成教学任务而上课，还要注意观察每位学生的言行表现，看他们有哪些异样之处，也许就是这些情绪的起伏变化，暗藏着他们的矛盾与困惑，只有及时地帮助他们解决，让他们尽快地从消极情绪中走出来，才能健康快乐地学习和生活。

——摘自吉晓菲老师《教学感悟》

十、老师，我们永远爱你！

感恩意识是需要培养的，学校要引导学生逐渐养成感恩的心态和习惯，使感恩成为自觉的思维意识和行为习惯，要对他人、对社会、对自然常怀感激之心和致谢之情。教育学生要在个人条件允许、符合社会规范的情况下报恩和施恩。

“老师，我理解你，我知道你是对我们好，我爱你！”

听完学生的这句话后，在沈阳市十七中学毕业典礼的现场，数学老师安宁突然转过身去捂住了脸，然后猛甩双手，泪水从指尖上飞溅而出。

随后，学生们都拥了上去，紧紧地抱住了老师，还有人用纸巾为老师轻轻地拭去了泪水。

半晌，安宁老师才稳定情绪，向记者陈述，“这三年来，我对他们要求十分苛刻，看到有不认真学习的就狠狠批评他们。”

为此，学生们对安宁老师也非常有意见，而安老师也以为学生们并不知道他的苦心，他就这样一直默默地承受着不解和埋怨。有时候他甚至想算了吧，批评别人也没啥好处；但又有一种信念告诉他，必须对学生负责，就这样他一直坚持自己的原则。

然而就在这分别的时刻，那些被他经常批评的学生突然对他说出了这句贴心话，瞬间，这位七尺男儿泪流满面，“我实在受不了了，我都不知道该说啥！”

——摘自2008年6月11日《辽沈晚报》A12版

人们常说：男儿有泪不轻弹。但是学生的一句“老师，我理解你，我知道你是对我们好，我爱你！”让我们的老师落泪了。

那是千日苦口婆心换得的结果，是无怨无悔付出的回报。

当学生们跟我说：“葛校长，我跟您照张相，好吗？”我都会开心地回答：“好的”，每年的毕业典礼我都会在不断地说：“好的”。

那个时刻，我是激动的，我是快乐的，我和我的老师们一起在享受着教书育人的幸福。

毕业典礼上，学生代表唱起了给老师的歌《永远的诉说》：

每一次迎来晨光送别日落/知道你的祝福还在陪伴着我/每一次我一感到胜利在握/就会听到你的话：还有一搏/再一次全体起立向你致敬/再一次听说：同学们请坐！/再一次请你帮我做出人生选择/再一次共同唱起未来的歌/亲爱的老师你不会寂寞/千万个生命因你而蓬勃/共同的辛勤就是共同的收获/永远感激就有永远的诉说。

我知道：学生的诉说，是教师辛勤耕耘的最大收获。孩子们长大了，懂得了老师，懂得了感恩，懂得了做人。

这一刻他们没有忘记，三年来老师们在学业上的教诲；他们没有忘记，三年来老师们在生活上的关爱。他们感恩，他们祝福，他们不舍……

每当置身于师生离别前那感人的场面，我都会深深感觉到：教育是用激情播撒爱的事业。正是我们的教师对事业的激情，对学生的真爱，换得了学生的成长与发展。

这是高三二班班主任王彩虹老师在毕业典礼上《放心去飞》的激情。

“终于还是走到这一天，要奔向各自的世界，没人能取代记忆中的你和那段青春岁月……”

当熟悉的旋律在耳边奏响，当曾经的记忆在眼前重现，我知道：

一叶扁舟轻帆卷，我们要向过去说 bey bey ……

细数走过的日子，有过些许烦恼，但更多的是充实和快乐！军训上有你们勃发的英姿，赛场上凸现你们矫健的步伐，舞台上传来你们迷人的歌唱……还记得那阳光遍地，也记得寒风又苦雨，无论是快乐抑或失意，最温暖美好的友谊。

还记得吗？那一次你不打招呼的逃了一节晚课，在班风纯正的情况下你唱了一次反调，暴怒情急之下我让你在操场上反思，站在楼梯口透过玻璃窗我看到疲乏的你，知错的你，泪水流到心里面；还记得吗？那天我生日，那个清丽的早晨，你捧着黄色玫瑰的大蛋糕，抱着欲滴的鲜花，透着我钟爱的紫色，我说，你就像鲜花，永远开在我的心上；还记得吗？那一天，你的情感出现波动，你觉得整个世界一团糟，我给你买来了你喜欢的午饭，和你海阔天空的谈。那一刻，你哭了，我哭了，我们都哭了……还记得吗？考试失利之后，你执拗的在操场上投篮，无视学校的纪律，我给你讲述曾经的自己，曾经的挫折，最后塞给你一块糖，你甜甜地笑了，从此你的成绩飞速提升；还记得吗？那次我病了，你买了水果，陪着我打点滴，一只手一直握着输液管，怕我嫌凉，后来我才知道你当时也生病了；还记得吗？你陪我走在回家的路上，我因你课上不注意听讲，对文科的淡漠而踹了你一脚，懂事的你笑着回头说了句“谢谢”；还记得吗？高考在即，老父病故，身心疲惫的我回到学校几天看不见你的身影，盛怒的我叫来你指着鼻子大喊“毕业后再也别让我看见你”。你说你错了，你说老师毕业时我给您跪下……太多的过往，太多的你，你听懂了吗？你知道我说的都是谁吗？

问纯为何物？——莫过师生情！

走过了坎坷，走过了艰辛，走过岁月流成的河，在河里行舟。失败和挫折是暂时的，只要你勇于微笑；误解和怨恨是暂时的，只要你达观待之。

大海茫茫，百舸争流，不拒众流，方为沧海！

泰戈尔说，无论黄昏把树的影子拉得多长，它总是和根连在一起，无论你们走得多远，我们的心总是和你紧紧相连。

“当离别拉开窗帘，当回忆睡在胸前，要说再见真的很伤感，只有梦依旧香甜……”

喜欢唱歌的我，喜欢做诗的我，此时此刻，却觉得所有的语言都那样苍白，我要用三句最质朴的话语表达我此时的心情。

第一句是：你们毕业了，我会想你们！

第二句是：你们毕业了，我会想你们！

第三句是：你们毕业了，你们会想我吗？

自信人生二百年，会当水击三千里！让褪色的过往植为道边的灌丛，续足你的心力和体力，走向生命的又一片新绿！

——摘自王彩虹《放心去飞》

学校要给学生提供最适合的教育，让每名学生都成人是我们的理想，毕业典礼体现了学校对学生的重视，可以激发学生的荣誉感和责任感，可以让他们懂得感恩。以一个庄严隆重的毕业典礼对学生进行高中阶段最后一次感恩教育，会让他们终生难忘。

感恩意识是需要培养的，学校要引导学生逐渐养成感恩的心态和习惯，使感恩成为自觉的思维意识和行为习惯，要对他人、对社会、对自然常怀感激之心和致谢之情。教育学生要在个人条件允许、符合社会规范的情况下报恩和施恩。

我校把感恩教育作为学校德育的一个重要组成部分，目的就是要培养学生感恩的道德意识，从认知层面、情感层面、实践层面，通过行之有效的措施对学生进行识恩、知恩、感恩的教育，让学生知恩于心，感恩于行，能用实际行动来报答父母，回报师长，报效祖国，回馈社会。

毕业典礼给学生的心理影响是巨大的，同时，也给教师的心灵带来震撼。学生的感恩之情激发了教师们的自豪感，并进一步感受到自己肩头的教育责任。

清晰地记得2007年9月的一天，我在高三五班上课时，发现一名女生（刚刚分完班，还不知道她的名字）并没有认真听课，而是在座位上专心致志的玩弄着一把小木梳，见此情景，我灵机一动，随手在黑板上写下了一道非常简单，但却最能反映那节课重点的小题，希望通过叫她回答这个问题来吸引她的注意力，然而出乎我意料的是，她站起来后，却理直气壮地只说了一句："我不会，你别叫我！"当时的我，在一瞬间思维似乎停滞了，脑中一片空白，我真的难以相信眼前的情景，多年的教书生涯中，我还是第一次遇见一名学生会用如此无礼的语言及强硬的态度来回应我。我愣了片刻，继而以平和、关切的语气问："我让你回答这个问题的目的你清楚吗？我是希望你能够认真听课"。她却全然没有领会我的意图，继续以蛮横的语气对我说："我就这样，不用你管我！我从来就没有听过课，我听不听课跟你没有关系，你不用多事了。"

听到这一番话，我的内心很不是滋味，无论如何我都不能理解我让她认真听讲、好好学习怎么还多事了呢？难道我对每一名学生的倾力付出、尽职尽责还是错误的吗？那一时刻，我不知该如何说，该如何做，只是定定地站在那里，所有学生的目光都定格在了我的身上，瞬间空气凝固了，时间也随之停止了，我听到的唯有自己内心的焦虑与叹息，但是我知道还有无数双渴望知识的眼睛在等着我，于是我努力地平缓着自己的心绪，平静地对全班说："我们继续上课。"

上完课后回到办公室，谈及此事时，我才从办公室其他老师的口中得知："这名学生叫××，是一个很有个性的学生，她厌恶学习，对什么事都漠不关心，谁说顶谁，连班主任也不放在眼里。"

听到这些我的心有些凉了，但是我不想放弃任何一名学生，于是我苦苦思索着该如何去教育这样的学生，是直截了当的找她交流，还是通过日常的接触来慢慢地感化她？再三权衡后，我决定选择后者。

于是，第二天上课时，我一边讲课一边注意着她的举动，结果发现她并不是整堂课都不听讲，于是我就打算从她偶尔听课的几分钟入手，作为我们交流的突破口。

功夫不负有心人，三天后的一堂课上，我发现她对于这节课的内容特别感兴趣，注意听讲的时间也相对较长，从她专注的眼神里我看到了希望，也给自己增添了动力，我试探着提问了她，结果她回答得非常好。于是从此以后，每堂课我都细心地关注着她，每当我发现她的眼神里充满自信时，我就提问她。慢慢地，她不再厌恶数学了，并且能够和同学们主动地探讨数学题了，看到她的转变，我由衷地感到欣慰。尽管我们每次相遇时，她依然把头扭到一边；尽管每次她意会到我发出的问候时，依然毫无理会。可是当我看到她在课堂上专注学习的眼神时，当我看到她快速提高的成绩时，我依然无比的满足与喜悦。我们之间这种特殊的交流，就这样一直持续到她高中毕业。

难以忘怀的是那一年的毕业典礼。当我们每一位教师与毕业生拥抱告别时，我真的没有想到她能主动地张开双臂紧紧地抱住了我，痛哭流涕地对我说："老师我错了，您原谅我的无知好吗？我那样对您，您都没有放弃我，我数学考79分（自己估的），全都是您让我取得了今天的成绩，我不知道我该如何报答您，我一辈子也不会忘了您对我的关心，对我的鼓励！老师我只想对您说，您也要保重身体，别累坏了，您要为您的学生们保重身体啊！学生们需要您！"听到这些，我再也无法抑制眼中的泪水了……

多年后我依然无法忘怀那一天的情景，每当我在工作中遇到挫折时，每当我与学生交流遇到困难时，每当我心生倦怠、停滞不前时，我的耳畔都会响起那名学生的声音，她的那一番话让我深刻地体会到了师生之间的一片真情，让我真切地品味到了被理解时的一份甘甜，同时也更坚定了我的信念，无论有多苦多累我都会在教育事业上孜孜不倦、奋勇前进，因为无论我付出多少，当我面对着学生们那一双双关心的眼神时，我都会觉得我的付出，值得！

——摘自安宁《难忘的一天》

目前，一年一度的毕业典礼已经作为学校文化建设的重要组成部分。为达到理想的效果，每年毕业典礼的安排都力求独具匠心，无论是会议的主题、程序，还是典礼的背景音乐等细节都渗透着十七中学“敢为人先，勇于创新”的精神。我们力求毕业典礼隆重、热烈，给每一位师生、家长留下终生难忘的美好记忆。

沈河区主管教育的徐爱秋副区长看到《辽沈晚报》对2008年我校毕业典礼的报道后，在报纸的空白处做出了批示：十七中学的做法很好，体现了师生之间的深厚感情，值得区内各学校学习和借鉴。

十一、让艺术之花开满校园

学校艺术教育的作用就在于培养学生具有正确的审美观和欣赏美、鉴别美、创造美的能力，塑造健全人格，陶冶高尚情操，发展个性，促进学生的全面发展。

教育的根本任务是培养人。

对于培养什么样的人是作为校长应该把握的方向，对于这一点国家十分重视，近些年的会议和相关文件曾多次提及。《国家中长期教育改革和发展规划纲要（2010—2020年）》指出：“坚持全面发展。全面加强和改进德育、智育、体育、美育。……加强美育，培养学生良好的审美情趣和人文素养。……促进德育、智育、体育、美育有机融合，提高学生综合素质，使学生成为德智体美全面发展的社会主义建设者和接班人。”进一步强调德智体美是一个有机整体。

在现实中，人们对学生要德智体全面发展的提法没有异议。但在教育中要给“美育”以独立的地位，却众说纷纭。

教育的基本社会职能有两条：一是通过教育活动使受教育者接受知识和技能；二是传授一定社会所需要的思想意识、道德规范、生活准则。对于个体的人来说，教育同时也是满足人类身心发展和审美情趣的需要。德育、智育、体育、美育都是作为社会主义全面发展教育的组成部分，共处于一个统一体中，担负着不同的任务。把思想品德教育寓于美育之中，可以塑造心灵美；美育能够开拓学生的视野，吸引学生去探索真理的奥秘；美是体育所追求的目标，体育运动本身就包含着美的因素。而最根本的是，美育可以健全人格、完善人生。

理想的教育就是德智体美全面发展的教育。但在学校教育中，重智轻德不要“美”的情况大量存在。智育被极为重视，德育被高度强调，但美育往往被忽视。普通高中在高考的重压下，学校美育的重要渠道艺术教育很多时候成了“被遗忘的角落”，正常的艺术教育课程被删减的现象时常出现，这是对教育理解的偏颇，是对真正教育的一种亵渎。

缺乏基本的艺术知识和技能的教育不能称为真正的教育，没有艺术的教育是不完整的教育。

学校艺术教育的作用就在于培养学生具有正确的审美观和欣赏美、鉴别美、创造美的能力，塑造健全人格，陶冶高尚情操，发展个性，促进学生的全面发展。

我始终强调我们的艺术教育要通过开好音美课程、校园艺术化、办好艺术节三个方面来强化，把艺术教育和德智体放到同等重要的地位并在素质教育中得到全面的落实。真正实现科学使人求真，人文让人求善，艺术教人求美。

实施新课程改革以来，我们严格按照教育部的有关规定，开齐开足了所有艺术教育课程，积极开发艺术学科校本课程，保证学生艺术6学分的学习，音乐欣赏、美术欣赏、硬笔书法等课程深受学生的欢迎和喜爱。

另外，学校为选择艺术方向的学生开辟绿色通道，满足学生和家长的需要，在校内为艺术特长生进行专业的辅导，保证艺术特长生的特色发展，使他们能够考入理想的艺术院校，实现他们对艺术追求的梦想。

环境育人是我们耳熟能详的一句话，就是说学校的校园环境对学生的教育起着至关重要的作用，学校的艺术教育绝不能忽视校园环境建设，要通过校园环境艺术化实现对学生艺术的熏陶，实现育人的目的。

校园环境艺术化是学校美育大环境建设的重要组成部分，是全面推进素质教育的必然要求，也是社会主义精神文明建设的重要组成部分。实施中小学校园环境艺术化工程，不能孤立进行，要与学校文化建设紧密结合，要充分利用校内环境，构建良好的文化艺术环境。

学校的跨越式发展得益于学校环境艺术化建设，几年来，我们认真实施中小学校园环境艺术化工程建设，努力以学生发展为本，营造一个“以美促德、以美益智”的育人环境。

我们在实践中感觉到：校园环境艺术化的内容包括硬环境和软环境建设两部分，硬环境和软环境两手都要抓，两手都要硬。硬环境建设指的是校园物质文化建设，包括学校标志性建筑、大门、围墙、雕塑、操场、教学楼、亭廊文化和生活区的设计及学校绿化、美化、净化、文化等内容。软环境建设指的是学校的精神文化建设，包括学校的教育理念、办学方略、校风、教风、学风等等。

学校加强校园环境艺术化建设要融入学校整体发展规划之中，融入学校整个管理之中，把校园艺术化建设与学校的文化建设有机地结合起来。只有这样，才能使校园艺术化实现美育的效能，才能承载起教育学生的深刻思想内涵。

我始终认为教育应该遵循教育规律，遵循学生的发展规律，彰显个性，为学生提供适合的教育。

在准备艺术节的过程中，更应该彰显出学生的个性，使学生享受到成长的幸福。学生会组建的各种社团和兴趣小组（如舞蹈队、合唱团、器乐队、摄影协会、美术书法小组、文学社、诗社等）成为学校艺术教育、学生自主发展的载体，培养了学生自主学习的能力、审美能力和创新能力。

第十八届校园艺术节文艺会演

从历史上看，我校一直十分重视艺术教育，到 2011 年 6 月 1 日学校艺术节的举办已是我校第十八届校园艺术节，每一届艺术节都是学生们自己的节日，都是学生们欢天喜地的盛宴，在两个多月的准备过程中，学生会成员们独立、自由地组织各个项目的预选赛、决赛，学生们公正地评选，设计会演的具体内容……他们在展示中增强自信，在合作中提高，在欣赏中分享，在组织中发展。

当我看到同学们在艺术节演出中那种忘我的投入，积极地参与意识，不服输的劲头，真是由衷的高兴。2011 年的艺术节在高一、高二两个年级 600 人参加的情况下，登台演出的学生达到了 260 人，真是令我十分兴奋和激动。

当最后谢幕时，所有主创人员与全校师生见面时，我已经抑制不住内心的喜悦，跟身边的姜静副校长说："这就是我们要的效果！让想上台的学生都有展示的机会！"

我曾多次就校园艺术节与骆秀兰老师交谈，我问她："凭你多年指导学校艺术节的经验，你认为在艺术节中，学生最爱说的关键词或者是最爱说的话是什么?"她脱口而出的答案："老师，再给我一次机会吧！"她说："这是每一个孩子与艺术节表演失之交臂的时候，向我再一次争取尝试机会时最常说的一句话……学生们对艺术节的喜爱，令我感动，孩子们太可爱了！"从老师和学生的语言中，我不断地深化通过艺术节对学生进行教育的内涵理解。

实际上，在高考竞争压力下，学生的学习压力自然不用说，学生的厌学情绪在不断加大，心理压力不断加大，学生在高考炽热的潮流中原本的自然被扭曲了，它需要一种缓解，需要一种放松，需要一种安慰。由此，进行艺术教育更应该成为一种必然和渴求，它不仅是一种教育形式和内容，更理应是一种热爱生活的表现，还原人的本来面目，是还原教育的本来面目的一种必需。所以艺术教育现在已经超越了教育本身的内涵和作用，而成为一个学校展现生命力之所在。

十二、今天你环保了吗？

环保是一种生活态度，也是一种“世界兴亡，匹夫有责”的胸襟。我们从环保入手，培养学生成为具有社会责任感的大写的人。

2011年1月18日《辽宁省与富山县关于沙尘的共同调查研究》项目总结报告会在凤凰饭店隆重召开，辽宁环境检测实验中心的领导与日本专家参加会议，我带领三名教师和六名学生环保志愿者应邀参加了会议。

《辽宁省与富山县关于沙尘的共同调查研究》是辽宁省与日本富山县建立友好关系以来，在多个领域开展的广泛交流与合作中的一个项目，自1998年以来，在JICA项目的资助下，辽宁省环境保护部门与富山县环境保护部门定期互派专家和研修员，共同开展了多项调查项目。2008年，中国辽宁省与富山县就国际重要的环境问题——沙尘暴，达成了合作意向，并签署了关于沙尘的共同调查研究备忘录。2009年3月起正式开展沙尘特性调查，沈阳市第十七中学的学生环保志愿者承担了能见度监测工作。

2008年12月，学校承接省环保局环境监测项目，这个项目是我省与日本富山县环日本海环境协力中心合作，计划2009年开展一个对我省空气质量监测分析的项目，其中一部分监测数据将要在沈阳市进行监测记录，我校非常荣幸地承担了这个任务。为此学校面向校内同学征召6名“环保志愿者”组成环境监测小组，开展本次活动。根据日本专家为我们提供的监测方案，环境监测小组的同学于2009年3～5月之间进行了“空气质量监测活动”，通过这些同学的观测、测量、记录、汇总为省环境监测站及日本专家提供了沈阳市城市空气质量的第一手的数据，并通过活动锻炼了同学们实际动手的综合实践能力，更进一步掌握了相关的环保知识。

会议由辽宁省环境监测实验中心张丽华书记主持，会议中，中日双方环保部门的领导、专家就辽宁省近几年的环境问题作了细致严密的汇报。

会议中有一个程序就是由我校学生环保志愿者赵宇航同学做关于《能见度的调查报告》。

作为在台下参会的我，虽然事前多次叮嘱陈占中主任要让学生重视此次汇报，但还是为我的学生捏把汗。一是作为国际性会议，如此严肃、庄重的场面，学生是否会紧张，能否顺利完成汇报；二是学生是否能够准确把握其中的测量技术。学生的所有表现都代表其本人和环保志愿者团队的能力，也代表着沈阳和辽宁省高中学生的水平，更代表着中国学生的形象，尤其是在日本人面前绝不能掉中国人的价儿。

但是，当赵宇航同学沉稳而落落大方地走上台，很认真地向中日双方领导和专家敬礼后，开始了他那伴着丰富的图片、精准的数据、流畅的语言汇报，我那快提到嗓子眼儿的心算是落了地，我看到了一个充满自信的、懂礼仪、有风采的十七中学生，我的内心无比的畅快。我仔细地观察着日本专家的表情，在听着他的汇报的同时，日本的专家不时地点头表示赞同，大家都报以热烈的掌声，我为拥有如此优秀的学生而感到自豪！

> 在此项活动中我们更清醒地认识到，环保是一件我们力所能及的事情，当代中学生应当不断增强环境保护意识和社会责任感。两年的时间，磨炼了我们的意志，锻炼了我们的毅力，这是对我们即将成人、走向社会的最好礼物。在活动中，同学们就学习以外的工作密切合作，互相配合，取长补短，并得到学校从提供物资条件到老师技术指导等多方面的大力支持，还得到日本气象专家和省市环保部门的指导和关怀。这些都使我们清醒地认识到团队合作的重要性，这也是我们从此次活动中收获的一笔精神财富。
>
> ——摘自赵宇航汇报稿

更令我想象不到的是，日方环保专家听完汇报后，即兴提出这样一个问题："你的汇报很好！我很受感动！你对这项工作很专业，环保知识很丰富，可以看出你对环保事业很感兴趣，请问你是否有意将来选择环保专业的大学？如果有意，我们可以资助你到日本读环保专业的大学？"听完现场翻译对日本专家所提问题的翻译后，赵宇航同学答道："首先非常感谢您的好意！我喜欢的专业是金融专业，并不想读环保专业，我想学好金融为国家经济发展作贡献。每一个学生和中国公民都有责任和意识做好环保的事情，我会始终做一个环保志愿者。"他的精彩回答赢得了全场的热烈掌声，得到了中日领导、专家的高度评价。日方专家还特别表示：一定要将他发言的电子稿带回日本。而我此时，感动于他的主见、坚定和敏锐的思维，我为拥有如此优秀的学生而骄傲，我被他优秀的表现所陶醉。与此同时，更感到我肩上教育责任的重大！

就在此次会议上，十七中学 6 名学生观测员被评为此项活动的"优秀观测员"，十七中学被授予"中日沙尘共同调查研究项目基地学校"的荣誉称号。

在随后举行的晚宴上，中日双方的领导和专家向我表示了对赵宇航同学的赞赏，夸他的优秀，赞扬我们学校的教育搞得好，培养的学生优秀。

6 名学生环保志愿者为学校争了光，为中国人争了光，回校后，我特地安排德育处对他们进行了表奖。

赵宇航同学在汇报和回答问题时的精彩表现，与我校倡导的要打造"绿色

‘十七’”是密不可分的。打造“绿色‘十七’”，就是贯彻落实科学发展观，要“以学生发展为本”这一现代化教育理念为核心，以“可持续发展思想”为指导，通过建设生态美观的校园环境对学生进行环保教育，并以“可持续发展”的思想进一步激发学生的潜能，增强环保意识，激发学生可持续发展的能力。

我校6名学生被授予“优秀观测员”

我们从环保入手，培养学生成为具有社会责任感的大写的人。

首先，加强课程的整合，使必修课教学成为环境教育主渠道，结合学科教学进行环保知识教育。环境教育是把环境作为一个整体，从自然、人口、生态、政治、经济、社会、文化等所有侧面加以实际性考察，所以，环境教育同一切学科均有关系。化学、生物、地理等学科是起中心作用的，在教学中要明确环境教育的相关内容和教育目标，在国土、环境、资源、人口、污染等方面以专题形式进行教学，形成个人对于整个环境问题的正确认知以及对于人类环境的责任和使命的基本理解，初步掌握解决现实中一些环境问题的基本方法；其他学科的教学中要强调渗透环境教育，特别是在人文学科中，积淀着许多人对自然、对人与自然的关系的深刻思考，挖掘这方面的教育素材，是拓宽学生认识环境问题的视野、强化环境保护意识的又一个有效途径。

例如，地理学科教师讲授土壤污染问题、大气污染、水污染和固体废弃物污染的原因及防治，讲授人类生产既要重视经济效益也要重视环境效益和生态效益，促进可持续发展；物理学科教师讲授噪音污染与控制措施、放射性污染五核废料的处理、电磁波污染与防治措施；化学学科教师讲授工业“三废”污染的整治方法；生物学科老师给学生讲授生物多样性、保护生态平衡的意义，讲授森林、植被在防风固沙、保持水土、净化空气方面的作用，以此来培养学生爱护生物、保护生物的意识；政治学科教师给学生讲授与环保相关的法律，讲授环境的概念、环境问题的实质，讲授环境与人口过快增长的矛盾，讲授环境与盲目开发的矛盾；美术学科教师则从艺术角度培养学生该如何去美化、绿化我们的家园、我们的城市、我们的国家。经过这样的系统教育，学生学到许多环保的基础知识。有了这些知识为基础使学生懂得了如何更好地保护环境，如何应用法律手段来保护自己生活的环境，牢固树立起可持续发展的观念。

其次，在选修课、活动课中全面渗透环境教育，使广大师生形成浓厚的环保意识，形成良好的环保道德观念和行为习惯。在环境教育中，我们鼓励教师们利用自己的专长，为学生们开出了许多以环境保护为专题的选修课、活动课，如戴晓光老师的《环境保护调查》、段继芳老师的《生活、环境与化学》、陈太馨老师的《可持续发展问题》等都取得了较好的效果。学校还将环境教育纳入学校德育工作中，有计划地安排环境教育活动。配合学校校园的“净化、绿化、美化、文化”工程，学校开展了多种形式的环保教育宣传活动。

我们有已坚持了数年的“护绿使者”活动，以班级为单位，承包校园绿地的养护工作。学生们在这一活动中积极性很高，且富有创意，“小草在睡觉，请别吵醒它!”、“脚下留绿”、“请不要伤害我们”等富有诗意和人情味的护绿口号出现在校园绿地上。它对提高学生的“绿色”意识起到了很好的作用。

早在2006年9月，我们就组织学生参加全国“环境警示教育”征文活动，通过组织学习、查阅资料、教育发动，我校有700多学生参与了征文写作，关注地球、关注我们的家园、关心我们身边的环境，在活动中让学生得到真切体验。通过学校筛选、评定，共推荐90篇作文参加全国“环境警示教育”征文比赛。这次写作比赛，是一次全面而深入的环境教育过程，在学生中引起了深广而持久的影响。学生在写作过程中，查资料、读相关书报、向家长和相关专业人员请教，使得这一活动产生了比较广泛的社会影响。

在全校晨会上进行有关环境保护专题的发言，如《绿色情怀》、《珍惜绿色，珍惜生命》。2007年高一一班还在周会上向全校发出停止使用一次性木筷的倡议，得到了全校师生的积极响应。

学校时常邀请国内外环保专家和环保志愿者来校授课。2007年11月14日下午，沈阳市环保局环境保护宣传教育中心，在我校组织了一次以《生态足迹》为主题的环境教育专题讲座。

这次讲座的主讲人是市环保局聘请的澳大利亚青年环保大使——Sarah女士。Sarah女士的讲座生动活泼、别具一格，她让大家事先通过电脑答题，测试自己的行为是否环保、评估每个人消耗了几个“地球”，讲座期间与在座的教师、同学对话，在愉快的交谈中将人们日常生活中的种种行为习惯对生态环境造成的破坏和影响，清晰地展现给大家，从而让在座的每个人意识到环境保护的重大意义！保护环境应该从改变一个行为习惯开始。

Sarah女士在回答学生提出的问题

此次活动得到了社会的关注，沈阳电视台、沈阳晚报、华商晨报等十余家新闻媒体记者共同进行了专题采访。

再次，通过多种形式的课外环境教育实践活动，促进师生环保意识的提高，并努力向社会辐射。为了保证环保教育的有效开展，我校采用走出去的方式，积极参与市环保局举办的各期环保教育培训，努力提高教师环保教育素质。学校每年都拨出一定的经费用于开展环保教育的专项活动。例如，参加沈阳市环保局举办的各届沈阳市环境教育培训班；参加由市环保局、市教育局联合举办的以“倡导绿色生活，共建绿色家园”为主题的沈阳市中小学生环保创意大赛活动，并取得较好成绩。

2008年6月1日开始，我校积极参与“限塑令”的宣传活动，学校团委、学生会多次组织学生走上街头，通过发放环保知识宣传单和环保袋（两万个）向市民宣传环保知识，为提高全体市民的环境保护意识作出了贡献。与此同时，学生们的环保意识和维护环境的责任感得到了增强。

我们还组织学生参加由市环保局、教育局、团市委举办的沈阳市首届“大手牵小手”环保夏令营活动。通过活动，教师和学生在实践中，获得了对环境问题的深刻认识，增加了保护环境的真实体验，进一步提高了师生的环保意识。

学生们在自身环保意识提高的前提下，还积极参与社会的绿化、环保教育宣传工作，使得学校环境教育的影响向社会辐射，取得了良好的社会效益。

我们的教师在环保教育的实践中，积累了经验，陈太馨老师撰写的论文《环境教育的思考与实践》获辽宁省优秀论文一等奖，陈占中老师撰写的《加强环境教育，提高学生综合素质》获得了辽宁省优秀论文二等奖。通过多年的环保教育，我校荣获了2008年度“盛京杯”最佳环保学校称号，2009年学校被评为沈阳市绿色学校。

环保不仅是一种生活态度，更是一种“世界兴亡，匹夫有责”的胸襟。十七中的学生需要这种健康的生活态度，需要这种博大而宽广的胸襟。

十三、弱苗更需要爱的呵护

优秀的教师不单纯是给每个学生同样的爱，而是要给每个学生他们所需要的那份爱。

人们常说：一把钥匙开一把锁。教育也是如此。

教育不仅要关注全体学生，更要关注每一名学生，关注学生发展的差异性，让每一名学生都能主动、活泼、个性地发展。2011届高二三班邓丽阳同学在学校的成长过程就说明了这一点。

邓丽阳同学是我工作20年间见过的家庭最困难的学生。那是2008年末，我得知学校有一个家庭非常困难的学生，德育处陈占中主任和班主任马玲老师给我大致介绍了学生的情况，于是引起了我的关注，我让班主任把学生叫来，目的是进一步了解学生的情况，那是我第一次跟邓丽阳的谈话，通过谈话我对邓丽阳的家庭情况和她的生活情况有了比较详细的了解。

在邓丽阳3岁的时候，母亲离家就再也没有回来，小丽阳与父亲相依为命生活，那时她的父亲下岗在家，一直没有工作，靠政府的低保金生活，家庭生活比较困难。在她7岁时父亲左腿高位截肢，已不能独立照顾自己。（后来通过社区书记了解到，当时手术的费用和假肢的相关治疗费用都是社区干部们帮助协调解决的，就连当时的护理都是社区的干部们轮流护理的）手术后的几年间，她的爷爷还能够过来帮助他们爷俩儿一下，但是在她12岁时，爷爷过逝了，之后，再也没有人来帮助他们了，小丽阳从那时起便承担起了照顾父亲的责任，每天早上五点多就得起床给父亲做饭，并把中午的饭菜和暖水瓶放到父亲的床前，然后自己再去上学，晚上回来，还要做饭，吃完饭收拾完才能开始学习。

总体感觉孩子有点儿内向，但很坚强。

2008年12月29日，我在陈占中主任和班主任马玲老师的陪同下，来到了邓丽阳家进行家访。惨淡的居住环境，使我对邓丽阳同学的家庭及生存状况有了亲身感受。

十几平方米的房间，正对着门的位置摆放着邓丽阳父亲的单人床，旁边是一个老式的高低柜，高低柜的对面是邓丽阳的一张单人床，床的南边和窗户之间的墙角摆放着一台电视机，木制窗框已显斑驳破旧，屋内物品的老旧更显得屋内很昏暗。

从与邓丽阳父亲仅有的交流中，我了解到他已经小脑萎缩，并伴有血栓，说话时语言不清，思维有些混乱，神智不是很清。

每月仅有的几百块钱的低保金，邓丽阳不仅要交纳房租、煤水电费，还要维持家庭生活的所有开销。家庭中的一切事情都要由邓丽阳来做。

过去讲：穷人的孩子早当家。真是难为这孩子了！

“有妈的孩子是块宝，没妈的孩子是根草。”面对这样一个身世可怜、意志坚强的孩子，再看看其他的学生，衣来伸手饭来张口的状态，使我陷入了思考……

我想：作为校长，仅仅个人资助她是不够的，要动员各方面力量资助她完成学业，绝不能让她辍学。全校师生要从思想、学习、生活等各方面关心她、帮助她，使她能够健康快乐地成长。

我多次跟马玲老师说，要多关心这个学生，无论是思想上还是学习上，或者是其他方面，有困难可以直接找我。

邓丽阳学习上积极努力，成绩在班级名列前茅，令我们很高兴。

然而，经过了一段时间，我们发现她身上显现出的孤僻、我行我素、不接受批评教育等缺点令老师们很是失望。

没有妈的孩子真是像小草一样自由生长了，偏偏又摊上一个无能为力还需要她来照顾的父亲，家庭教育的缺失、爱的缺少，使得邓丽阳的情商发展缓慢，在为人处世、与人沟通上显得比较晚熟。

针对邓丽阳出现的问题，一方面我要求班主任和任课教师们，要宽容地对待她，她已经很不容易了，如此家庭中成长的孩子，能做到精心照顾父亲，学习成绩优秀，无论从什么角度，我们都应该给予她更多的爱，她是缺少爱的孩子，我相信只要我们像爱自己的孩子一样去包容她的缺点，一定会有效果的。

另一方面，我与邓丽阳进行了谈话。2009 年 11 月的一个下午，我把她叫到了我的办公室，了解了一下她近期的生活状况，对她照顾父亲、不耽误学习的行为给予了称赞。

我放慢语速轻声地说："你不愿意与老师交流，对老师说的话不怎么当回事儿，是吗？"

她马上警觉地问："是马玲说的吧？"

"你不应该这么问我，知道吗？"我马上接着她的话说。

她愣愣地看着我，好像没听懂我说的话。我又重复了一遍。

"是马老师说的如何？不是马老师说的又怎样呢？另外，你不应该直呼马老师的名字。""你不应该对老师有敌意。"我严肃了起来。

"我不喜欢她，我烦她，她师德不好，侮辱人。"她似乎很理直气壮地说。

"说说看你为什么不喜欢马老师，她怎么侮辱你了？"我跟着她的话说。

"她有时说话太狠了！接受不了。"她很平静地说。

"首先，就当你说的是事实，马老师说话狠，你就反感她，不接受她，她有错误，你想没想，这是你所改变不了的，到头来吃亏的是谁呢？另外，你思考问题的角度不对呀！应该先从自己的所作所为中查找原因，你要是没有错误，马老师能说你们吗？其次，你直呼马老师的姓名是不礼貌的表现；再有，每一位老师对学生的批评都是为了你们好，对于学生的错误行为，她们是在生气的时候才说出你们不爱听的话。俗话说：忠言逆耳利于行。还有就是我不应该说，但我想你能理解的，每一个家庭中的父母对子女的批评教育也是如此，不可能保证都是和颜悦色的说教，难免有过分的话语，难道子女要记恨父母一辈子吗？老师就像父母一样，她们希望你们好。你要把老师当成父母，有困惑、有疑问多跟老师交流，只有交流了，老师才能了解你，才能帮助你。"

"人无完人，要善待别人，包容别人，老师也是人，也是有缺点和错误的，你不能只看老师的缺点，要多看别人的优点，要多欣赏老师的优点，不要用挑剔的眼光，要用欣赏的眼光，对老师要有礼貌，要怀着感恩的心去接受老师的批评。"

"不仅要多和老师交流，还要多与同学交流、沟通，与大家沟通交流多了，别人才能了解你，才能喜欢你，把自己封闭起来是不对的，是不利于你的成长和发展的。现在的社会是一个开放的社会，将来的社会需要自主、合作、创新的人才，一旦你把自己封闭起来，无异于与这个快速发展的社会隔离开来了，你就无法适应社会，那你的所有理想和抱负将无从谈起，更无能力去照顾与你共同生活，给你精神支柱的父亲了。”

“还有就是关于家庭环境问题，你所拥有的家庭环境，你现在的家庭环境，是你成长的不利因素，但正是这个家庭境况，正是你内心的坚强，才成就了你有毅力、有能力承担起了照顾这个家的事实，没有什么不好意思，抬不起头的问题，这正证明了你的优秀，这一点是其他学生跟你无法比的，这个事情可以和老师、同学们谈，不要回避。”

我说话过程中，她没有一句反驳的话语，只是偶尔低下头，然后看着我，认真地听着。她从我的语气和语速的变化中已经感受到了我对她的期望……

“你回去后，要和马玲老师好好谈一下，敞开心扉地与老师交流，记住：一定要坦诚地交流，无话不谈，你会受益的。”

每个人在成长过程中，难免会犯各种各样的错误，问题不在于错误本身，关键在于你是否感知到了你的错误，在于是否有人乐于帮助你改正错误。

3年中，与邓丽阳一起摸爬滚打走过来的班主任马玲老师为其成长付出了太多、太多……

他们刚刚入学后，我便查看他们的初中档案，发现邓丽阳有特困证明，还有初中班主任对她与众不同的评语，我知道了邓丽阳家庭很困难，并且还有其他原因。由于不了解学生的具体情况，考虑到她内心的承受力，并没有直接找她本人了解情况，而是通过邓丽阳的初中老师了解了邓丽阳的基本情况，并将了解的情况上报到了德育处。

于是，我便开始默默地观察她，我发现她特别注重仪表，校服每天都是干干净净的，头发梳理得极其整齐，每天中午都洗脸，甚至有时上午、下午还要洗一次，她的眼睛较小，所以她每天都画眼线来掩饰自己的小眼睛。学生这样注重仪表，更让我觉得这是她对家境的一种掩饰，于是我认为邓丽阳很坚强，她不想通过博得他人的同情而获得帮助。

新学期开学不久，学校收团费，我找邓丽阳单独谈话，便用自己的钱作为团费退给了她，团费退回来是对她的照顾，并告诉她家里有什么困难就来找老师，她说了声：“谢谢！”并说：“没什么困难。”这次的谈话结束了。通过此事她给我留下了独立、封闭、自我的印象。

之后不久，学生自发集体定矿泉水，邓丽阳主动参与并交了水费，班级干部向我汇报此事后，我再次找到她，并把水费退给了她，她问：“订水不是自发的吗？钱退给我，也是学校的照顾吗？”我说：“是我个人对你的照顾，觉得你是一个自尊心很强的孩子，这样退钱是我不想让学生知道你的家境困难。”听完她便笑着说：“没关系的，我不在乎，时间久了，同学们都会知道的。”通过这件事，她又给我留下了更深刻的印象：坦诚、勇敢。

短短几天的接触，我感受到邓丽阳坚强的内心，她不想别人知道自己的家境，但又不怕被人知道，能够直面现实。

接下来的深入了解中，邓丽阳性格中的负面逐渐暴露出来。在与老师、同学发生冲突时，她不能正面认识自己的错误，只知道一味地挑他人的缺点，当老师和同学主动找他解决问题说清误会时，她每次都拒绝相信别人的解释，依旧不会原谅别人的错误，或承认自己的不足，在言行方面喜欢我行我素。例如，高二上学期时，她的英语非常不好，我和英语老师多次找她谈话，分析英语的用途，学不好的弊端，并表明愿意不遗余力地帮助她学习，可是无论老师怎么摆事实、讲道理，邓丽阳的回答只有一个“我学不好英语”，英语课上从来不听课，而是学其他科。一次期中考试时，考英语，因为什么也不会，所以邓丽阳考试期间的态度不太认真，答几道选择题，就东张西望，这样的动作反复几次，监考老师看到她这种行为，认为她是想作弊，所以对她进行了警告，邓丽阳便说老师侮辱了她的人格，声称以后拒绝上该老师的课。因为这件事，我在对邓丽阳的教育过程中，发现她思想偏激，短时期内无法完全纠正。整个教育过程中，邓丽阳口头上没有承认过自己的错误，但事后的行为上发生了巨大的变化，在走廊里遇到该老师，笑脸问好，并认真听该老师的课，针对一直拒绝学习的英语也开始有计划努力学习，经常到办公室主动问题。此类与老师发生冲突的事情屡屡发生，而每次问题的解决都是以邓丽阳说“我以后不这么做了，你们老师说的都对”为结果，话中带有怨气，当我想与她深谈，化解其怒气时，她都找各种理由拒绝并离开。

一次历史课上，邓丽阳针对某一个她个人不理解的问题抓住不放，历史老师怕耽误授课进程，便对她说：“下课后单独帮你解决问题。”于是邓丽阳便以她有问题老师不给讲为理由，再次与老师发生冲突。课后恰好是中午休息时间，历史老师放弃吃午饭，选择了对邓丽阳进行及时教育，我站在一旁观察，当邓丽阳再次说：“我以后不这么做了”想敷衍了事时，我拦住了她的去路，在走廊与她进行了一次深谈，核心内容是为了让她理解老师们的言行是为班级的集体利益，而不是对她个人的轻视。告诉她：每次她与老师发生冲突，老师批评她不是单纯地为了让她承认错误，而是希望她改正自身的不足，学会做人的道理，使她在今后能够生活得顺利。谈话中我还提到了自己工作中不足的实例，动之以情，晓之以理，最后邓丽阳哭着说：“老师我努力改。”于是我把家人给我送的午饭给她吃了，她真诚地说了声：“谢谢！”此后，邓丽阳与老师的冲突少了，即使发生了矛盾，也能坦诚面对，她家中的困难也愿意与我多聊了。

一次端午节晚上，我到她家去家访，邓丽阳说家中太乱，没有让我进门，我把带去的粽子和白糖交给了她，并叮嘱几句如何保存，便回家了。路上，我收到了邓丽阳的短信，内容包含着歉意与谢意，我感受到了学生在成长。

进入高三后，班级中很多的学生表现出焦虑等心理问题，为了让全班同学尽快进入高效备考状态，我的工作重点主要放在解决学生的心理问题及学习氛围的营造上，疏忽了对邓丽阳的关心。

一天，她到办公室跟我说要退学，我问其原因，她说：“十七中老师太差”。我反问她：“英语老师放弃午休帮助你学英语，政治老师不顾自己的身体辅导你政治，这些都是你说太差的表现吗？”她默不作声地说：“主要是你太差！”我反问：“我做的哪里不好，我改”。她说：“你课讲得太差，而且道德败坏，没有师德。”以前听她说十七中老师太差，我就很气愤了，现在听她又用这么恶劣的语言说我，气愤与伤心已无法控制，我觉得之前对她的关心与照顾非常不值得，教育了她这么久，连基本的感恩她都不知道，我无言以对……事情发生后，年部周主任找她谈话，了解到邓丽阳那样说是因为她看到我很关心其他同学而很少关心她，所以心里不舒服，无法面对我。周主任把邓丽阳的想法告诉我，于是我又主动找到邓丽阳交心地谈话化解误会，顺利完成高考，努力实现目标。经过这件事，我感受到学生对我的认可及对爱的渴望。

邓丽阳从对事事淡漠到渴求关爱，并主动关心同学，使其发生转变的重要因素是十七中学老师们对其无私的付出，邓丽阳的成长充分说明了爱的教育的伟大。

——摘自马玲老师《我与邓丽阳的交往》

3年中，我与邓丽阳还有几次谈话，分别针对其几次欲退学做了耐心细致的劝说和教育，还有就是高三时，因其父亲不让她高考，政府仅有的低保金也不给她，而她还要照顾父亲和家庭生活，迫于生活压力，没有办法的情况下，她在夜间做起超市收银员。我了解到这一情况后，与她及时地进行了交谈，学校为其解决了生活费，使其能够安心回校备考。

正是学校师生对她的关心和关爱，她坚强的意志品质得以更好地发挥，坚强地走过了这三年，功夫不负有心人，2011年高考，邓丽阳以533分考取了沈阳工业大学法学系。

2011年7月12日《沈阳日报》A4版以《沈阳女孩要“带父上大学”》为

题对其先进事迹进行了报道，得到了社会的广泛关注。然而，对于社会的各种捐助，邓丽阳都婉言谢绝了。

看着成长中的邓丽阳，由过去的孤僻变得阳光，由过去的我行我素变得乐于与人交往，欣慰之余也不禁思考，教育者的使命是帮助孩子健康而快乐地成长，而每一个孩子都是“独特的一个”，给予他们“独特的爱”是我们义不容辞的责任。

让学校成为学生成长的乐园，爱是我们唯一不变的语言。

十四、真正的“学代会”

学生会是学校和学生之间的桥梁和纽带，学校要成为学生成长的乐园，一定要让学生会发挥桥梁和纽带作用，学生才能感受到校园的快乐，从而主动活泼地发展。

在学生管理工作中，学校德育处常常充当训导处或是消防队的角色，当学生出现了严重的违纪现象，德育处主任或老师就会冲上前去，忙得不可开交。然而这种学生被教育的效果有时却不尽如人意，很容易使师生之间或家长与学校之间产生分歧，甚至是矛盾。

由此，我不禁想到台湾有这么一所学校，那里的学生年龄在 15 到 18 岁之间，在校生规模三千余人，可是学校却没有工人，没有保卫，没有厨师，一切必要的工作都由学生自己去完成。学校实行学长制，三年级学生带一年级学生。全校集合只需 3 分钟。学生见到老师 7 米外要敬礼。学生没有寒、暑假作业，可是没有一个考不上理想大学的。这就是享誉台湾 30 年，以道德教育为本的忠信高级工商学校。

在忠信，无论是学生干部还是普通同学，他们在点滴中践行着“自主管理”，践行着“每个人都是学校主人”的诺言。这就是他们得以成功的秘诀。

在学生管理中，只有让学生成为学校的主人，实现学生的自我教育、自我管理和自我发展，才是真正意义的教育。

要使学生能够自我教育、自我管理、自我发展，就要从加强学生会的建设入手，学校的学生工作主要是德育处和团委两个部门，学生会的工作是由校团委来领导和管理的。

怎么才能让学生会成为学生自我教育、自我管理、自我发展的组织呢？十七中学的学生会由学校团委负责带领和指导，而团委负责老师就成了学生工作的“头”，如果她不“领头”做点什么，恐怕学生会一时间也难以“自我发展”，于是，我们就从学生会的“大头儿”开始着手改变。

负责学校团委工作的魏秀玲老师是位青年教师，负责团委工作时，她不过才工作3年多，在我看来还是个“充满激情的学生”，当初学校领导班子决定选择她负责团委工作就是看中了她真心地认为“高中校园生活应该丰富多彩”，看中她在大学期间社团工作的经历，相信她会把这份对于“校园生活应该丰富多彩”的认识在她的学生工作中落实下去。2008年9月末，魏老师竞聘走上团委书记工作岗位也快一个月了，我还没看出她有什么行动，是不是面对实际工作她有些不知从何下手？还是有什么思想顾虑？我决定先找她谈谈，了解一下情况。我特意安排周五的下午让她到我的办公室来，因为，我希望周一她就能拿出点什么想法来，我急切地希望抓住时间，再晚点儿，这个学期就要过去一半了，而这半个学期对学生来说除了学习、例行的运动会等活动之外，没有自己的活动，也就是说没有太多“自主”，那么很多同学对这半年的记忆恐怕就要是空白了。简单地谈谈近期团委工作情况后，我发现果然像我想的那样，小魏谈到：面对实际工作时，不敢确定自己该不该落实“竞选时的那些想法”，不知道要实行到“什么程度”。于是我微笑着说：“小魏，新学期你对学生会工作有什么新打算？”小魏有些紧张地回答：“新学期我想让学生会多搞些活动，进一步丰富学生的业余活动，提高他们的能力。”“你的想法我同意，还能不能搞些创新，使学生会发挥更大的作用？”我接着她的话问到。她愣愣地看着我。我看出了她的意思，于是我把我的想法一股脑儿地说了出来。

“在我们开展的各项学生活动中，我觉得学生的积极性和主动性还发挥得不好，还应该进一步发挥学生会的作用，学生会是学生自己的群众性组织，是学校联系学生的桥梁和纽带。如果学生会的作用发挥得好，可以促进学生的自我教育、自我管理，从而实现学生的自我发展。学校要通过活动让学生感受到自己是学校的主人，使他们能够以主人翁的责任感去学习和生活。我有一个想法或者是一个建议，那就是从召开一次正规的学代会开始，使参与的学生代表和学生会干部受教育，然后，你再和德育处陈主任共同合作，通过开展学生活动实现学生的自我教育、自我管理、自我发展，进而实现真正意义的教育。关于正规，我想应该是从学生代表的产生、名额分配、会议的各种文档材料的准备、各个报告的起草到会场的布置都要由学生来完成，你可以做好指导工作，要放手让学生自己做。”

小魏认真听完后说：“校长，那我回去研究一下如何开好学代会，争取做好。”

就这样，经过魏秀玲书记的认真思考、仔细研究和耐心、细致的指导，2008年11月14日下午3点20分，沈阳市第十七中学第一次学生代表大会召开了。当我走进会场时，学生代表们已经都按位置坐好，上届学生会主席团成员在主席台就座。主席台后的背景上悬挂中国共产主义青年团团旗，上方悬挂的是醒目的“沈阳市第十七中学2008年学生代表大会”条幅，会场两侧也悬挂了多幅条幅，立刻感受到了会议的严肃和庄重，心想：预期效果应该能实现。

这次会议目的是为了进一步提高学生“自我教育、自我管理、自我服务、自我发展”的意识和能力，培养民主精神，使学生真正参与到学校的教育教学管理中来，成为校园的主人。

当天参加会议的领导有：共青团沈河区委员会齐鑫副书记、学校部李末部长、沈河区教育局团委书记孙威。为了支持学代会的召开，刘兵书记和我分别致贺词和闭幕词。此外，学校的相关中层以上干部也都到会。

在庄严的国歌声中，2008 年学代会正式拉开了序幕。大会由陈丽媛同学主持，团委魏秀玲书记致开幕词。在开幕词中，魏书记向各位代表致以热烈的祝贺并预祝大会圆满成功。接着，由校党支部刘兵书记代表学校党政工向大会致贺词。刘书记说：“衷心希望各位代表能在大会上充分发扬民主精神，正确行使自己的权利，为我校在民主建设上写下光荣的一页”，“希望广大代表、新一届学生会干部不要辜负广大师生的期望，勇挑重担，创造性地开展工作，为我校的发展贡献自己的力量!”

沈阳市第十七中学 2008 年学生代表大会

接着，由屈冰同学向大会做了《筹备工作报告》，就筹备工作、四次预备会情况及学生代表资格审查情况进行了汇报。校学生会主席李冲向大会做了一年的工作总结报告。在报告中，她用投影片历数了一年来学生会所取得的辉煌成就，并且对本届学生会提出了中肯的建议。与会的同学同她一齐回顾了过去并展望了未来之后，既对上届的学生会充满了敬佩，也对下一届学生会充满了信心，对她的报告以热烈的掌声表示通过。再接下来是刘宇航同学做的《提案工作报告》，他把与会代表在提案中表达的对学校各方面的建议进行了整理，并向大会报告，希望学校给予答复。充分体现了同学们的参与意识、主人翁意识。大会的一项重要内容是选举新一届学生会委员。各位代表通过录像短片会回顾了各候选人的精彩表现，为心目中满意的人选投上了自己的一票。在计票过程中候选人为大会带来的精彩的才艺表演将大会推向了又一个高潮。经过紧张的计票后，我向大会宣布了当选者名单，大会再次响起热烈的掌声。

经过全体学生代表的共同努力，大会圆满完成了预定的各项任务。

也就是从这次学代会开始，学校逐步开始了以学生会为核心的自主管理，通过自主管理来实现学生的自我教育、自我服务、自我发展，形成了自主性的学生群体文化。

不知不觉中学生们增强了主人翁意识，把自己当成了学校的主人，关心环境的人多了，爱护公物的人多了。

学校管理过程中出现的问题，学生会把学生们的建议和相关想法通过学生代表及时地上传到学校，然后学校领导班子在一起研究讨论，结合学校的实际情况解决，如果不能够解决，也通过召开学生代表会议做以解释和沟通说明，学生的各种诉求都能够得到有效的答复，增进了了解和理解，化解了各种误解和矛盾，调动了学生关心学校的积极性，全体学生们生活在一个民主、和谐的校园之中，自然就能够活泼、快乐、主动、个性化地发展与成长。

第五章　让文化成为学校发展的不竭动力

学校的核心竞争力是学校文化。

沈阳市第十七中学之所以能够从一所普通的两级中学发展成为一所市级独立重点高中，并能成为市级重点高中当中发展最快的学校之一，原因是多方面的，其中关键的一点是自2006年3月以来，我们致力于加强学校文化的建设，形成了以学校精神文化为核心、以物质文化为基础、以制度文化为保障的文化建设新局面，学校的核心价值观已经基本形成，改变了学校的原有面貌，促进了学校的全面发展。

一、从文化说起

如果一个学校的文化不支持改变，不鼓励改革，那么这个学校就不会进步。相反，如果一个学校拥有积极的文化，这所学校就能够发展壮大。

谈及文化，每个人都能够进行一定程度的言说，由于文化有着极其丰富的内涵和外延，每个人又面临着无法淋漓尽致表述的尴尬，足以使人越说越糊涂。应该说给文化下定义的确是很难的一件事情。在汉语中，“文化”最初指的是“文德教化”，文化的基本含义是对人施以文治教化，是把自然人培养成文明人的过程。但必须承认的是，文化并非神秘得让人类无法把握，不管怎么样，文化终究是人的文化，其核心是价值观。

我们可以简单地从广义和狭义两个层面上理解文化，广义文化是指人类后天获得的并为一定社会群体所共有的一切事物。可以说广义文化包括紧密相连的三个层面：物质层面、制度层面和精神层面。而狭义的文化是指一定社会群体习得且共有的一切观念和行为。

在我国，学校文化作为社会文化的亚系统是在20世纪80年代开始逐渐被重视起来的。正如文化的界定众说纷纭一样，对学校文化的界定同样见解不一。有的认为学校文化是为学校全体成员或部分成员所共有、享受和传递的文化的综合体；有的认为学校文化是在一定的社会历史环境中，学校和学校教职工在教书育人和组织管理生活中，为追求和实现共同目标而逐步创造和形成的观念形态和文化形式的总和，它包括价值观念、行为准则、道德规范、心理趋向以及规章制度、校风校貌、学校精神和学校形象等；有的认为学校文化是物质财富和精神财富的总和，是科学文化、教育文化和传统文化的统合反映等等。概括起来，学校文化是社会文化的有机组成部分，是学校全体成员或部分成员，在教育教学和管理实践中逐步创造和形成的体现时代特征和社会进步的价值观念、思维方式、行为规范及其活动结果，以具有学校特色的精神形式、制度形式和物质形态为外部表现，影响和制约着学校全体成员和部分成员并潜移默化地传承。

学校文化是学校存在方式的总和，包括精神文化、制度文化和物质文化。从另一个角度看，它又可以分为显性文化和隐性文化两个方面。学校显性文化包括师生的教育教学行为、学校的制度、学校的物质环境和标志等，隐性文化包括价值观念、思维习惯、教育教学观念、校风、教风、学风等。

学校文化建设，是现代学校发展中最为重要的内容。学校发展与现代学校文化建设必须紧密结合。一方面学校发展离不开学校文化的建设；另一方面学校文化建设也不是孤立地进行，它始终和学校发展相伴相随，离开了学校发展孤立地进行学校文化建设也是不切实际的，那样做是把学校文化建设虚化、空泛化。

如果一个学校的文化不支持改变、不鼓励改革，那么这个学校就不会进步。相反，如果一个学校拥有积极的文化，这所学校就能够发展壮大。文化是学校能否发展的决定性因素。

学校文化要以精神文化来引导人，要以物质文化来熏陶人，要以制度文化去激励人、规范人。

学校应该是既有知识又有文化的地方，只有知识没有文化不能称之为名校，名校名就名在教师，名在学生，更名在学校的文化。学校的核心竞争力是学校文化。

二、追溯学校历史文化

学校的历史就是学校文化的历史，有什么样的校史就一定伴随着与之相适应的学校文化，优秀的学校文化一定是促进学校的发展。

文化是在历史中产生的，文化不能脱离历史而独立存在，即人类的历史就是人类文化的历史。学校的历史就是学校文化的历史，有什么样的校史就一定伴随着与之相适应的学校文化，优秀的学校文化一定是促进了学校的发展。因此，加强学校文化建设要从研究学校的历史开始，在学校历史基础上进行传承和创新。

为了更好地厘清十七中学的历史及文化发展脉络，根据学校校志记载的历史内容，按照学校的不同发展阶段，我们将学校的发展过程划分为几个阶段来加以分析。

第一阶段：初创、发展、前进时期（1950—1962）

沈阳市第十七中学成立于1949年12月26日，是在中国共产党的领导下，新中国成立后沈阳市成立的第一所中学。1952年，学校成立高中部，成为一所两级中学。从1950年到1962年，学校经历了初创时期（1950—1952）、发展时期（1952—1955）、前进时期（1956—1962）。

这一阶段学校的各项工作紧跟国家政治形势，学校也经历了“抗美援朝”、“三反五反”、“整风”、“上山下乡”、“大炼钢铁”等运动。除此之外，学校基本上能够正常进行教育教学活动，在此期间学校的体育工作一直比较好，有多名学生在全市的体育比赛中获得第一、二名的好成绩，而教学工作是时好时坏。

第二阶段：兴盛时期（1963—1966）

1963年暑期，初中毕业生升学率高达90%以上（升入高中、中专），有32名学生升入二中，还有不少学生升入重点中专。由于成绩显著，学校被沈河区教育局命名为区重点初中。区教育局为促进学校发展决定将学校搬迁，由小南门的校址迁到现在的风雨坛（沈阳市沈河区桃源街114号），学校的设施设备都是崭新的。在当时看来，各方面条件都比原来好多了，因而学校出现了一派新气象，领导、教师和学生的精神面貌焕然一新，大家决心努力要把学校办好。

学校被列为区重点初中后，由于上级重视，领导班子齐心，各项工作抓得得力，因而老师干劲足，他们主动承担任务，起早贪黑备课，批改作业，深入晚自习进行辅导。学校的思想教育、教学质量、体育卫生等工作都很出色，受到市区的表扬和奖励。总之，那一段是十七中的“黄金时代”。

第三阶段：“文革”时期（1966—1976）

这一阶段由于受到“文革”影响，学校领导机构瘫痪，每项工作都陷于停顿状态。1968年9月25日，全校35个班，绝大部分学生下乡，至1976年，十七中不是“三无”（无学生，无教师，无教科书）而是“全无”的学校了，可想而知学校的秩序混乱到了何等程度！老百姓说：“玻璃门窗坏得最多的就是十七中”。由此，就有了社会上流传的“损七中，乱八中，又损又乱十七中”的说法，由此造成的影响使学校的声誉一落千丈，十七中学成为人们心目中最差的学校之一。

第四阶段：拨乱反正，恢复发展，衰落时期（1976—1987）

这个时期的十七中学曾在1984年、1985年、1986年取得了较好的教学质量，本应该在此基础上能够进一步发展，可是由于领导层在处理学校问题时意见不统一，使得学校没能按照正常发展的轨道前进，学校的管理和教育教学质量逐步下滑。

第五阶段：平稳发展时期（1988—1996）

此阶段，经几任校长努力工作，学校的教育教学秩序和各方面工作都有了较大起色，干部队伍和教师队伍都有了不同程度的提高。但是，初高中的升学率仍然无法跟区内的其他学校相比，由于学校地处五爱市场地区（东北地区最大的服装批发市场），造成了生源差的结果，初中入学率不足50%，已经成为一所薄弱学校。高中是一般高中，受限于考生报考批次的影响，造成了学苗质量不理想的局面，两者相互影响使学校一直无法摆脱艰难的局面。但可喜的是，学校在这一时期提出了"加强校园文化建设，优化、净化、绿化、美化育人环境"的主张。

第六阶段：快速振兴时期（1997—2005）

当时，学校还是沈河区一所普通的完全中学，初中24个班，在校生1086人；高中6个班，344人，教职工130人。

与以往相比，这一阶段是十七中历史上快速发展的时期，在苗伯平校长的领导下，学校领导班子克服了重重困难，发愤图强，团结合作，立志振兴，努力工作，成绩显著，为十七中的振兴打下了坚实的基础。就是在这一时期，开启了十七中学向现代学校发展的大门。通过走访老领导、老教师和总结、归纳校志中记载的内容，我得出十七中学得以快速发展的文化因素：

1. 苗伯平校长和学校领导班子几经研究，总结出一条影响学校发展的恶性循环链：校容校貌不佳—生源不足—学苗差—社会声誉不好—社会印象坏—经济效益差—校容校貌更糟。若想改变十七中学的落后面貌，关键是尽快改变学校的办学环境。

鉴于此，一直到现在，学校都十分重视校园环境的建设，多次对学校的内外环境进行改造，不断地改善学校的校容校貌。

2. 从这一时期的学校所做的工作（"430①"，生日集会②，开设教工食堂、浴室、健身房、形体室，"三必到"③ 等）可以看出，在这一阶段，学校开始逐步实行并落实了"以人为本"的管理思想，使学校具有较好的凝聚力。

3. 逐步确立了十七中精神、校风、校训、校歌、校旗、学校标识等体现学校文化的内容。

4. 学校重视教育教学工作，坚持以德育为首的原则，提出了"全员抓德育"的口号，要求做到：教书育人、管理育人、服务育人。坚持以教学为中心，重视教师的职业道德建设，重视青年教师的培养，重视教学常规管理，重视教

---

① 指每年的4月30日，学校都要组织全校教师到校园外的地方去郊游或踏青的集体活动。

② 指把当月过生日的老师聚到一起，由学校校长、书记、工会主席等班子成员，向他们致以生日祝福，一块蛋糕，几支蜡烛，一份小礼物，足以使人遐思遥远，凝情聚力于事业之中。

③ 三必到：教工家中有婚、丧、嫁、娶，领导必到；因病住院，领导必到；家中有特殊事情，领导必到。

育科研工作。在此期间，学校获得了多项区级、教育局系统内的多项荣誉，学校的图书馆晋升为辽宁省示范馆，学校的初高中升学率基本是稳中有升，学校受到了社会的关注，各种媒体多次对学校的各方面工作给予了报道。

5. 在这一期间，学校实行了目标管理、制度管理、计划管理等管理方法，尤以制度管理比较出色。

6. 2003 年 10 月 11 日，学校与韩国蔚山市星信高等专科学校结成友好学校，苗伯平校长和李忠士书记于 12 月 3 日赴韩国回访了星信高等专科学校。2005 年 11 月，与辽宁省示范性高级中学沈阳市第二十七中学结成友好学校，由此扩大了学校的对外交往，实现了学校的进一步发展。

7. 2004 年 8 月，徐强任校长。徐校长在短短的一年半时间里，建成了 200 米塑胶跑道、人工草坪的操场和十分壮观的校门，堪称是一位非常有魄力的年轻校长，为外界树立了一个良好的外在形象，为日后十七中学的发展奠定了坚实的基础。学校校园环境的变化改善了学校的办学条件，更使全校教职工的精神面貌得到了改善。

2006 年 3 月，我来到十七中学任校长，致力于学校文化建设，继承和发扬了学校优秀的文化，并在传承中创新了学校文化。经过五年多的努力，形成了学校领导班子高效团结的局面，师生员工士气高昂，精神振奋，学校上下基本上形成了共同的思想观念和行为方式，拥有了共同的价值观，取得了学校发展历史上最好的成绩，学校晋升为沈阳市重点普通高级中学，并成为沈阳市普通重点高中当中发展最快的学校之一，实现了学校的跨越式发展。

三、再塑学校文化

只有源于历史、超越历史的学校文化，才能为学校的发展提供不竭动力。

学校文化是在学校发展的历史过程中逐渐积淀而成的，每所学校的文化都不一样，因为它的历史是独一无二的，任何人想要认识并进行学校文化建设，就必须从学校的历史中寻找其发展轨迹，探寻其成长历程。只有源于历史、超越历史的学校文化才能为学校的发展提供不竭动力。

要想推动学校文化的建设，就要探索到一条能够使全体教职工都认可的道路，使大家在思想上做到统一，接受对学校传统文化的传承和创新，只有把新的文化思想通过日常的工作和学习，转化为全校师生的自觉行动，才能使文化发挥其应有的功能和作用。

事实上，上任后的不长时间我就已经观察和体会到，没有比十七中学的教职员工更渴望学校发展的了。优秀的学校文化已经在学校历史中被总结和归纳出来，怎样能够进一步使之得到强化是一个重要的问题。我和班子认真思考并研究了这一问题，最后找到了摆脱现状、实现学校进一步发展的方法，那就是要建立一个共同愿景，使全校教师的思想和行为都融入实现共同愿景中来。

在认真研究学校历史和总结优秀文化的同时，还有一个重要的问题在困扰着我，那就是我必须解决当时由于各种原因造成的教职工对我的不信任。具体说来，一是年轻的徐强校长在学校仅仅工作了一年半就被教育局调走委以重任，刚刚调动起来的教职工的工作热情受到了打击；二是由于我仅比徐校长大一岁，也算是年轻的校长，有教师认为教育局对十七中学不重视，年轻校长们把十七中学当成跳板，用不了多长时间我也会调走的，受损的总是学校的师生；三是大家对我这个新来的校长不了解，因为担心前途未卜而黯然神伤，心灰意冷，丧失了前进和发展的斗志。

如果大家对我不认可、不信任，我将无法领导和管理学校。经过一段内心痛苦的思考和斗争，我想让事实说话，因为，事实胜于雄辩。我要从一件件具体的事情做起，要用实际行动征服教职员工，用最短的时间来磨合，实现用我的教育思想引领学校发展的目标。

客观上讲，教职员工对我的信任与否与能否建立起大家认可的一个共同愿景已经紧紧地融合在一起了。只有大家对我信任了，才有可能实现建立一个共同愿景的理想。我想，要真正实现建立一个大家认可的共同愿景的理想，在教育教学管理中应该从具体的实践入手，争取做好每一件具体、细微的工作，取得每件工作的具体、可见的成功，让教职工体会到每一个成功的喜悦，多次具体的成功之后，才能建立起集体的信心，才能建立一个大家认可的共同愿景。

学校每一项重要工作的成功都可以是统一教职工思想和行为的过程，事实证明，要想成功，就要抓住一切机会，幸运的是，我抓住了这样的机会。2006年，学校的招生工作取得了空前的成功，而我也逐渐得到了教职员工的认可和信任，聚合人心，凝聚人气，激发全校教职员工的热情。

正是由于此次招生工作所取得的胜利，奠定了我在全体教职工中的地位，提升了作为学校校长的威信，为日后全面提升学校文化打下了基础。

历史传统是重要的，变化是必然的，没有传统也就没有根基，没有变化则意味着失去对于时代变迁的反应能力。传统不应是教条的，而应是创新的资源。

随着教育教学改革的不断深入及辽宁省普通高中新课程改革的需要，我们在总结学校文化历史的基础上，结合学校实际，提出了系统的办学理论，办学理论经班子成员和广大教职工的广泛酝酿、讨论，最后得到了全体班子成员的认同，成为学校自上而下推行的学校精神文化主体。

学校文化建设的理论框架模型（如下图所示）

教育理念：以学生发展为本。

办学思想：让每名学生都成人，让每位教师都发展，让每个家长都放心。

办学方略：打造“五个‘十七’”（打造一个激情“十七”，打造一个和谐

"十七"，打造一个质量"十七"，打造一个绿色"十七"，打造一个开放"十七"）

学校精神：敢为人先　勇于创新

校训：崇德、明志、乐学、笃行

校风：诚实、勤奋、文明、进取

教风：乐业、求真、博学、善导

学风：立志、明礼、勤学、善思

校歌：梦想开始的地方

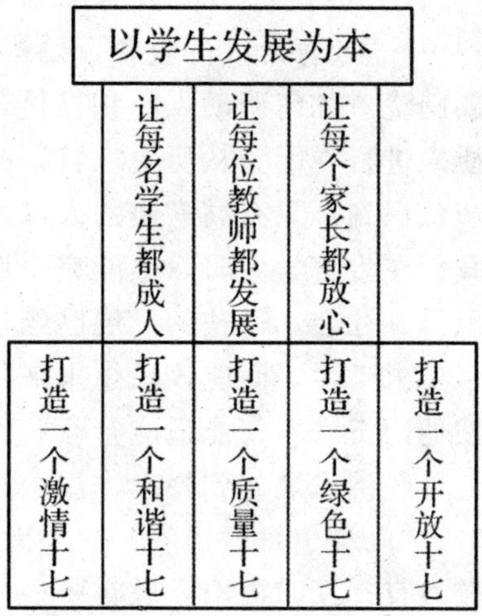

学校文化建设理论模型

学校在招生和晋升市级重点高中过程中，上下齐心协力，呈现出了前所未有的积极热情，也正是因为全校教职员工的共同努力，使已经确立的学校文化得到了进一步的落实，进一步内化。以实际行动去实现学校的发展，为了实现共同的愿景——进入市级重点高中，贯彻"以学生发展为本"的教育理念，以"三让"的办学思想为指导，实现打造"五个'十七'"的办学方略，最终实现学校的内涵跨越式发展，成为全校教职员工的精神力量，成为大家共同的思想观念和行为方式。

学校精神文化建设是学校文化建设的核心，学校精神文化是学校文化的深层表现形式，在近几年的发展过程中，我校以精神文化建设为主线，逐步形成了系统地引领学校内涵发展的学校文化。

以学生发展为本

"以学生发展为本"是我们的教育理念，我们不是把它当作一个口号，而是把它作为学校教育教学工作的准则，在深刻理解的基础上，落实在教育教学的具体实践中。

"以学生发展为本"是基于我们学校转变教育观念，全面推进高中新课程改革所确定的教育理念，是使学校教育真正成为人的教育的理论基石，是进一步确定学校办学思想和办学方略的灵魂。

"以学生发展为本"的来源是以"人"为本，学生是"以人为本"当中的那个具体的"人"。这个"人"的特征就是年轻。从高一年级进校到高三毕业，这些青少年还没有成为真正成熟的人，他们的素质不仅决定了现在的教育教学质量，更重要的是决定着社会发展速度的快慢，所以从这个角度说，教育是一项未来的事业。

"以学生发展为本"的"本"字，就是根本、基础。把学生培养成为未来高素质的人才，成为未来真正的人，这才是教育的"宗旨"。正如朱永新所说：

"教育应该让每个受教育者都能感觉到希望，领略到趣味，享受到成功的喜悦……"教育是人的教育，要按照人的生长和发展规律去实施教育，我们的工作要围绕着如何调动人的积极性，如何充分发挥人的潜能，如何提高每个人的素质来进行。因为从历史，特别是从经济、社会、科技发展的过程来看，我们逐步认识到：只有高素质的人，才是社会、科技、经济发展和进步最根本的因素。我们在教育学生时，不能完全照搬以前传统的东西去教育学生，很多东西随着经济、社会、科技的发展已经过时了；也不能完全套用我们这代人做人的标准来要求学生，而应该设想未来社会对人有哪些基本要求。现在让他们打好基础，使他们将来不仅能适应社会、经济的发展，能解决生存问题，而且要能够对社会、经济发展起到推动作用，成为高素质的人，国家的栋梁之材。

"以学生发展为本"的"发展"实际上是进步、提高、变化。我们在讨论学校教育理念时提出：教育资源应该包括体育场馆、图书馆、实验室、计算机房等各类教育、教学设施，包括学生学习、生活的环境，也包括教师——这一特殊的教育资源在内，他们都是为学生发展服务的。要促使学生发生变化，促使学生提高和进步。所以要真正理解发展，必须明确这样几个问题：

1. 明确发展的标准和内涵。从抽象的意义上来讲，凡是学生的变化、发展趋势是符合于社会、经济发展趋势的，我们要支持，要为他服务；如果是与社会经济发展背道而驰的，或者不相融的，我们要限制。用一句话来说就是：我们培养人的目标应该体现国家的意志。国家的意志就是在全国教育工作会议上提出的：要德、智、体、美全面发展。为将来真正成为我国社会主义现代化建设的建设者和栋梁之材打下基础，这就是具体的标准。

发展的内涵就是学生的各方面素质和能力都能够得到极大提高。在高中阶段，学生的世界观、人生观、价值观正在形成过程中，他们的知识积累还处在进一步打基础的过程中，他们的身体还处在逐渐成长的过程中，而他们今后的发展方向还处在思考过程中。所以发展的内涵至少应该包括以下各方面：学习知识、运用知识的能力；健全的体魄，坚强的毅力，不怕挫折的精神，动手能力，创新意识；对传统、对是非、对道德分辨和选择的能力等等。所以对发展的理解，教师首先要解决认识的问题，不能只看学生的考试成绩，只看对教材内容的掌握程度。从知识的范畴来说，紧紧掌握教材知识也不够，我们还要求学生知识面宽广一些，考试也不仅要考掌握知识的多少，还要有分析、探求知识的能力及运用知识的能力等。再具体来说，就是要看我们每一节课的三维目标是否达成，即"知识与技能，过程与方法，情感、态度、价值观"各方面是否实现了设定的目标。

2. 在发展过程中要解决学生发展的方向及动力问题。发展的方向，从大的方面上来说，就是能适应并推动社会、经济的发展和进步。但随着社会、经济的快速发展，社会分工也越来越细，学生今后走上社会可以选择的职业也越来越多。霍华德·加德纳的多元智能理论告诉我们：学校教育应该是开发学生的多种智能并帮助学生发现适合其智能特点的职业和业余爱好，应该让学生在接受学校教育的同时，发现自己至少有一个方面的长处，学生就会热切地追求自身内在的兴趣。如何帮助学生结合自己的特点和理想，在高中逐渐确定自己今后具体的发展方向，这是教师的一项重要工作。这不是课堂教学所能完全解决的问题，而是要通过教师对学生的了解、对学生的关爱才能做到的。

当发展的方向问题解决后，在发展过程中还会遇到各种各样的困难，如何才能坚持到底，取得最后的成效，这就是要解决发展的动力问题。不同的学生在发展过程中必然会有所分化，有先进的、中间的和后进的。不平衡是绝对的，关键是德育的针对性。所以在我们学校里对学生的德育坚持两条重要原则：一是分层教育，我们现在将学生分成三个层次，发展最高层次的就是进学生业余党校学习；第二个层次是各级各类学生干部和愿意为大家服务的积极分子；第三是一般的同学。尽管这三个层次在发展的过程中不是一成不变的，只要我们明确了各层次的教育要求，随时掌握这些同学的变化，德育就会有针对性，不同层次学生发展的动力也就有了保证。二是守住底线，对学生的管理要宽严结合，尽管每位同学具体的发展方向不一样，发展速度不一样，但只要大方向是正确的，就能保证以社会道德作为底线的基础上，包容并促进学生的发展。

3. 为学生的发展创造良好的环境。学生在学校里发展，他有了方向，有了动力以后并不能说就一定能发展好，因为发展是要有一定环境和条件的。从"以学生发展为本"教育理念出发，学校就是要千方百计地创造适合学生发展的环境和条件。虽然我们学校的条件还不是很好，但我们要努力去创造，目的是满足不同学生及其不同方向发展的需要。我们通过开设选修课、研究性学习等课程，通过办特色学校来满足不同学生和发展方向的需要，使全体学生都能积极主动地发展。与此同时注重学生学习、生活环境的建设，使他们能在这个环境中生动、活泼、积极主动地学习和生活。

除了学校这个小环境以外，社会、家庭这个大环境的影响也是非常重要的，教师与家长的目标是一致的，就是把学生教育好，成为对国家有用的人。问题是要与家长形成统一的认识：怎么教育孩子，教育好的标准是什么。有的家长只要学习成绩好就行了，身体不好他不管，品质不好他不管；有的家长认为自己的子女只要考进大学，就达到他的终生目标了。其实考进大学只是一个人的阶段性目标，是一个人一生中的一个学习过程，并不是今后成为高素质的人的唯一标准。所以，需要我们的老师 3 年里不断地跟家长联系，通过开家长会、家访等多种形式跟家长沟通，取得统一的认识。家庭、学校、社会形成合力，对学生的发展将极为有利。

学校内部环境主要是要营造一个好的校风。好的校风形成，不是提出几句口号就形成了，它的形成需要相当长的过程。而且好的校风首先是建立在好的教风基础上的，首先应该有好的教风，才能形成好的学风，校风是它们的综合，这需要我们全体教职员工的共同努力。

4. 学生的发展是一个实践、感悟、磨炼的过程，也是一个反复的过程。因为学生是16～18岁的青年，正是在长知识、长身体的过程中。他们的兴趣爱好特别广泛，对很多问题都有一些初步的认识，但缺乏深层次思考，同时好奇心又特别强，经常会心血来潮，所以容易反复。学生处于这样一个阶段，很多问题经过我们的教育，对事物的认识开始清晰，但是很多东西要达到真正理解，是要通过实践、感悟和磨炼的。只有通过自己的实践去感悟，才是最真实的。我们组织多种意义的活动，让学生们大量参与，提高学生各方面的素质，他们的发展过程就是重在参与，重在实践，重在自我训练的过程。

学校提出"以学生发展为本，为学生终身发展奠基"的理念是现代社会对教育培养人才的需要，是学校"以人为本"管理思想的充分体现。与基础教育课程改革的核心理念是完全一致的。

在学校发展中，我们始终贯彻"以学生发展为本"的教育理念，结合对"以学生发展为本"的理解，在实际的工作中要关注到四个层面：

1. 在教育教学实践中，落实"以学生发展为本"要求我们更关注全体学生。正如孔子所言"有教无类"。在校园里，无论学生的学习基础如何，家庭背景如何，我们都要一视同仁。我们让每一位家长都放心，关注每一位学生的成长和发展，对待每一个学生都公正，决不厚此薄彼。为此，我校将教师做事是否公正作为评价教师的标准之一，促使教师和学生形成良好的师生关系，使学生"亲其师，信其道"。

2. 我们重视个体的差异性，了解学生的发展是不平衡的。个体与个体之间是不同的，这决定了学生的发展是不平衡的。要想打破这种不平衡，关键在于我们的老师对学生的看法，对学生的关爱程度到底怎样，具有怎样的学生观。我们的教师关爱学生，是培养学生的意志；关心学生，是不让学生掉队。对于不同发展速度的学生，我们运用不同的关爱方法，促进其提高和转变。对好的学生，我们不是一味地表扬、呵护，更要看到他存在的问题。对差的学生，我们发现他的闪光点在哪里，不要只是看到他的缺点，责怪、埋怨。这种爱才是真爱。2006年9月，学校对高一年级新生实行了分层次分班，分层次分班是根据因材施教的理论，关注到学生发展的基础不平衡的实际情况，根据学生中考成绩进行分班，实际上，考入十七中学的高一年级新生达到市级重点高中录取分数线的有51人，两极分化比较严重。如果平行分班就会使学习成绩好的学生吃不饱，成绩差的学生学不会，任课教师更是难以把握教学的尺度，正是在这种情况下，学校通过实行分层次分班来改变这种尴尬的局面，以此来突出以学生发展为本。

3. 考虑到每个学生的各个方面。我们要求班主任对学生的各个方面有所了解，了解学生的家庭，了解学生的喜好，了解学生的个性特点，重视综合性评价，扬长避短，以激励性的语言实施发展性评价，促进学生的可持续发展。伴随着基础教育课程改革的不断深入，“以学生发展为本，为学生终身发展奠基”的理念在学校逐步深化，学校逐渐改变过去对学生的终结性评价为发展性评价，最明显的特点就是学生们引以为自豪的成长记录袋。我校于 2006 年秋季开始对学生进行新的教育评价方式——学生成长记录袋，以达到促进学生发展（身心健康、和谐发展，智力和人格的健全发展）的目的。内容包括：成长足迹、真我风采、畅所欲言、收获园、学海拾贝、自我评价与总结六个部分。希望通过将来不断地探索与完善，让学生的“成长记录袋”更全面、真实地反映学生成长、进步的过程。为教师最大程度地提供学生学习与发展的重要信息，更科学、更合理、更公正地评价学生，让每一个学生都能找到适合自己发展的途径，凸显个性，展示自我，从而真正实现学生的自我发展、主动发展、可持续发展。

4. 为全体学生的终身发展奠定基础，追求学生的可持续发展，学校确立了“为学生提供选择性的课程”的课程理念。虽然，现在还没有实现完全地做到让想学什么知识的学生就能有选择相应课程的水平，但是，学校经过努力已经为学生们开设了必要的选修课程，注重学生的可持续发展。从 2006 年至今，学校已经陆续开设的校本课程有《时事政治》、《自然灾害和可持续发展》、《组织培养与无土栽培》、《手球》、《篮球》、《东北地方史》、《快乐数学》、《诗歌鉴赏》、《生活中的化学》、《生活中的奥妙》、《素描》、《环保与健康》等二十几门校本课程。

在我到来之前，学校是没有明确的办学理念的，经过几年的发展，“以学生发展为本，为学生终身发展奠基”的理念已经成为学校办学思想、办学方略及学校所有教育教学活动的核心理念，成为全校教职员工共同拥有的核心价值观，正是基于“以学生发展为本”这一现代教育理念的确立及被广大教职员工的接受、认可及自觉实施，为实现学校的跨越式内涵发展奠定了思想基础。

下面是我校王华老师参加学校英语学科教学技能大赛时的一篇演讲稿：

Nice to meet you again, my honored judges and teachers. Today I will discuss our school.

After crossing a busy and thriving street, you' ll set foot on a clean and beautiful playground with grass and plastic cement race track, where a lot of cheerful students will greet you politely and lead you to a five-storied teaching building. Many kinds of wonderful artworks hanging on both sides of the walls must attract you attention. Seeing these, you may feel puzzled and can' t help asking yourself, "Is this school the one that you heard of before?" Yes, this is our school, a completely new and promising school, one that must give you a big surprise.

As a member of our school, I have witnessed the great changes happening to her in the past two years. Apart from the outer changes, our school emphasizes the inner improvement and promotion. With the leadership of our headmaster Ge Haifeng and all the efforts of each member, our school is equipped with a modern educational and teaching theory, based on the development of each member, offering lots of opportunities for teachers and students to show their talents. For example, not only does our school offer us beautiful and comfortable teaching environment, but also she gives us a special opportunity to visit our brotherly school in Korea, broadening our horizons and promoting the school' s reputation at home and broad.

With the deep innovation of our school, everyone here strengthens our belief and courage. So, here I say to you, we are all proud of our school. Now, I' d like to end up my speech with "I have a dream" from a great and famous leader Martin Luther King Jr.

My dear friends and sincerely colleagues, even though we must face a lot of difficulties of today and tomorrow, we still have a dream. It' s a dream deeply rooted in the love and confidence to our school.

We have a dream that we shall build a No. 17 full of passion and harmony. Everyone here can enjoy the challenge and opportunity at the same time and get along well with each other.

We have a dream that we shall create a No. 17 with high quantity and green colors. Everyone here can make progress hand in hand and enjoy the clean and comfortable environment.

We have a dream that we shall get an opening No. 17. Everyone here can communicate with each other deeply and get a good reputation widely from society.

So we all have a dream, and I firmly believe that our dream shall come true in the near future with all the efforts of each member.

Thank you for your listening.

Wanghua

2007.12

从王华老师的这篇饱含深情的演讲稿可以看出，她对学校的热爱之情，学校精神文化的主体内容已经深入教师的内心，这其中包括“以学生发展为本，为学生终身发展奠基”的理念，更有对打造“五个‘十七’”的深刻理解，最宝贵的是这些思想已经成为十七中老师们生活与工作中不可分割的一部分，教师们已经与学校的发展和变化水乳交融，学校的精神文化已经成为他们生活工作中共同的思想观念。

“以学生发展为本”是我们的教育理念，我们不是把它当作一个口号，而是把它作为学校教育教学工作的准则，在深刻理解的基础上，落实在教育教学的具体实践中。

让每位教师都发展

没有教师的发展，就不会有学生的发展，更不会有学校的发展。

纵观学校历史，长期以来，由于学校没有得到很好的发展，学校的各方面工作在市里和区里都是落在兄弟学校后面，更没有获得过高于区级以上的政府奖励，学校在社会中始终没有形成一个良好的声誉，学校的师生处在一个外界评价很低的社会舆论之中。

俗话说：环境可以改变人。始终处于低迷氛围的环境中，又怎能让教师们努力向上、积极工作呢？学校的长期落后状态，严重影响了教师的积极性，开始了得过且过、混日子的工作和生活，产生了人们常说的教师职业倦怠现象。

学校作为一个社会组织而言，它对个体行为既有助长作用，又有削弱作用。学校氛围好，教师集体意识强，上下级关系融洽，意见容易得到沟通，教师就能体验到安全感，充满自信和自尊。所有这些，都有助于缓冲工作中所遇到的压力，降低教师职业倦怠的产生。

针对学校教师队伍的调查、研究和分析，使我对教职工队伍的整体情况已经有了准确的把握，于是，想办法逐步消除老师们的职业倦怠感、激发他们的工作热情就成了我刚到“十七”时经常思考的一个问题。

初到“十七”，就有人给我介绍说学校的人际关系很复杂，用了一句“水很浑”来形容。在工作中，我也发现了介绍中所说的一些现象，例如学校初中部和高中部都存在着小团体现象，由于正气没有树立起来，造成了同事间关系紧张，产生无归属感和压抑感，由此进一步导致压力加剧，也成为诱发老师们职业倦怠的因素。

另外，由于学苗素质较差，部分学生的行为习惯和学习习惯不好，学生在上课出现扰乱课堂现象时教师难以教育，虽然教师们很用心很努力，但是学生却不买账，师生关系有些时候很紧张。面对这种情况，一些教师束手无策，再加上学校领导支持不够等原因，导致教师们心理不平衡，内心充满了抱怨，挫伤了教师的工作积极性。

在当今市场经济条件下，受制于学校的影响，学校教师的经济收入和社会地位难以真正提升，使教师们无论是对学校还是对职业本身都极度失望。教师将目光转向了其他行业中的知识分子。一部分索性离开教师岗位去开辟新天地，还有一部分则陷入了观望和彷徨，不安与躁动笼罩着这部分教师，教书育人已经不是他们所思所想的事情了。

教师是学校发展的基础，教师职业倦怠是学校发展的最大障碍，没有一支爱岗敬业的优秀教师队伍，学校的发展是无从谈起的。而教师队伍的现状促使我必须把教师素质提高到决定学校发展诸多因素的第一位。于是，“让每位教师都发展”便成了学校办学思想中重要的一句话，之所以将这句话作为学校办学思想的一部分，是基于以下三个方面的考虑：首先，从“以人为本”的思想角度看，让每位教师都发展是教师作为育人者自身需要的，每位教师都需要得到学生和家长、学校和社会的尊重，需要实现自身的教育理想和人生价值；其次是从学校的发展角度看，让每位教师都发展是学校得以可持续发展的基础，更是让每名学生都成人的基石，没有教师的发展，就不会有学生的发展，更不会有学校的发展；最后，从社会发展的角度看，如今的社会已经进入了知识经济时代，我们已经身处终身学习社会，是属于教育的后喻时代，只有我们的教师坚持终身学习，才能适应社会的进步与发展。

毋庸置疑，“让每位教师都发展”就是指教师的专业发展，教师的专业发展简单地可以概括为三个方面：第一是教师的专业理想；第二是教师的专业知识与技能的发展和提高；第三是教育智慧。

首先是强化教师的专业理想。人的一生无论从事什么职业都需要理想，理想是人生的目标，爱默生曾说：一心向着目标前进的人，整个社会都会给他让路。专业理想是一种奋斗目标，有了明确的专业理想，就会有前进的动力，就会有脚踏实地的践行。有定位才会有地位，教师只有具备明确的专业理想，才能对自己所从事的教学工作产生强烈的认同感并投入其中，才能努力提高专业才干，努力维护专业荣誉和自己的专业形象。专业理想是人对所从事专业的一种向往和追求，是指导人们行动的精神动力，它体现在教师对其职业的理解与追求上。①

有什么样的从教情感，就有什么样的工作态度，进而形成相应的价值观。每个教师从教的过程中，情感、态度和价值观都是随着对教育的认识而不断发展和变化的，学校在促进教师专业发展过程中，不断激励教师形成与保持正确的积极态度。对教师职业的正确认识是从教的情感、态度和价值观发展的基础，需要采取多种方法在不同时期不断强化。

其次，是不断丰富和提高教师的专业知识与技能。教师的专业知识和技能是指从事教师这一专业所必须具备的知识与能力。它是构成教师专业的核心要素，是指“用什么”去服务，主要是解决专业服务的本领问题。校本培训是我

① 刘秀荣，王晓霞. 论教师专业发展及特质［M］. 辽宁师范大学学报（社会科学版）. 2004（2）

校行之有效的丰富和提高教师专业知识与技能的方法，人们常说：教学相长，随着学苗素质的提高，教师的专业知识和技能也随之逐渐提高。

最后，还要努力提高教师的教育智慧。教育智慧是指教师运用其所积累的全部综合知识对教育教学过程中出现的问题做出判断和解决的能力。主要是指“能不能”服务的问题，即解决服务质量问题，是建立在前二者基础之上的。

教育智慧在教育教学实践中往往表现为：具有敏感、准确判断生成和解决过程中可能出现的新问题的能力，具有把握教育时机、转化教育矛盾和冲突的机智；具有根据对象实际和面临的情境及时做出决策和选择、调节教育行为的魄力；具有使学生积极投入学校生活，热爱学习和创造，愿意与他人进行心灵对话的魅力。例如，我们在工作中常说的某某老师教课教得好，带班带得好，学生都喜欢他但又害怕他的老师就是属于拥有较高教育智慧的老师。

在推进教师专业化发展过程中，采取多种可行的措施，提高教师的职业认同感，减轻教师的身心压力，增强教师自主发展的意识，让每位教师都发展更应是让教师积极地、自主地发展。

几年来，立足于校本培训，通过多种措施和方法的落实，教师们的专业发展取得了十分优异的成绩。涌现了5位国家级优秀课教师，12位省级优秀课教师，绝大部分教师取得过市级优秀课荣誉。此外，还有1名省级课改先进个人，4名沈阳市骨干教师，1名沈阳市优秀班主任……

从理想教师的专业素养来看，做一个真正合格的教师的确是非一日之功，这也正是我们提出教师专业发展的理由。我们所要提出的专业发展实质上就是教师通过自身的各种教育教学活动不断使自己的专业素养得到提升，同时，通过外在的各种保障机制使教师专业素养能够得到顺利提升。专业发展是内在发展与外在发展的统一。理想的教师专业素养的提出表现出人们对一个成熟的教育教学专业工作者的向往和追求，它为教师提供了奋斗的目标，是推动教师专业发展的巨大动力。

让每名学生都成人

让每名学生都成人就是培养具有品德良好、个性发展、身心健康，具有自主学习能力、团队合作意识、积极进取精神，具有社会责任感的社会主义建设者和接班人。

“让每名学生都成人”是我校“三让（让每名学生都成人，让每位教师都发展，让每位家长都放心。）”办学思想中的第一句话，之所以提出把“让每位学生都成人”作为办学思想是针对学校先前所确定的“让每个学生都成才”进行的修正，同时也是针对我校学生的实际素质而提出来的。

首先，从一个人成长与发展的过程看成人、成才、成功三者的关系。应该明确的问题是，高中阶段教育是一个人一生成长与发展过程中很短暂的一段学习过程，只能完成高中阶段的培养目标，为每个人学会做人，拥有正确的人生观、价值观、世界观打下坚实的基础，真正要使每个人成人是需要他一生的不懈努力的。

另外，从高中阶段学生所学习的知识和培养的能力来看，也只是学生将来真正适应社会发展，为社会作贡献所要求的基本学识和技能，根本谈不上在高中阶段让学生成才，只有学生在高等院校学习后才能为成才奠定直接基础，也就是说通过高等院校的专业知识的学习和培养，学生具备了较高的综合素质，才能谈论是否成才的问题。学生走上社会以后，通过个人的努力和不懈地奋斗，以及机遇和多种因素的有力支撑，才能使一个人能够在某一方面或某一领域获得成功。因此“让每名学生都成人”应是高中阶段最基本的任务之一。

其次，从客观现实的角度看成人、成才两者的关系。成人就是让学生学会做人，指的是我们的教育要能够使学生发展成为一个堂堂正正的人，一个对国家和社会发展有益的人，具有最基本的现代社会公民素质的人。成才是指在具有良好思想道德素质基础上，通过不同方式的学习和实践，拥有一定的知识和技能在某一领域为社会的发展作出贡献。成人是一个人一生要做的事情，即做人。实际上，每个人的一生都在用自己的言行来书写一撇一捺这个大写的“人”字，从某种意义上讲成人是包含成才的，成才是成人的一部分。

另一方面，从成人的角度讲，在社会上有一般素质的公民，有道德高尚的公民，还有公民中的楷模——全国道德模范；从成才的角度看，在某一领域有一般的研究人员、有研究员、有院士。无论是成人还是成才都是具有不同的层次的。

再次，根据我校学生的实际素质看，作为市级重点高中的学苗，基本上是培养社会主义现代化国家的建设者，应该准确定位在一个德育的底线，并在此之上去培养学生，而我国德育培养的高目标与现实社会的低层次现象之间的矛盾是不利于学校教育的，所以我们不指望人人成才，但求个个成人，即让每名学生都成人是基于现实最科学的定位。

基于让每名学生都成人的办学思想，我校根据实际情况将学生的培养目标定位为：培养具有品德良好、个性发展、身心健康，具有自主学习能力、团队合作意识、积极进取精神，具有社会责任感的社会主义建设者和接班人。

良好的品德是指一个人良好的品质和道德，是衡量是与非、善与恶、正义与非正义、诚实与虚伪的标准。良好的品德不是一个人与生俱来的，它需要经过认知、迁移、内化的过程，并且在这个过程中不断反复，是一个曲折、复杂、渐进的过程。

学校的教育教学活动都围绕培养学生具有良好的道德品质进行。学校通过课堂教学主渠道、主题班会、大型主题活动、学生社团活动等多种形式，例如在学生中开展“与文明握手，告别陋习”、“为贫困学生献一份爱心”、“文明礼仪伴我行”、“学军”、“学农”等主题活动，融知识性、趣味性、娱乐性、教育性于一体，使学生在不知不觉中养成了良好的道德行为习惯，使学生能够明是非、辨善恶、讲礼仪，在思想意识、道德品质等方面进行自我认识、自我磨炼和自我提高。为使学生能够做一个诚实守信的人，做一个勤奋努力的人，做一个文明懂礼的人，做一个遵守纪律的人打下基础。

个性发展和全面发展之间存在着辩证统一的关系，即：全面发展为学生的个性发展创造了良好的客观条件，反过来，只有学生的个性得到了发展，全面发展的要求才能逐步达到。

人的全面发展是和一定的生产力和生产关系相联系的，只有在社会生产力高度发达、生产关系适应人自身的条件下，人才能获得全面自由的发展。离开社会发展规律去搞自我选择、自我设计、自我膨胀，势必走向自我毁灭。所以，我们必须引导学生正确认识个性发展与全面发展的辩证关系。

个性发展是以全面发展为前提的。人的个性总是体现着一定的社会关系的性质，离开人的社会性，自然因素在人身上的表现即不可理解。当代学生的个性发展应该是在坚持四项基本原则和社会主义共同理想基础上的发展，而并非随心所欲。那种对个人健康成长和社会发展无益甚至有害的个性，是必须坚决反对的。正如裴斯泰洛齐所说：“教育的宗旨不是孤立地发展个人，而是把个人放在人类缚在一起的大链条的位置上，使整个人都得到发展。”①

教育的全面发展其实质应追求个性和谐的发展。马克思主义认为，人的全面发展应包括三个层面：第一是指人的“体力和智力获得充分的自由的发展和运用”②；第二是人的才能、志趣和审美能力的多向度发展。个性的思维、情感、意志和想象力等在更高层次上得到了完整的发展，从而在更高水平上再次塑造个体本身；第三是共产主义崇高品德的发展，塑造真善美三者相融合的理想化个性。这一全面发展的要求，落实到具有不同个性心理的每个学生身上就是个性化，而并非是千人一面的平均发展的模式。所以，个性发展其实是在全面发展的要求下，借助于个体的智慧努力探索、不断建构具有公认优良标准的品质，从他律转到个体内心自享需要的自主、自律的过程。这正是全面发展所追求的目的。世界乒乓球冠军邓亚萍从普通运动员到世界冠军，从我国奥运大使再到国际奥委会官员的发展历程，正是个性发展到全面发展的典型。

身心健康是指身体和心理健康，心理健康又称之为思想健康。随着知识经济和信息时代社会的不断发展，世界经济一体化格局正在逐步形成，各国的经济依存度正在增加，而各种政治矛盾也随之凸显，世界各国面临的人才竞争也

① （英）伊丽莎白·劳伦斯著．现代教育的起源和发展．纪晓林译．159．

② 马克思恩格斯选集第3卷［M］．人民出版社，1972：322．

日益激烈，培养具有国际竞争能力的人才便成为当务之急，这种人才最基础和最重要的能力就是具备强健的身体和健康的心理。另外，我国经济转型期社会的发展也使我国社会的各种矛盾逐渐显露出来，每个人将面临教育、就业、住房、社会保障等诸多问题，将承受着比以往更多的竞争和更大的压力，如果没有一个强健的身体和良好的心理素质是很难适应社会的发展的。富士康公司频发的连环跳，从一个侧面是否可以说明心理健康的重要性呢？马加爵事件是否可以说明心理健康的重要性呢？我校 2009 年张某某同学在家跳楼自杀事件和某某同学割脉事件更是给了我们一个教育和警示，心理健康对于一个人的发展是多么重要。正像原教育部长周济所言："生命不保，何谈教育"。

学校只有把学生的身心健康放在重要的地位，才能保证为国家和社会的发展培养合格的建设者和接班人。我们通过上好体育与健康、心理健康课程和开展多种学生活动，来培养学生乐观向上的生活态度，使学生能够乐于、善于与他人交往，正确看待和处理男女同学之间的交往，平稳渡过青春期，用宽容的眼光看社会、事业和友谊，以真诚、包容、信任等正面态度克服虚伪、嫉妒、猜疑等消极态度。对自己充满自信，对社会、生活充满希望，对自己所从事的工作或学习抱有浓厚的兴趣，不必羡慕人家，不要苛求自己，培养抗挫折能力和适应社会的能力，形成健全的人格。

我校"以'教学案'为载体，构建自主学习课堂教学模式"的课堂教学改革是学生学习方式的变革，"自主学习、合作学习、探究学习"已经是这种有效课堂教学的特点，是我校教育教学质量不断提高的有利推手，是新课程改革的深入，更是"以学生发展为本，为学生终身发展奠基"这一现代教育理念的体现。

自主学习是指学生学习过程的内在品质，是学生学习方式转变的结果，是相对于过去"被动学习"、"机械学习"、"他主学习"的。结合我校学生的实际水平，我们可以将自主学习的特征概括为以下几个方面：学生能够按照教师根据学情所确定的导学目标，制订学习计划，实施自主学习；在学习过程中能够对学习方法做出自我监控、自我反馈和自我调节；在学习过程结束前能够对学习结果进行自我检查、自我总结、自我评价和自我补救。

"自主学习"是建立在自我发展意识背景下的"能学"，建立在学生具有自我发展内因前提下的"想学"，建立在学生掌握了一定的学习方法基础上的"会学"，建立在学生不断努力基础上的"坚持学"。

当然，在这个过程中一定伴随着团队合作。团队合作是一种为达到预设目标所表现出来的自愿合作和协同努力的行为。当团队合作是出于自觉自愿时，必将会产生一股强大而且持久的力量。团队合作中学生作为集体的一分子，表现出和同学们一起学习的意愿。同时也是具备能够在一起学习和研究的心理和能力，我们也可以将团队合作看成是完成一项研究任务的有效方法。

高度的社会责任感是合格公民的基本素质。社会责任感不是抽象的，具体体现在对家庭、他人、集体、国家、民族的情感、态度、责任和义务上。现代社会要求我们对学生的爱国主义教育要从学生的“我”及“我”身边的事情开始，摒弃过去那种空洞的大而全的低效的教育方式和方法，从爱父母、爱亲人、爱教师、爱同学到爱工人、农民、知识分子和解放军到爱整个中华民族；从爱班级、爱学校、爱家乡到爱祖国的大好河山、悠久历史、灿烂文化乃至整个祖国的历史和社会主义祖国；从爱学习、爱科学、爱劳动到爱祖国的社会主义建设事业；从爱祖国、爱社会主义、爱党到爱祖国的共产主义前程。

目前，高中学生在社会责任感方面主流是好的，但在部分学生身上也存在着一些令人担忧的社会责任感淡化倾向。重视个人前途，缺失社会理想；注重自我价值，漠视社会价值；当公众利益与个人利益矛盾时，则以个人利益为重，缺乏为社会和集体奉献的精神等。我们通过宣传 2005 年感动中国十大人物之一的洪战辉和我校毕业生全国道德模范夏云龙等先进人物的典型事迹，对学生进行教育，培养学生高尚的道德情操和高度的社会责任感。

所以成人比成才更加重要，它是我们做人的根本。

激情“十七”　超越自我　主动发展

激情应该是“十七人”的一种气质，一种境界，一种学习、生活态度……

我们提出的要打造一个“激情‘十七’”，是针对要改变当时学校教师对待工作萎靡不振、无精打采的那种状态而提出来的，目的是唤起教职员工对教育事业的追求，解决由于种种原因造成的教师职业倦怠问题，使他们积极投身于学校的改革与发展之中，进一步提高学校的教育教学水平。

激情已经成为十七中学的一种精神，一种学校文化。同时，展示给人们的应该是十七中学人的一种气质，一种境界，一种学习、生活态度……

我们把激情界定为是对有价值的目标的执著追求。激情要体现在校长和学校领导的工作状态上，体现在全体教职员工和全校学生的精神面貌上，体现在学校的软硬件建设上，体现在学校的方方面面，最终形成学校的一种文化。

·校长的激情

一位理想的校长应具备的品格有很多，但我觉得首先要有激情。苏州大学教授朱永新先生曾说：“实际上，做任何一件事情，尤其是管理一所学校，作为校长，最重要的应该有一种激情，应该有一种创造冲动，有一种不断挑战自我的动机。激情可以产生动力，激情可以产生灵感，打破常规，冲破障碍。有了激情，才会有创造冲动，才会使学校发展的主旋律铿锵有力。”

“激情‘十七’”首先应该体现在校长的所思所想、所作所为，以校长的实际行动感染干部教师和学生，点燃全校师生的激情。

为了做好2006年5月的高一年级招生工作，我和学校其他几位领导在研究招生简章方案的过程中，李昭祥副校长提议招生简章中校长的照片应该另辟蹊径，采用比较现代的风格的照片，可以起到意想不到的宣传效果。在大家的一致建议下，最后采纳了建议，结果招生简章中我的照片采用了日本式现代的流行风格，由于姿势类似达·芬奇的名画蒙娜丽莎，因而被其他学校校长送了一个“蒙娜丽莎”的绰号。

采用那张照片我也是犹豫了很长时间，总觉得不太合适。但是，为了学校的招生工作取得较好的效果，也只有创新了。

一张宣传照片背后，显露的是我对工作的态度，是我对招生工作的高度重视，是对学校发展的热切期盼，也是我作为校长的激情的体现，不能因为我能够做到的事情最终没有去做，而耽误和影响学校的招生工作。只要是对学校招生工作有利的事情，我都会去做。功夫不负有心人，学校在2006年的高中一年级招生工作中取得了历史上的最好成绩。

招生简章中校长的照片

一个没有激情的校长，必将是一个平庸的校长，他所领导的学校也必将是死水一潭，无所发展。没有激情的校长，在学校发展中就可能会出现“温水煮青蛙”式的悲哀。有激情的校长会把工作作为事业来做，无激情的校长只会把自己的工作作为谋生的方式。对于校长这个职位，把它作为谋生的方式来做，还是把它作为追求的事业来做，这是两种迥然不同的境界。无激情的校长也许他不迟到、不早退，及时完成自己的本职工作，但只会按部就班，“做一天和尚撞一天钟”，仅仅解决了自己的生存问题和学校的生存问题。然而，要想打造品牌学校，校长就要有激情去改革、去创造。

有激情的校长，往往就有理想和追求，能把学校的发展放在至高无上的地位，把学生的发展、教师的发展放在至高无上的地位。在他的任期内，他必定要比前任校长做得更优秀、更卓越，必定会给后继者打下扎实的基础。充满激情的校长，他的工作必定充满活力，善于学习，并不断从外界获取“思维灵感”，善于从书籍、报刊和网络中汲取营养并激发自己的激情；能经常带着一些工作中的实际问题，与下属或其他业内外人士进行讨论，进行不同观点的碰撞，不断产生新的“思维火花”和“创新灵感”。

作为一个充满激情的校长，会千方百计调动起教师的激情，挖掘教师的潜能，为教师搭建舞台，让每一个教师的角色都演得精彩。把教师推到前台，让教师来做主角，帮助教师更好地成长，让每一位教师不断发展。我努力了解每一位教师的个性特点，了解教师需要什么，使教师在工作中有一种幸福感，让他们发自肺腑地产生“士为知己者死”的工作激情。

可以说，许多成功的校长都是在用激情推动着学校的改革与发展，创立了他们自己独特的教育理念，他们凭借一种激情走出了学校的特色。苏霍姆林斯基以“相信孩子”的思想缔造了国际著名的帕夫雷什中学；陶行知以“生活即教育”、“民主教育”、“创造教育”的思想，创立了具有“开明、平等、实干”风格的晓庄师范；上海建平中学老校长冯恩洪提出“合格＋特长”的育人思想，创建了闻名全国的“建平模式”。从他们的传记、文章以及所形成的独特的办学理念来看，他们对教育充满了热情和激情。实际上，这些优秀校长都是在激情创业，都是在用激情书写着教育诗篇。

我认为：不仅我个人要有激情，而且要用激情去感染干部和教师，我的管理要让我周围的人都富有激情。正如心灵只能由心灵唤醒一样，激情也只有通过激情来点燃。而充满激情地工作一直以来是我对事业、对工作的一种实然状态，其间我也享受着激情所带给我的幸福。

·领导团队的激情

领导者的激情和人格魅力对于学校的发展至关重要，一个没有激情可言的领导者不可能带来富有激情的员工，我庆幸我工作在一个富有激情的领导团队中。

李忠士书记是我到学校时与我搭班子的老书记，2007 年 9 月离岗退居二线。忘不了李书记与我的默契配合，忘不了我遇到困惑时他给予我的支持和帮助，更忘不了他不顾心脏病全身心投入工作、早来晚走与我共同在校园内巡视……

李昭祥副校长得知学校晋升市级重点高中时欢呼雀跃的兴奋，徐宝平主席对待工作的认真负责，始终让我记忆犹新，虽然他们已经离岗或退休，但我认为他们都对事业充满着激情，为十七中学的发展作出了自己的贡献。

现任的各位中层以上干部，都以学校的发展为己任，以十七中学干部特有的对事业的激情，努力奉献着，推动着学校的不断发展。

2005 年 5 月，沈河区向辽宁省教育厅申报了“双高普九”达标验收，接着沈河区政府及教育局所属各中小学立刻投入到了此项工作之中，经过沈河区政府督导室的多次检查，沈阳市第十七中学的各项工作取得了较好的成绩，总分位居全区前茅。为了进一步做好“双高普九”迎接省里检查，沈河区政府督导室决定于 2006 年 6 月 2 日在我校召开一次现场会，以此来推进“双高普九”的备检工作。有各校领导、教育局领导、沈河区政府领导参加会议。为了迎接现场会的胜利召开，学校召开会议统一思想，学校的中层以上干部及部分教师和工作人员奋战了三天三夜没合眼，胜利地完成了准备工作，得到了所有与会领导的赞扬，为全区中小学“双高普九”工作树立了样板儿，提升了十七中学在全区的地位和声誉。

德育处陈占中主任回忆说：“三天三夜没合眼真的是终生难忘！我们每个人都是在忘我地工作，那可真是一种激情！”教务处副主任魏秀玲为了方便学校的工作，更是在学校附近租住了房子。她不计个人得失的这种投入，更是一种激情。

激情之花化解了他们倦怠的情怀，激情之风吹落了他们疲倦的征尘。

正是由于十七中学干部和教师的努力工作，为沈河区“双高普九”工作的进一步开展奠定了基础，为沈河区于2006年底顺利通过辽宁省“双高普九”达标验收作出了贡献。

·师生的激情

学校管理者的激情带动了教师的激情，全体教职员工积极参加学校组织的各项活动，在活动中能够充分展示“十七人”的风采。教师又用自己的快乐情绪来影响和引发学生的快乐学习的激情，学生的快乐学习激情进一步促进教师的快乐情绪，由此形成良性循环，形成师生共乐的教学气氛。在师生情绪的相互感染中，使教学气氛更为融洽，教学效果大大提高。

教师只有具备丰富而广博的知识，才能够依据教材不同的内容见机行事激发情感；教师只有具备了较高的能力素养，才能有效地驾驭教材，调控教学过程，调解课堂气氛，才能因材施教，启发诱导，才能唤醒学生内心潜在的激情；教师只有具备自己独特的教学风格，才能把学生的积极性、主动性调动起来，充分体现“以学生发展为本”的教育理念，激活学生潜在的能力，充分发挥学生主人翁的地位，让他们活跃在课堂上。“学、悟、探、测、思”教学模式改革以来，学生主动参与教育教学活动，使课堂真正成为学生的舞台。可以说学校每一节课既是教师激情的体现又是学生激情的展示。

2007年12月29日下午，沈阳市第十七中学召开了“喜迎奥运欢乐年，共谱‘十七’幸福曲”的迎新联欢会。在此之前，全体教职员工只用了一周的时间准备表演的节目，全校各个工会小组利用业余时间精心准备，在所有演员充满激情的表演后，在欢乐祥和的气氛中联欢会落下了帷幕。直至今天，教师们一提起那次联欢会，眼前立即就会浮现着身着旗袍、撑着油纸伞的舞蹈《青花瓷》，提着红灯笼高唱的《幸福中国年》，还有令人捧腹、幽默的三句半，这些经典的场景使人难以忘怀。

高三年级全体12名教师表演的三句半

唱响“十七”

高三二班班主任王彩虹老师创作

一针见血的三句半，叨咕到谁可别冒汗，
意外效果有一点，——肝儿颤
霹雳一声震天响，来了小葛当校长，
大家感觉怎么样，——挺爽
小葛挺能玩深沉，真抓实管还有窍门，
办事简直不是人，——真神
十七中学大发展，说进重点就进重点，
各路媒体纷纷传，——露脸
全校师生有激情，德育教学样样行，
示范基地全拿下，——不服不行
和谐校园是棋一盘，领导关心如灯一盏，
各位今后怎么办，——玩命干呗
“十七”教师不好惹，各项比赛收硕果，
冲出沈阳走向全国——太有才了
文明校园靠绿色，环保大使来讲座，
报纸杂志整得火，——有我
全校教师士气高，出外深造是新招，
自已不用掏腰包，——报销
先进思想进课堂，全校师生都着忙，
“十七”明天会怎样，——飞翔

时光流逝匆匆过，转眼已经到年末，
祝福大家都收获，——快乐
高三集体来献艺，三句半是我编的，
内容真实你别生气，——爱咋咋地
高三阵容不一般，有个美女叫貂蝉，
又刁又馋那，——是俺
新年联欢响当当，人人献艺露锋芒，
下面节目更疯狂，——鼓掌

学生的激情不仅体现在课堂上对知识的不懈追求，还体现在日常的工作学习生活之中，有了激情，可以获得比以往更大的收获。

2007年4月6日，由中国关心下一代工作委员会等十部委共同开展的“中国关爱成长行动——全国青少年文明礼仪普及活动”辽宁省启动仪式在我校操场举行，大会全程45分钟，全体同学一直都在操场上站立，整个过程全校1500余名同学没有一个同学随意晃动，炽热的阳光下，同学们一直保持立正的姿势，俨然是受过良好训练的军人，体现出一种良好的素质和精神风貌，作为辽宁省首家全国青少年文明礼仪教育示范基地，让同学们感到无比的兴奋与自豪。

2007年5月31日，学校为进一步推动“文明礼仪伴我行”活动，开展了班级文明礼仪教育成果展示。八年三班的5个同学利用一周的时间编排了“文明出行”的小品进行表演，同学们表演得认真、仔细，充分展示了个人的特长，通过小品的表演告诉同学们应该文明出行，注意交通安全，作为学生应该自觉遵守交通规则，展现十七中学学生良好的行为举止、文明的语言、高尚的精神面貌。这个小品的表演不仅使同学们受到了教育，也得到了全校师生的好评，体现了学生们对参与学校活动和维护学校形象的激情。

2007年6月11日，高二四班李月同学的妈妈来到学校，看到正在值班的李昭祥副校长，就跟李昭祥副校长说：“我女儿最近整天都很兴奋，跟我说，‘我们学校现在是市级重点高中了，我将来就是市级重点高中的毕业生了，我要好好学习了，绝不能给学校丢脸，我得像个市重点学生的样儿，以后就不用你督促我学习了。’这孩子简直就像是变了个人儿似的，这几天还真省心了。”

“学、悟、探、测、思”教学模式改革以来，学生主动参与教育教学活动，使课堂真正成为学生的舞台。戴晓光老师在一次课上讲解晨昏线的形状是圆圈，以往的情况是教师在讲解这一抽象的知识时总有一部分同学不能理解，而在二班上课时，一名同学举了切西瓜的例子，一下子就把问题解决了。可以说学校每一节课既是教师激情的体现又是学生激情的展示。

只有全体学生具有对知识渴望的激情，对生活热爱的激情，对未来向往和憧憬的激情，教师具有对教育事业无私奉献的激情，才能与校长的激情相互感染，从而形成一个激情向上的学校。

十七中学师生始终保持一种精神，那就是敢为人先，勇于创新。即使是一片荒漠，也要洒下最后一滴汗水把它变成绿洲；即使是一座险峰，也要傲视万丈深渊把它踩在脚下；即使是一潭死水，也要搅得它浪花飞溅让它激情澎湃。

和谐“十七”　以人为本　师生共进

“和谐‘十七’”的核心就是班子的和谐、干群的和谐、师师的和谐、生生的和谐、师生的和谐。

纵观我国悠久的历史文化，早在《左传·襄》就有“八年之中，九合诸侯，如乐之和，无所不谐”之说；伟大的教育家孔子，打破“礼不下庶人”的贵族化教育，开创一代私学，提出“和为贵”，并将“仁”作为其哲学思想的核心，主张“恭则不侮，宽则得众，信则人任焉，敏则有功，惠则足以使人”；更有“人心齐，泰山移”的名言。所以在现代学校的管理中，应该汲取我国古代文化的精髓，将其应用到现代学校的制度建设之中。

“和谐‘十七’”的提出是源于学校当时教师队伍内的不和谐及其与学生之间的不和谐，例如教师内部的小团体，学生之间密集的打架事件，使师生们生活在一个没有安全感的校园之中，种种不和谐的音符产生了能量巨大的内耗，严重阻碍着学校的发展。

通过打造一个和谐“十七”力求能够改变这种影响学校发展的现象。因为和谐校园是推动学校更快、更好发展的基本条件和根本保证，和谐能够凝聚人心，和谐可以团结力量，促进事业发展。校园奏响和谐的旋律，将为学校和学生的发展注入新的活力，充分激发全体教职员工教书育人的积极性和创造性，全面调动学生自主学习、创新思维的主动性，从而形成全面提高教育教学质量，促进师生身心健康发展的好局面。

学校始终坚持“以人为本”的思想，打造和谐“十七”。不断促进“人”的和谐；不断促进“事”的和谐；不断促进学校文化建设；不断促进学校与社会、家庭的和谐。

学校是培养人的地方，和谐“十七”的核心就是“人”的和谐，主要指班子的和谐、干群的和谐、师师的和谐、生生的和谐、师生的和谐。

和谐应该是在遵循事物多样性的前提下强调和谐统一，可以理解为“和而不同”，因此，“和谐‘十七’”应该是“主流文化引领，多种文化并存”的格局，不断促进学校的发展。主流文化引领过程中出现的干扰或削弱主流文化的小团体文化必须予以清除，才能保证学校在核心价值观的引领下发展。

学校领导关心教师的疾苦，对教师在生活中遇到的困难，极力想办法帮助解决，教师家里的婚丧嫁娶学校领导都亲自到场。对于青年教师更是多关心他们的生活，原来我校有30多名家在外地的青年教师，他们年轻、有干劲、有朝气，是“十七”的中坚力量，因为独自在沈阳，生活中会遇到各种意想不到的问题，这个时候需要的就是学校领导对他们的关心和爱护。

2008年，有一位女教师工作中腰严重扭伤，一动不能动，学校两位中层干部和两个年轻女教师随120陪其去医院看病。因只身在沈，受伤的老师没有一个亲人在身边，我们学校的领导和同事就是她的亲人。作为一校之长，闻讯后，赶到医院看望，亲自推着轮椅，因为在场都是女同事，她们推起来比较吃力。老师们打趣：“早知道有这么好的待遇，我也扭伤一回啊”……在“十七”，工作时我是校长，严格要求，一丝不苟，生活中，大家亲如一家，干部与教师如同姐妹兄弟，相处十分融洽，建立了良好的干群关系。

和谐“十七”的建设，最终要体现在教书育人事业的发展上。老师与学生的和谐，强调教师为学生的服务意识，落实“以学生发展为本”的教育理念，尊重学生、欣赏学生、师生互动、教学相长。新课程改革以来，以“教学案”为载体，“自主性”课堂教学模式的构建营造了师生和谐，学校形成了“师师、师生、生生”和谐发展的良好氛围，成为学校独有的有力的教育力量，正激励和影响着每一个教职工，积淀着学校的文化。北师大教育学院的钱志亮教授在2007年12月给学校教职员工做完“解读人生”的报告后说：“这个学校的教师精神面貌很好！学校风气很正，学校具有长久的发展动力，将来的发展速度一定会很快！”

学校不断深化办学思想中“让每个家长都放心”的贯彻和落实，加强家长学校建设，定期召开家长会，通过班主任加强与学生家长的沟通，达成学校教育与家庭教育的和谐一致，学校通过各种方式加强与社区的沟通，加强与学校社会实践基地的联系，形成社会、家庭促进学校教育的局面，使之产生教育的合力。

· 加强制度文化建设是建设和谐校园的基础

依法治校是学校深化改革、加快发展、推进校园法制建设的重要内容，是构建和谐校园的保障，依法治校体现在学校要依据国家有关法律办学，不断规范学校的办学行为。几年来，全校教师先后多次学习了《义务教育法》、《教师法》、《教育法》以及《未成年人保护法》等一系列教育法律法规，明确了教育主体的权利和义务，把教育者和受教育者的行为纳入法律规范轨道，做到有法可依、有法必依。

由于学校十分重视这一问题，使学校教师能够自觉遵守法律、法规，多年来，从未出现违犯法律法规的事件。学校不断加强教师的职业道德建设，认真学习《教师职业道德规范》，要求全体教师模范遵守教师职业道德规范，以正确的方法引导学生，以高尚的品德影响学生，以渊博的知识教育学生，以科学的方法启迪学生。建立完善的现代学校管理制度，不断加强现代学校制度文化建设是保证师生和学校共同发展的基础。

我带领学校领导班子全体成员对学校的各项规章制度进行了系统的归纳和整理，对于已经不适应学校发展和教育教学改革的规章制度，进行了修改和完善并提交到学校教职工代表大会进行审议和再修改。为适应高中新课程改革，重新制定的规章制度就有 18 项，最后形成了《沈阳市第十七中学管理手册》，囊括了从学校章程、岗位职责等各项规章制度。为促进教师主动发展的积极性，学校制定了激励教师主动学习的制度，其中包括《沈阳市第十七中学攻读在职硕士研究生奖励办法》、《沈阳市第十七中学出国培训奖励办法》、《沈阳市第十七中学外出学习、培训条例》等。此外，学校为教师的学习还创造了诸多方便条件，例如为每位教师订阅一份《中国教师报》，为教师购买书籍、订阅教育教学需要的书刊等等。这些制度充分体现了以人为本的管理思想，促进了教师教育教学水平的提高。

在学生管理方面，学校制定了《沈阳市第十七中学学生手册》，它是学生在学校行为的规范和准则，其内容包括：校训、校风、学风、办学方略、校歌：《梦想开始的地方》、公民基本道德规范、中学生守则、中学生日常行为规范、中学生“十个不准”、全国青少年网络文明公约、沈阳市第十七中学学生文明公约、沈阳市第十七中学学生文明礼仪规范、沈阳市第十七中学优秀学生评选办法、沈阳市第十七中学优秀班级评选办法、沈阳市第十七中学学生纪律管理规定共 15 个方面的内容。在新生入学后，由班主任老师组织学生进行学习，使学生能够知道应该如何规范自己的行为。

《沈阳市第十七中学学生手册》的落实，也成为学校制度文化建设的重要组成部分，为构建和谐校园奠定了基础。

· 实施民主管理是建设和谐校园的有效方式

学校的民主管理是建设和谐校园的有效方式，学校的民主管理首先体现在落实校长全面负责，党支部保证监督，教代会民主管理的管理体制；其次体现在校务公开，根据公开、公平、公正的原则把学校管理的全过程以及干部的行政、廉政情况公开，以求得教职工对学校和领导班子建设的了解，把民主管理和群众监督落到实处。

在我和刘书记的带领下，学校形成了一个政通人和、战斗力强的领导班子，学校的党、政、工、青在工作中互相沟通配合，在职称评定以及各种评优活动中征求职工代表、民主党派意见，群众参与学校管理，做到重大事情公开处理，集思广益后再作决定，学校的民主管理气氛浓郁、和谐。诸如岗位的设置、人员的安排、德育活动的实施、校园建设以及服务保障、干部教师的考核评价、安全稳定等等无一不关系到民主管理的和谐。学校充分发挥党支部的监督保障作用，实施民主管理，注重征求教师的意见和建议，凡遇大事必通过教职工代表大会讨论通过。只有注重“事”和，做到围绕大事抓小事，事事公正；人人时时想做事，事事抓落实，学校才能兴旺发达，才能充满活力与生机。

学校的民主管理还体现在提倡“人情味”和“换位思考”，把民主管理与管理艺术相结合。竞争是无情的，但人是有情的。如何理顺情绪，稳定情绪，进而激发并引导教职工群众的情感力量正确发挥，使之安心教育，爱校爱岗。学校要求干部自觉进行“换位思考”，在做出某些决定的时候，我经常说的一句话就是“站在教师的角度想一想”。在大胆管理的同时，要特别提倡“人情味”，即要了解人、体贴人、尊重人、信任人和鼓励人。学校领导对教师家属、子女的安排与照顾以及节假日安排教师活动等，无一不是为教师们着想，使他们从中体会到学校的关心。2006 年 8 月，郑艳霞老师的儿子小学毕业要上初中，由于家庭住址所属学区的初中教学质量不高，郑老师对此非常发愁，我知道这件事以后，主动找郑老师了解情况，经过多方协调和努力，为郑老师解决了孩子上学的问题，解决了郑老师的后顾之忧，使她能够以轻松的心情全身心地投入到学校的教育教学工作之中。

学校强调要以师为本，强调干部要为每位教师的发展服务，教师要公正民主地评价干部。学校实行了教师民主评议干部的制度，通过教师评议干部，可以及时发现干部在工作中存在的不足，及时指出来，及时改正，以利于更好地开展工作；实行了教师之间互评的制度，通过互评及时沟通思想，增进了解和理解；学校还实行了教师评议总务后勤工作人员制度，强调总务后勤的服务意识。通过多种评议制度的落实，大家开诚布公地评议，可以及时沟通情感，化解矛盾，凝聚人心，鼓舞士气，从而形成了领导与教师之间、教师与教师之间、教师与后勤人员之间和谐的气氛，全校教职员工为学校的发展积极努力，忘我工作。

学校在学生中开展了学生评教活动。为了尽快形成和谐校园、和谐班级、和谐课堂，学校每月 20 日都搞一次学生评教活动，及时了解学生的心理状况，及时了解学生对各科教师的意见和建议。每次评教结束，学校进行汇总，对问题比较集中的任课教师和班主任都要进行谈话，提出改善建议，在下次评价活动后看效果。通过评教活动，在校园里学生的主体地位得到了加强，老师的主导性地位得到了确立，新型的和谐校园、和谐课堂、和谐师生关系正在悄悄地形成。

可以说十七中学无可比拟的最大优势就是人气、士气。干群之间、师师、生生之间，体现了亲和、融洽、尊重、民主、平等。领导与教师的和谐，强调领导为教师的服务意识，强调要为教师的发展服务，学校的每一步发展计划都要让教职工清楚明白，每一项政策出台前都要广泛征集意见，充分尊重、理解，合理采纳意见，让教师真正当家做主。

质量"十七"　立足根本　全面提升

教育教学质量是一所学校的生命。

我们提出的打造一个"质量'十七'"，是为了改变学校教育质量落后的局面，学校教育质量是学校发展与提高最明显的标志，更是学校发展的核心，没有学校教育教学质量的提高，就没有学校的社会影响力，也没有教师的社会地位和尊严，更谈不上学生的发展和成长。打造"质量'十七'"是打造"五个'十七'"中最核心的一个内容。

众所周知，适者生存是自然界亘古不变的定律，在科学技术迅猛发展、竞争日趋激烈的今天，学校同样要适应这一定律，学校要得以生存、获得发展，提高教育教学质量是唯一的途径，这是学校的生命。我校"十一五"期间的不断发展正是切合了这一定律才得到持续发展的。

学校面临的质量问题，不是简单的产品质量，而是教育教学的质量，其内涵丰富，意义深刻，主要指的是通过建立完善的管理体系与监督机制，来营造优质和谐的育人环境，创建学习型组织，使身处其间的每一个人都能得到有益的可持续发展，获得在变化万千的现实社会中求得生存和发展的能力，最终适应个人、社会等多层面的需要。为此，学校必须摆脱单纯传道授业的概念，转变成为全面育人的学习型组织，重树质量观，实现学校塑造人、培养人的功能。

关于学校质量，众说纷纭，见仁见智。尽管如此，人们普遍认为，学校质量是学校的生命线。就目前普通高中的大众教育的定位而言，如果学校没有教给学生成为好公民所必需的价值观和社会技能，如果学生没有学到富有成效地参与经济活动所必需的学术技能，那么可以说，学校就没有成功地履行其使命。

学校质量是指学校办学质量、教学质量等的总和。其中，教学质量为其主要内容，包括教师教学工作质量和学生学习质量的总和。教学质量是一所学校的生命，它直接反映教师教学工作和学生学习的优劣程度。教学工作质量包括备课质量、讲课质量、作业质量、辅导质量和课外、校外活动的质量；学习质量包括预习的质量、课堂听讲的质量、复习质量、学习小结的质量等。

打造"质量'十七'"就要着力全面提升学校教育质量，促进每一个学生的健康成长和全面发展，使学生通过学校教育获得良好的发展，提高学校的社会声誉和社会影响力。

社会是通过学校输送的人才的质量来评判一个学校的教育教学质量的，也就是说，学生的质量是衡量一个学校办学质量的重要标准，所以，学校必须依据社会的发展需求，不断调试和完善学生的培养模式。面临学习型社会，面临知识经济时代，面临教育信息化的挑战，学校作为一个人力资源的加工厂，要为社会源源不断地输送各级各类人才，这就要求学校不断发生蜕变。

抛开学校的其他功能，就学校的服务功能而言，学校这个"特殊的工厂"

应该为学生以后步入社会做好充分的基础准备，除了广博、精深的专业知识，更应关注身体的、心理的、情感的、个性化的一些能促进自身发展的素质的培养。在这样一种人文关怀之下，学校的首要功能是发展，以教育手段促进每个人的发展，而学生的发展也是对社会最有说服力的宣传，所以，我们着眼于全面育人，使每个学生都能学有所得、学有所成、学有所获，教会学生学会做人、学会求知、学会劳动、学会生活、学会健体、学会审美。因为，21 世纪是充分竞争的时代，时代所需要的人才是实用型、复合型、开拓型的人才。今天的学生是 21 世纪的主人，他们要参与世纪的竞争，为中华民族的腾飞、为人类的进步有所作为，今天具备了相应的素质，明天才能成为跨世纪的建设者和接班人。

鉴于此，更基于我校“让每名学生都成人”的办学思想，我校根据实际情况将学生的培养目标定位为：培养具有品德良好、个性发展、身心健康；具有自主学习能力、团队合作意识、积极进取精神；具有社会责任感的社会主义建设者和接班人。

在实际教育教学管理中，我们坚持学校的发展必须是可持续的，把促进学生健康成长作为学校一切工作的出发点和落脚点，让每名学生都成人。我们坚持以提高质量为核心的教育发展观，走内涵发展之路，坚持育人为本，德育为先，坚持以教学为中心，不断深入普通高中课程改革，实施了“学、悟、探、测、思”课堂教学模式改革，实现了教师教学方式和学生学习方式的转变，促进了学生、教师和学校的可持续发展。真正实现质量“十七”，立足根本，全面提升。

学生综合素质的提高是质量“十七”的鲜明标志，体现在学生德智体美等方面的协调发展。

虽然我校于 2007 年 5 月晋升为沈阳市重点高中，但是招收的学苗仍然素质不高，只是能够招满学生了，招收的高中学生基本是省市重点高中剩下的“三类苗”。这些学生行为习惯、学习习惯和学业成绩还是较差，有几个方面的原因，一个是一些学生学习兴趣不浓，甚至有厌学情绪，放弃了对学业的追求；一个是一些学生没有养成良好的学习习惯，没有掌握科学的学习方法；还有，就是一些学生思想道德素质较差，是非观念淡漠。

学校德育工作坚持主体性德育思想，充分调动学生参与德育活动的积极性和主动性，在团委、学生会换届选举、组建学生社团、举办艺术节等活动中，充分实施学生的自主管理，通过学生们的自我教育、自我评价实现了学生的自我发展，增强了学校德育工作的实效性。

学校通过开展文明礼仪教育，提高学生的文明道德水平，使学生始终处在一个文明程度水平较高的环境当中，能够按照校内礼仪、家庭礼仪、公共场所礼仪等各种礼仪要求去做，在走廊内不大声喧哗，靠右侧行走，见到老师和客人主动有礼貌地问好。

学校的德育工作，彻底改变了学生的行为习惯，提高了学生的思想道德素质，取得了可喜的效果。学生按照《沈阳市第十七中学学生手册》上的内容严格要求自己，学生文明程度高，学生的精神面貌和在学校内外的表现，得到了社会的广泛认可。

对于新入学的高中一年级学生实行分层实验班，实行动态管理，学生们根据自己的学习成绩可以到适合于自己的班级进行学习，成绩提高了可以到高水平的班级学习，成绩下降了可以离开原来班级到另外的班级学习，学校成立由主管教学的副校长为组长的实验班研究小组，对实验班进行跟踪研究。通过实验班的设立，增强了学生们的竞争意识，提高了学习兴趣，增加了学习动力，提高了学习成绩。

2006年以来，我校开始致力于教学改革。从数学学科“教学案”教学开始，进而进行了课堂教学模式的改革。在此期间，教师因材施教，通过让学生自主学习、小组学习、探究学习来提高学生的合作能力、学习能力、思维能力。

学校的不断发展得到了学生、家长和社会各界的逐渐认可，学校的录取分数线逐年提升，这就是社会对我们致力于学校发展所做努力的最好回报。

沈阳市第十七中学近几年录取分数线

年度	公费分数线	择校分数线
2006年	338	251
2007年	455	369
2008年	519	476
2009年	565	529
2010年	571	496
2011年	593	559

在录取分数线不断提高的同时，高考成绩也逐年提升。2010年高考，我校成为完成市教育局“入出口”评价全部指标的几所学校之一，继而成为沈阳市普通市级重点高中发展最快的学校。我作为唯一的市级重点高中代表在2010年的全市普通高中校长大会上作了经验交流。十七中学以智育为代表的学生整体素质在近几年得到了较大幅度的提高，充分体现了学校教育教学质量在稳步提升，这正是打造“质量‘十七’”的最好体现。

学校不断加强体育工作，体育“选项教学”位居辽宁省普通高中课改前列，学生在选项教学中能够根据个人喜好掌握至少两种以上的体育技能。5年来，学校的学生田径运动代表队在沈河区中小学生田径运动会上，取得了男女团体总分连续四年第一名、一年第二名的好成绩，在2011年沈阳市中小学田径运动会上获得普高二组第一名。学校获得“沈阳市十一五期间群众体育先进单位”称号。学校的体育工作在全区已经遥遥领先，逐渐显现了学校体育工作的特色

2011年6月1日，“沈阳市第十七中学第十八届校园文化艺术节文艺会演”

在沈空俱乐部成功举行。此次艺术节以“唱响红色经典，舞动和谐校园”为主题，为期两个月，举行了绘画、大合唱、篮球比赛等十项活动。

本届艺术节最大的亮点是由学生独立主办，所有活动从设计、评审、彩排都由学生负责创作编导。文艺会演上，从开篇的百人大合唱《青春舞曲》，到颇具民族特色的《墨舞茶韵》、《中国功夫》等，都不断迎来阵阵掌声，整个会演尽显十七学子蓬勃向上的精神风貌。当会演的总导演高一三班冯喆同学带领25名主创人员彬彬有礼地向全体观众谢幕时，全场的学生和家长纷纷站起来，报以热烈的掌声，经久不息。与会的家长和老师无不为学生们的艺术素养和创新能力感到折服。此届艺术节的圆满成功，是对十七中学扎扎实实做好艺术教育的一次检阅。

正是我校扎实开展了以艺术教育为代表的美育工作，塑造和培养了一大批热爱生活、乐观向上，具有发现美、欣赏美、创造美的优秀毕业生。

绿色“十七”　生态美观　持续发展

“绿色‘十七’”就要以物质文化建设为基础，实现自然与人的可持续发展。

·物质文化建设是绿色“十七”的基础

学校物质文化是由学校师生员工在教育实践过程中创造的各种物质设施，它们能够迅速为人们提供感觉刺激，给人一种有意义的感情熏陶和启迪，是一种以物质形态为主要研究对象的表层的外显的学校文化。优秀的学校文化总是通过学校标志、学校环境、学校文化设施等物质表现形式来体现的。①

崇德碑

① 赵中建．学校文化［M］．华东师范大学出版社，2004．326．

学校标志是一种浓缩了的富有特色的或者典型的学校实体的表现形式。一般包括校旗、校徽、校训、典型建筑物等。当你走进沈阳市第十七中学时，首先映入你眼帘的就是宏伟壮观的学校大门和激励全校师生的“崇德”碑，这就是学校的典型标志。

当你向教学主楼望去，你还可以看见不锈钢旗杆上迎风招展的国旗和校旗，学校校旗长为1.7米，宽为1.2米，由绿、白两色构成，绿色代表十七中学的学生朝气蓬勃、欣欣向荣的成长；白色代表着十七中学的学生纯洁高雅，拥有现代文明的气质。中间学校标志为白色，学校标志是由数字“17”、文字“中”和书之图形诸元素幻化而成。表现单位属性和名称，体现“学生发展、学校腾飞”的核心理念。图形简约、流畅、灵动，易识易记。具有昂扬向上的动势，富于现代感和冲击力。

校旗

当你走进教学楼，东厅正面是醒目的校训“崇德、明志、乐学、笃行”；左边是学校的办学方略：打造激情“十七”、和谐“十七”、质量“十七”、绿色“十七”、开放“十七”；右边是学校的办学思想：让每名学生都成人，让每位教师都发展，让每个家长都放心。中厅是一块大型的以音韵为主题的浮雕，能够让同学们时刻受到艺术的熏陶。

学校“崇德、明志、乐学、笃行”校训的确立，是在向全校教师和学生广泛征求意见、建议的基础上，经过多次研讨后综合而成的，并在原始释义基础上修改确定其释义。

“崇德”：出自《尚书·武成》，“崇德报功”，本意是崇尚有德者。《论语·颜渊篇》也有“主忠信，徙义，崇德也”。这里我们所提的“崇德”，即是指推重品行、品德，就是讲求道德，注重礼仪。崇尚和发扬高尚的道德品质，是指我校广大师生注重思想道德修养，以弘扬社会主义核心价值体系、建设现代文明为己任，追求更高的思想道德目标。

“明志”：出自诸葛亮的《戒子篇》，“非淡泊以明志，非宁静以致远”。其含意就是要求全校师生都要具有良好的健康的心态，确立明确坚定的目标志向，追求远大的理想。

“乐学”：出自《论语》，“知之者不如好之者，好之者不如乐之者”。意为真正爱好学习才会把满腔热情倾注其中，才会善学、乐学，才能起到事半功倍之效。

“笃行”：出自《中庸》，“博学之，审问之，慎思之，明辨之，笃行之。”笃行，以严谨的治学态度与探索精神，将所学知识运用于实践，指导实践，在实践中检验，努力将知识转化为能力，使自己成为对社会有用的人。

从学校的实际工作中，我们可以看出，无论是教师层面还是对学生教育层面，校训都得到了很好的落实，学校坚持以德立校，不断加强教师的职业道德建设和学生的德育工作，收到了很好的效果。

学校发展的历史已经证明，学校的环境对于学校发展的重要性。因此，学校十分重视校园环境建设。学校环境是学校师生员工工作学习的场所，环境的好坏直接影响师生员工的工作情绪和效率，优雅清新的校园可以安定情绪、放松心境，高雅舒适的场所可以启迪思想、陶冶情趣。优化学校环境，为师生员工提供良好的教育教学氛围，是体现学校以人为本思想的重要途径。学校从规划和布局充分考虑了环境营造，突出了整体美和学校环境的绿化、美化、净化、文化。从两栋教学楼色彩的选择到教室窗帘与外墙色彩的呼应；从适合北方气候的花草树木的选择到学校“崇德”碑的矗立；从人工草坪、塑胶跑道的修建到各运动场地的合理布局；从教室统一而有个性的布置到各楼层走廊不同主题的宣传廊，都形成了一种浑然一体的美，使人处处感受着环境美的熏陶。

学校文化设施包括图书馆、阅览室、校园网络等，是学生文化活动的场所。苏霍姆林斯基指出：学校里可能什么都很充裕，但倘若没有为人的全面发展和为其丰富的精神生活所需要的书籍，那就还不算是学校；相反，学校可能是许多东西都缺，许多方面都可能是微不足道的、简陋的，但如果有永远为我们打开知识世界之窗的书籍，这就是学校了。这充分道出了图书馆在学校文化建设中的重要地位。学校图书馆在2006年被评为辽宁省示范图书馆，图书馆建筑面积610平方米，使用面积436平方米，书库3个，学生阅览室3个，教师阅览室3个，电子图书6万册，文本图书71493册，工具书1236种，杂志120多种。在选购图书过程中，一部分图书是按上级主管部门的要求购进的，另一部分图书是按照学校老师的要求选购的。充分体现了符合教师专业化发展的、适应当前高中课程改革需要的、对学生和老师心理健康有帮助的、内容健康积极向上等原则。在符合以上原则的基础上，由老师自由选书，然后上报学校图书馆，最后领导把关，确定书目。教师阅览室、借阅室全天向教师开放。学生阅览室除正常供学生上阅读课外，每天中午对全校学生开放，增加学生的自主阅读时间，发展学生的兴趣阅读。无论是从学校选购图书的过程看，还是从阅览室开放时间的安排都充分体现了学校图书馆为教师和教育教学服务的思想。

随着信息技术的发展，校园网络成为学校物质文化建设的重要方面，校园网络在促进师生的个性化自主学习、网络资源的共享和利用、网络文化的创建以及在加快学校现代化的进程中都发挥着不可替代的作用。我校的校园门户网站（http：//www. sy17z. com）已经成为师生们教与学资源的平台，成为学校对外宣传的窗口，学校基本上实现了无纸化办公，从而节约了办公用品。

学校十分重视学生的心理健康教育工作，面积达到 140 平方米装修典雅的心理咨询室，设有教师办公室、接待室、个案室、团训室、发泄室、涂鸦墙，配备现代化的办公家具、音响、数字电视、宽带网络、图书等，为开展教师、学生的团训和个案咨询提供了物质基础。学校还和北京师范大学辅仁心理咨询公司签订了合同，北京师范大学辅仁心理咨询公司为学校提供心理辅导工作的智力支持，隔周一次的心理健康课程，保证了学校心理健康教育工作的顺利开展。

教学楼内，以中华美德、科技教育、艺术瑰宝、学生美术作品展为主题的宣传栏分别布置在四个楼层的走廊墙壁上，“业精于勤，荒于嬉；行成于思，毁于随”、“万金之富，不以易吾一日读书之乐也”的古训举首可见，这些宣传栏和励志劝学内容的设立，使学生时时感受到文化的熏陶，体会到科学求真、人文向善、艺术求美的真谛。

不断加强文化内涵和育人功能的物质文化建设，展现了学校精神文化的内涵。实际上，学校物质文化建设在学校文化建设中是最为显而易见的，比较容易实施，但并不是有了标识、建了图书馆和网络就有了物质文化。必须注意开发物质中的“文化”精髓，做到两个统一：即外显的物质和内隐的思想观念的统一，直观冲击力和教育人文内涵的统一。

总之，学校物质文化建设是学校文化建设中不可或缺的组成部分，它更直接地表现出学校文化的特色和内涵，是学校文化的载体和窗口。

·实现自然与人的可持续发展是永恒的主题

我们提出的打造“绿色‘十七’”，是以“可持续发展思想”为指导，实现自然与人的可持续发展。自然的可持续发展是指我们以创建沈阳市绿色学校为载体，培养师生可持续发展的环保意识，形成良好的环保道德观念和行为习惯。而人的可持续发展则指学生、教师的可持续发展，是深入贯彻学校的“让每名学生都成人，让每位教师都发展，让每个家长都放心”的“三让”办学理念的体现。

只有深入贯彻“以学生发展为本，为学生终身发展奠基”的教育理念，才能实现“为了每个学生的发展”这一新课程改革的目标。而只有不断发展的教师才能培养出不断发展的学生。

教育要真正达到“为了学生的发展”的目的，学校就要重视教师的发展及其生命质量，探索以师生共同发展为目标指向的、实施科学与人文融合的现代学校管理，既要建章立制，又要给教师以人文关怀；既要提高教师的专业化程度，提升教师的教育品位，又要把学校建设成精神乐园。

我们把教育者和受教育者，既看作自然的人，又看作社会的人，教育首先要尊重生命、尊重师生发展中的心理需求，营造和谐的、有利于师生可持续发展的教育环境。

首先要营造让每个学生可持续发展的教育环境。

让学生在课堂中学会学习。学会求知就是学会学习，我校实施的“学、悟、探、测、思”课堂教学模式，将课堂还给了学生，学生成为课堂的主人，增强了学习的自主性。课堂上学生表现出了强烈的学习动机和探求未知的热情，掌握了自主学习、小组合作、探究学习的手段、方法，更重要的是学生已把学习当成生活的一种方式。

让学生在活动中学会做事、学会坚持。在学校组织的各项活动中，充分放手让学生去做。学生会组织的纪律、卫生检查与评比，各种社团、兴趣小组的活动以至于学代会、团代会、艺术节、运动会等学校的大型活动都由学生自己来准备和筹划。

预计，2011年秋季运动会将和我们的艺术节一样，完全实现学生的自主管理。这就意味着，运动会的总指挥、总裁判长及为大会服务的工作人员完全由学生担任，在此过程中，既需要学生提高体育方面的专业知识，还需要他们学会与人合作、处理复杂问题。运动会期间肯定会发生很多的争议和矛盾，那么就需要学生学会解决的办法，与同学和老师进行良好的沟通，处理好生生、师生、班级与班级之间的关系。我们认为学生的为人处世，不是大道理说教出来的，而是在具体的实践中学会的。学生有事做，才能学会做事。

学校通过军训、学农劳动等活动培养学生吃苦耐劳、坚韧不拔的品质，帮助学生制定学习的短期和长期目标，鼓励学生能够战胜困难、坚持不懈，避免学生中常常出现的遇事眼高手低、好高骛远、浅尝辄止等现象发生，进而使学生学会坚持。

其次，要营造让每位教师可持续发展的教育环境。

学校秉承和坚持“以人为本”的管理理念，牢记“教师第一”。

1. 尊重教师的发展权 。我们充分尊重教师的专业自主权，给教师一定的自主空间和时间，为其提供相对宽松的生态环境，防止教师异化成“工作机器”。

2. 构建学习型组织。结合我校创建学习型学校，不定期地组织中层干部学习会、教师教科研学习会、班主任学习会等，提高教师的专业发展水平。

3. 为教师提供成长平台，并制定相应的激励机制，促进教师的专业化发展。

4. 提高教师的生活质量，提升教育教学工作的幸福指数。学校从满足基本需要入手，不断提高教师的生活福利，解除教师的后顾之忧。注重校园自然生态环境、自由的学术生态与和谐的人文氛围的建设，建立绿色的人际关系，营造充满人文关怀的十七中学。

5. 提升教师的生命质量，增加教育教学工作的人文含量。一个人的生命质量，不在于他的寿命长短，而在于他的生命价值。我们有效地进行校本师德培训，培养教师具有崇高的师德，让教师感悟到教育工作不仅是谋生的手段，更是崇高的事业。让教师感悟他们的工作不仅是奉献，同时也是获取，获取自身的成长，获取成功的愉悦，获取生命的价值，实现教师生命价值与职业价值的内在统一。

开放“十七”　广泛交流　融入世界

海纳百川，方可行船万里。只有开放，才能实现学校的大发展。

打造一个“开放‘十七’”，是基于学校师生缺乏自信的状态和学校封闭的教育教学环境而提出的，目的是塑造具有开阔视野的干部教师队伍，着眼于未来培养具有国际视野的现代中国人，更是对小平同志提出的“教育要面向现代化，面向世界，面向未来”的体现。

在这个开放的时代，学校要实现快速发展，同样需要具备开放意识、开放思维。合作兴校，开放强校。只有开放办学，学校才能取得长足发展。开放办学可以激发办学活力，能够实现教育资源共享，提高学校可持续发展的竞争力。

人民教育家陶行知先生所倡导的生活教育，其实质就是一种开放性的教育。陶行知先生提出“社会为学校，人民是老师”、“世界为学校，真理是老师”，他反对将学生禁锢在学堂里，主张教育向社会开放、向生活开放，“从书本的到人生的，从狭隘的到广阔的，从字面的到手脑相长的，从耳目的到身心全顾的”，给学生以“活”的教育。陶行知的生活教育理论和他的生活教育实践为教育的开放性奠定了理论基础并树立了可资借鉴的榜样。

打造一个“开放‘十七’”，就是在办学过程中以开放的姿态敞开胸怀，博采众长，占领先进教育的制高点，以教育家的思想办学，以艺术家的品位办学，以哲学家的思辨办学，走出一条跨越式发展的道路。

“开放‘十七’”首先体现在思想的开放。思想的开放主要指在学校办学理念指导下打破习惯势力和主观偏见的束缚，研究新情况，解决新问题，促进学校跨越式发展。

没有思想的开放，就没有 2006 年招生工作的历史性突破；没有思想的开放，就没有数学“教学案”教学改革的成功；没有思想的开放，就没有 2007 年市级重点高中的晋升；没有思想的开放，就没有 2009 年令人难忘的 60 年校庆；

没有思想的开放，就没有“学、悟、探、测、思”课堂教学模式的改革；没有思想的开放，就没有即将开工的学校综合楼；没有思想的开放，就没有今天的“十七”。

“开放‘十七’”还体现在学校课程和教育教学的开放。学校的一切都是为了学生身心的全面发展，而教育教学则是最直接地面对广大学生的，因此教育教学的开放是打造“开放‘十七’”最为重要的环节。

首先，学校课程体系的建立蕴涵着开放性。虽然我们十分重视必修课程的传授，重视提高学生高考学科的成绩，但我们不能顾此失彼，忽视学生能力的提高。学校科学合理地设置选修课和必修课，强调抓住课内的同时不放弃课外，课内课外相结合。通过综合实践课程的实施，打破了封闭的教学环境对学生的束缚，学生们走近了自然、走近了社会。寒暑假，学生们深入社会，慰问孤老、军烈属，上街宣传交通法规、清洁美化社区。让学生体验人与自然的和谐，陶冶情操；让学生学会关心他人、关心社会。所有这些开放的课程都使学生的身心在成长中得到发展，使生活成为学生润物无声的教育。

其次，通过“学、悟、探、测、思”课堂教学模式改革，使课堂具有开放性。由以前单一的课堂教学开放延伸到课前的学生自主学习、课上的合作探究学习、课后的反思学习，实现课堂的开放。

学校课程和教育教学的开放，使学生的综合素质获得最大限度地增值发展，让他们在收获学业成功的同时，更实现了品行、个性的完善和成熟。

“开放‘十七’”更体现在学校的对外交流与合作。学校的交流与合作是开放“十七”外显的形态，它坚定了“十七人”成功的信心，拓宽了师生的视野，加快了学校发展的步伐。

俗话说：“封闭只能落后，落后就要挨打。”当前，各校办学皆有特色，如果与兄弟学校“井水不犯河水”、“老死不相往来”，只能让自己见识鄙陋，才思枯竭，发展停滞。因此，我们不断加大与国内外学校的交流与合作。

从国际交流的角度看，2003 年在沈河区政府、沈河区教育局的大力支持下，十七中学与韩国星信高中结为姊妹学校，双方陆续开展了多次交流与合作。

通过加强与韩国星信高中的交流与合作，让我们的干部和教师走出国门，让我们的学生走出国门，给予全校师生了解世界的机会，开阔了师生的眼界。在交流与合作的过程中，我们不断汲取韩国高中先进的管理理念和先进的教育思想，增进了两校干部和教师间的友谊。通过学生间的朝夕相处，增进了异国青年间的友谊，了解了两国的民俗与文化，激发了同学们的学习热情，促进了学生自理能力的提高，增强了民族责任感。

2011 年 1 月 24 日，韩国星信高中再一次对我校进行了友好访问。

友谊催舒隆冬的绿意

——韩国星信高中来访沈阳市第十七中学活动纪实

韩国星信高中是韩国仅有的17所自律型私立高中之一，是一所治学严谨、蓬勃发展的拥有23年历史的韩国名校。2003年10月13日韩国星信高中与十七中学结为姊妹友好学校以来，通过两校师生间的交流，增进了两国间文化、教育等方面的相互了解，两校师生间的友谊日益加深。

中韩学生共上英语课

2011年1月24日，韩国星信高中访问团一行23人（吴洙龙部校长、柳基钦部长、林筠稀老师及20位来自星信高中的同学）冒着严寒，兴致勃勃地来到十七中学，开始了一年一度的访问、交流活动。访问团20名学生成员在为期5天的访问中，与十七中学的学生同吃、同住、同学、同乐，对中华民族源远流长的文化有了进一步深入的了解，在此期间，中韩两国师生结下了深厚的友谊。

从国内交流与合作角度看，学校与沈阳市第二十七中学（省级重点高中）于2005年5月签署了合作学校协议，协议规定：沈阳市第二十七中学对沈阳市第十七中学的发展进行大力、多方位扶持。

几年来，两校陆续开展了“结对子”、“名师课堂”、“互访听课”等活动，定期请二十七中名师来我校授课、调研、作学术报告。通过这些活动的开展，拓宽了我校教师的视野，提高了学生的应试能力；当双方由于各种原因师资短缺时，双方还会互派教师代课，帮助解决教学上的困难。在开展教师间活动的同时，双方也开展了学生间的一些活动，通过双方学生间开展的篮球赛等各种活动，增进了学生间的友谊。

为了进一步加大交流力度和促进学校的招生工作，2006年5月至2009年5月，我校曾聘请沈阳市教育专家、时任沈河区教育局副局长、沈阳市第二十七中学校长的侯德安同志为沈阳市第十七中学名誉校长。这些都有力地促进了学校的不断发展。

另外，为了实现我校与同类学校的相互促进，加强与外校教师的交流与合作，在2008年3月我校与当时教育教学水平均强于我校的铁西区88中学、和平区126中学高中部组建了“三校联合体”。三校联合体的成立为教师搭建了互相切磋交流的平台，促进了教师间的经验交流、互相学习，实现了三所学校的共同发展。

与侯德安局长合影

2009年12月3日下午，三所学校的教学主任、历史任课教师又聚在我校，举行了一次“踏踏实实”的历史教研活动。首先，十七中学的宁巍老师上了一节题为《新文化运动》的研讨课。研讨课后，三校教师进行了热烈的交流，互相学习，取长补短，共同反思在教学工作中存在的容易忽视的细节问题，共同分享在教学中积累的成功经验，大家都深感获益匪浅。

三校联合体教师的教研活动

最后，十七中学关宏彬副校长对此次教研活动进行了总结，她向热情参与、大力支持此次活动的三校领导、教师表示了衷心的感谢，同时也希望三校继续坚持开展这样实效性强的教研活动，为三校教师搭建持久而有效的交流平台，实现三校的共同进步。

三校联合教研活动不仅给三校教师提供了锻炼提高的机会，而且通过这个平台，三校教师增进了了解，加深了友谊，为今后持续的、全方位的、深层次的交流学习打下了良好的基础。

从学校与社会的交流与合作上看，学校充分利用社会上的广泛资源开展对学生的教育活动，多家单位已经成为我校的德育基地，如：沈阳东东系统集成有限公司、沈河区雨坛社区、沈空军人俱乐部、沈阳军区 65042 部队通讯营、抚顺雷锋生前所在团等。

学校每学期都组织学生到德育基地去搞活动。例如，参观现代化的生产车间，体会现代科技的日新月异，激发同学们的学习热情；参加社区劳动，体会劳动的艰辛，感悟互相关心、互相尊重的真谛；参加国防教育和军训，提高国防意识，磨炼吃苦耐劳、坚韧不拔的意志品质等。

社区干部向学校赠送锦旗

2007 年 3 月 3 日，抚顺雷锋班第 23 任班长薛步瑞与十七中学签署了军校共建协议，并为十七中学的“雷锋班”亲自授旗，薛步瑞班长为全校师生做了题为《新时期的雷锋班》的专场报告。薛步瑞班长的到来使全校师生深受鼓舞，精神振奋，青年教师还与薛步瑞班长共同畅谈在新时期应该如何以自己的实际行动，立足岗位，弘扬雷锋精神，践行雷锋精神。这次活动进一步激发了教师们的奉献精神和工作热情，提高了学生们更加刻苦努力学习的积极性。

在充分利用社会资源的同时，我校也积极为社会作贡献。我校是沈阳市对社会开放的学校之一，从 2006 年开始学校操场即对社区居民晨练开放，每天清晨学校的校园就会迎来社区晨练的人们，人们或是在操场上跑步，或是打球，大家在从事着各种体育运动，学校校园对社区的开放，深受附近居民的欢迎，受到了社会的好评。

“开放‘十七’”还体现在学校与政府各部门、与教育行政主管部门、与社会各企事业单位、与其他兄弟学校之间保持良好的沟通，争得社会各个方面的支持与理解。

打造“开放‘十七’”，让我们能够及时感知到外面的世界，让我们时刻保持一种旺盛的学习、工作状态，不断地改进自己、完善自己、发展自己，避免成为“井底之蛙”，使我们始终能够以开放和包容之心来促进学校的发展，真正实现“开放‘十七’”，广泛交流，融入世界。

四、经营学校文化

将学校文化建设上升到学校品牌战略发展的高度来实施，才能使学校文化成为学校发展的核心竞争力。

俗话说：角度决定思路，思路决定出路。十七中学正是在“敢为人先，勇于创新”精神的感召下锐意改革、勇于实践，实现了学校的快速发展。

教职工们从最初为了赢得个人的自尊、自强而教书育人，到为了学校生存而教书育人，再到为了学校能发展而教书育人，直到现在为了追求个人专业发展，享受教书育人的幸福而努力。我们一直都十分珍惜十七中学的声誉，曾为之悲伤过，更为之喜悦过，大家将自己的情感投入到了学校的发展建设中，努力将学校建设成为一所社会认可、学生喜欢、家长放心的现代化品牌学校。

为了实现“十七人”心中的夙愿，我们将学校文化建设上升到学校品牌战略发展的高度来实施，因为学校文化是学校发展的核心竞争力。我们从学校形象策划、学校品牌策划、品牌管理、品牌经营与传播等方面来促进学校的发展。

首先，完善学校识别系统，并广泛传播。

1. 学校已确立了一套完整的理念识别系统（MI)，创新了办学理念。

教育理念：以学生发展为本，为学生终身发展奠基。

办学思想：让每名学生都成人，让每位教师都发展，让每个家长都放心。

办学方略：打造一个“激情‘十七’”，打造一个“和谐‘十七’”，打造一个“质量‘十七’”，打造一个“绿色‘十七’”，打造一个“开放‘十七’”。

学校精神：敢为人先　勇于创新。

确立了“以实施素质教育为重点，以培养高素质人才为目标，积极探索普通高中办学模式，形成鲜明的办学特色，教育质量得到学生、家长和社会广泛赞誉的现代化品牌学校”的办学目标。

校训：崇德、明志、乐学、笃行。

校风：团结、求实、文明、进取。

教风：乐业、求真、博学、善导。

学风：立志、明礼、勤学、善思。

新“三风一训”不仅更具有时代气息，而且更能反映十七中学师生的精神面貌，具有鲜明的十七中学特色。

学校通过各种活动，使办学理念和目标及“三风一训”在学校日常工作中不断实践，使学校的文化氛围日益浓厚，促进了学校办学目标、培养目标的实现。反过来又促进了良好校风、教风和学风的形成。

学校不断加强品牌化经营，在日常教育教学活动中注重教育理念的落实，通过各种途径、采取各种方法使学校的办学理念深入人心，使学校的办学理念落实在日常办学实践中，促进了办学目标的实现。

2. 编制了学校的视觉识别系统（VI），并多场合准确应用。学校大型活动要正确使用学校标志、标准字、标准色等基础部分视觉识别系统，使学校文化得到了准确的表达，避免了学校文化传播的不确定性和随意性。随着视觉识别系统的完善，主体标识广泛延伸使用，学校文化的力量渗透到学校的各个角落、各个环节及学校教育的全过程。

目前，学校正着手设计具有“十七”特色的教师和学生制服式校服，以达到广泛传播学校文化的目标。

3. 除了理念识别系统（MI）、视觉识别系统（VI）外，还进一步加强行为识别系统（BI）、环境文化规划系统（EI）的建立。在行为识别系统的建设方面，学校管理规范，修定了《沈阳市第十七中学管理手册》，学校全面禁烟，教职员工统一着装，衣着得体。使用职业语言，语言规范，讲普通话，教师普通话达标率为 100%；干部教师能够用恰当的方式与家长、学生进行有效沟通。学校重视员工的自我管理，每个教职员工做到用心做事，精益求精。

学校不断细化并落实了适应高中新课程改革的教育教学常规，出台及落实了一系列措施要求，树立了我校干部、教师敬业的职业形象，展现了我校学生文明有礼、积极向上的精神面貌，凸显了我校朝气蓬勃、蒸蒸日上的发展态势。

其次，不断强化全校师生学校文化的经营意识。在教育教学工作中，全校师生形成了强烈的学校文化经营意识。

近几年的招生工作中，我们努力塑造学校在社会上的品牌，因为学校品牌的传播必须有载体，要有出现率，要给人们留下深刻的印象。

学校多角度地加大了宣传力度，其中包括报纸、电视、广播、现场会等等。2007 年全市中等学校招生咨询大会上，学校印制了质量上乘的纸质宣传袋，向广大考生及家长发放；在 2008 年 6 月 1 日“限塑令”出台后，学校马上制作了两万个环保袋，在环保袋上印上“沈阳市第十七中学与环保同行”的字样，让大街小巷都有人拎着印有“沈阳市第十七中学”的橘黄色的环保袋为我校做宣传；2009 年，我们又制作了适用于学生带入考场的塑料笔袋发放给考生。令我们欣喜的是每一次宣传方法的创新都不乏众多学校的纷纷效仿，也使得我们必须不断地创新。

另外，在每次的招生宣传工作中，参与招生工作的教师均着装正式、统一，用语统一，职业化的形象让家长和学生都建立了充分的信任感，使十七中学这一品牌被家长牢牢记住，过去5年招生工作的圆满成功为学校品牌的形成奠定了基础。

我们不断强化每位教职工都是学校文化传播者的意识。教育是一个使教育者和受教育者都变得更完美的事业，只有当教育者自觉地完善自己时，才能更有利于学生的成长，因此我们把培养专家型教师作为学校教师文化建设的重点，教师们形成了“在研究中教学，在教学中研究”的群体文化，促进了教师专业化发展。

要求教师当好四种角色：终身的学习者、自觉的反思者、踏实的实践者、认真的研究者。为此，我校提出教师文化建设五项目标：第一，超越自我的品质文化；第二，反思研究的学习文化；第三，互助共享的合作文化；第四，主动发展的创新文化；第五，关注细节的管理文化。

五、学校文化永远要传承和创新

传承与创新是学校文化发展之本。

学校文化建设要对原有的学校文化进行传承与创新。传承与创新是学校文化的本质属性，是学校文化的发展之本。

首先，校长要在学校文化建设中始终发挥重要作用。校长是学校文化建设的领导者、设计者、倡导者，同时也是学校文化的塑造者，校长在学校文化建设中具有突出的作用。校长以其不同的信仰、价值观引领了不同的学校文化，学校的发展始于文化变革，而文化变革则始于校长。一所学校能不能形成符合时代精神、充满希望又有自己鲜明特征的先进文化，校长是关键。

一直以来，我们在学校管理中始终高度重视学校文化建设，把学校文化建设作为治校和发展学校之本来抓，通过追溯学校历史，研究学校历史文化；立足学校现状，通过基于学校发展的SWOT分析，提出学校文化建设的系统理论，既传承了学校优秀文化，又使学校文化得到了创新，带领全校教职员工实现了学校的跨越式发展。

在学校管理和文化建设中，我们通过开展广泛调查研究，联系学校实际，确定了学校的教育理念、办学思想、办学方略，更重要的是我们根据学校发展的不同阶段，确定阶段性的目标，如通过招生、晋升市重点高中、60周年校庆活动等阶段性目标的实现，来凝聚人心，鼓舞士气，推动学校文化的内化。通过经历艰苦的实践历程，在最短的时间里，使学校文化的核心内涵得到了全体教师的认可，成为教师们的共同思想和行为方式，全校教职员工都愿意为学校的发展而甘于奉献，努力工作。

其次，学校文化建设要处理好继承和发展的关系。由于学校文化建设涉及学校工作的许多方面，所以在加强学校文化建设的过程中必须采取一定的策略来实施，否则就会出现无从着手、无法有序地开展学校文化建设。

回首我们的学校文化建设可以看出，我们首先处理好的就是继承与发展的问题。学校的精神、校风、校训、校歌、校旗、学校标识等外显的文化符号和一些传统的富有人文关怀的做法，如“430”、“生日集会”和“三必到”都得到了很好的继承。学校原来的精神是“积极向上，不甘人后；团结一致，顽强拼搏”。可是随着学校的发展，我们许多方面的工作在区内市级重点高中当中都处于领先的位置，如辽宁省首家全国青少年文明礼仪教育示范基地、沈阳市首批德育特色学校、沈阳市绿色学校等称号的获得，都说明原有的学校精神的定位已经不足以全面反映我校师生的面貌，因此在经过全校教职员工的讨论研究后，将学校精神定位在了“敢为人先，勇于创新”。

所以，我校的学校文化建设首先应用了“传统创新策略—崭新的富有活力的学校文化总是植根于已有的文化土壤之中，是原有文化的新生与发展”。① 只有源于学校历史的文化才会富有生命力。

只有处理好继承和发展的关系，才能使学校文化建设成为引领学校可持续发展的精神动力。学校文化建设的一个目的是促进学校的可持续发展，学校文化建设一方面要继承优秀的学校文化，充分挖掘本校积淀的文化历史和元素，这是学校文化建设的根基，是学校文化中稳定的成分。但是，继承并不是说不变，学校文化建设要根据社会的发展不断地植入先进的文化，不断丰富完善学校文化。另一方面，学校文化还要不断地扬弃和创新。学校文化建设不是封闭的、静态的，而是开放的、动态的；不是单一的，而是多元的，因而它的建设过程不是一种效仿，而是一种创新。学校文化建设需要不断地调整、丰富和创新。

再次，学校文化建设必须调动全校师生共同参与，强化师生的主体意识和认同感。十七中学的学校文化建设是源于学校的发展，在解读学校历史文化的基础上，学校提出了新的学校文化，学校文化重在建设，重在新的思想观念要成为全校教职工的思想观念，成为共同的价值观，全体师生员工的参与是学校文化建设成功与否的关键。师生员工是学校文化建设的主体，是学校文化的建设者、实践者、传承者，也是学校文化建设的受教育者和受益者。

学校文化建设的另一个目的是促进人的全面发展，离开了师生员工参与的学校文化将是没有生命力的文化，也不会成为学校文化。我校学校文化建设之所以能够取得成功，就是注重了在新的思想推出后，学校能够根据实际情况大力推进，并且抓住了 2006 年招生工作和学校晋升为沈阳市重点普通高级中学的

① 范国睿. 学校管理的理论与实务［M］. 上海. 华东师范大学出版社，2003：350.

机会，加大力度强化学校文化的核心，使全体教职员工从开始的陌生、不理解到熟悉、接受、宣传直到变成指导工作和学习的准则，以至于在教师的演讲中、反思与感悟中、教师的课堂上学校文化都能够得以体现。通过采取“主体参与策略—学校文化主体在共同的教育教学活动中共同创造着学校文化，同时又置身于学校文化氛围之中，时刻受到学校文化的影响，成为学校文化的载体”①来实现学校文化建设。

学校在各个部门组织的活动中，如骨干教师培训中，都将学校文化的某个方面作为内容进行研讨；把学校文化的主题作为每年艺术节和团队活动及校本课程的重要内容，使教职员工在浓郁的学校文化氛围中工作和学习。

从我校的实践可以看出，如果不是强力推进学校文化与教职工思想的融合，如果不是抓住机遇鼓舞、激励教职工接受、融合学校文化，很难想象在短短几年的时间里学校文化能够取得如此大的成绩，只有教职员工积极主动地参与到学校文化建设中来，才能使学校文化建设取得成功。

最后，学校文化建设必须处理好精神文化、制度文化和物质文化的关系。在学校文化建设中，精神文化建设是核心，制度文化建设是保证，物质文化建设是学校文化的外显和表现，三者各有侧重，相互呼应、相互补充，形成一个以精神文化建设为核心的统一整体。从“以学生发展为本”的教育理念、“让每名学生都成人，让每位教师都发展，让每个家长都放心”的办学思想，到“打造一个激情‘十七’，打造一个和谐‘十七’，打造一个质量‘十七’，打造一个绿色‘十七’，打造一个开放‘十七’”的办学方略，这些思想已经成为学校文化的核心，正是这一核心思想统领着学校的文化，学校的各项工作和活动都围绕着这一核心来开展。反过来，这一核心文化又影响着师生们的精神面貌。我校在进行学校文化建设中应用了“理念统领策略——学校文化设计层面诸多，这就需要学校文化有一个文化核心加以统领，这个文化核心就是学校的办学理念。”②

精神文化是物质文化和制度文化的灵魂。没有精神文化的渗透和作用，任何其他文化的作用都要受到极大的限制。我校在重视学校物质文化建设和制度文化建设的同时，更加重视学校的精神文化建设，只有明确了精神文化建设在整个学校文化建设中的主导地位，才能将学校文化建设真正落到实处，才能真正发挥其作用。

校园环境建设既是物质文化建设的内容，又可以作为文化教育的资源，校园物质文化景观是校园中各处可见的、有形的自然文化特征，它体现一定群体的精神风貌、审美情趣和价值取向。校园物质文化景观作为一种客观存在，通

① 范国睿．学校管理的理论与实务［M］．上海：华东师范大学出版社，2003：350.
② 范国睿．学校管理的理论与实务［M］．上海：华东师范大学出版社，2003：350.

过自身存在价值，让学生耳濡目染，使其在无形中接受学校文化的感染和熏陶，利用校园内的宣传画廊、广播板报、艺术雕塑、文学社团等渲染一种爱校、爱国的情感氛围，使校园内到处都荡漾着高尚的文化情调。这就需要让校园里的每一处物质文化景观都蕴含一定的德育追求、道德规范、精神鼓励，使其真正活起来、动起来，获得生命的力量，让学生无法忽视它的存在。

学校文化建设是一个长期的、复杂的过程，绝不是一个在短时间内就可以完成的工作，学校文化是一个学校文化历史的继承与发展，更是一个学校文化历史的传承与创新。

我们努力在未来的发展过程中，根据社会的发展和教育改革的不断深入，继续加强学校文化建设，充分发挥学校文化建设的导向、凝聚、激励、约束等功能，凝神聚力，把学校建设成为一个既有知识又有文化的共同体，让学校文化成为学校发展的不竭动力。

理念先行与现代校长的治校之路

——沈阳市第十七中学校长葛海丰访谈录

王　敏　　张　艳

编者按：著名教育家陶行知先生说过："校长是学校之魂"，这句话毫不夸张地概括了校长这一角色在学校中所处的核心地位和领导作用。在当今深化教育改革的大环境下，基础教育对校长提出了更高的要求，优秀的现代校长不仅要有敏锐的眼光和深入的思考，更应该主动承担起教育改革引导者的角色。而在具体的办学过程中，寄寓着深刻的教育思想并能够适应学校实际情况的教育理念是现代校长治校艺术的灵魂，能否提出先进的理念是现代校长工作成败的关键。哈佛大学荣誉校长陆登庭认为，"哈佛的成功主要是形成了一种明确的办学理念，一套系统的制度和机制"，由此可见正确的教育理念对于办学实践的重要指导意义。

沈阳市第十七中学，在50多年的建校历史中一直发展缓慢，而新校长上任不到两年，学校整体面貌焕然一新，并于2007年5月以接近满分的成绩通过了沈阳市重点中学的评估，是什么促使学校在短期内实现了跨越式的发展？校长葛海丰给出的答案正是：树立明确的治校理念！从"以学生发展为本"的教育理念出发，葛校长和学校领导层提出了打造"激情'十七'"、"和谐'十七'"、"质量'十七'"、"绿色'十七'"、"开放'十七'"的治校理念，这一目标使得全体师生的努力有了明确的方向，他们自愿、踏实又充满激情地为学校的进步而学习和工作，古老的沈阳十七中由此变为了空前团结的年轻集体，并开始走上了崛起之路。

2007年6月13日《中国教师报》B4版

理念先行与现代校长的治校之路

问：沈阳十七中1949年建校至今已有50多年了，据我们了解学校一直以来发展比较缓慢，但您上任之后的这两年却发展迅速，学校刚刚晋升为沈阳市重点中学，您是如何在这么短的时间内带领学校实现跨越式发展的？

葛校长：要说我们这两年是怎么做的，我觉得就是一句话：思想上的统一。我始终坚信，校长对于一所学校的领导最关键的是思想上的领导，是树立自己的治校理念。明确的治校理念会使全体师生形成一个共同的思想方向，这样大家做起事来就会万众一心，形成积极的合力。

我原来当过省重点中学的副校长，相对来说接触的东西可能多一点，到了这所学校之后，我首先做的就是把我的教育理念、教育思想树立起来，而这些东西也确实给十七中带来了新的活力。我觉得，一所好的学校需要一个好的引路人，而这个引路人自然就是校长。我不能说我已经是一个好的领路人了，但我一直是努力朝着这个方向去做的。事实上，进入十七中学，我本人也是最大的受益者。因为从我们的领导层面来讲，大家都是非常和谐的，我能感觉到大家对我的鼎力支持，现在无论是领导还是老师，大家都有一个共同的目标，就是千方百计要把学校办好。

问：您刚才提到您上任后最关键的一点就是树立新的理念，那么这种理念具体是什么？

葛校长：我们树立了一个共同的教育理念，那就是“以学生发展为本”，这个理念是比较现代的，因为它是从“以人为本”的思想演变过来的，是发展“真正的人”的一种延伸。在这个理念的指导下，我们提出了“让每名学生都成人，让每位教师都发展，让每个家长都放心”的办学思想。

“以学生发展为本”这个教育理念之所以说它新，是因为它是当前实施素质教育的一个基本理念，我们认为，对它可以从这样几个方面来理解：第一点，以学生发展为本，就是要关注全体学生的发展；第二点，我们要关注全体学生每一个方面的发展；第三点，因为学生个体间存在着差异，所以还应该注重学生个体发展的差异性；第四点，我们要为学生的终身发展打好基础，做好服务。有了这样一个办学理念、办学思想之后，我们将这个理念具体化，并且和学校的实际情况结合起来，进一步提出了打造“五个‘十七’”。这“五个‘十七’”具体来说就是打造“激情‘十七’”、“和谐‘十七’”、“质量‘十七’”、“绿色‘十七’”、“开放‘十七’”，其中“质量‘十七’”是我们的核心。

问：“五个‘十七’”的理念如何在学校的方方面面体现出来？

葛校长：我们对“五个‘十七’”的定位是这样的：“激情‘十七’，超越自我，主动发展”；“和谐‘十七’，以人为本，师生共进”；“质量‘十七’，立足根本，全面提升”；“绿色‘十七’，生态美观，持续发展”；“开放‘十七’，广泛交流，融入世界”。

这“五个‘十七’”体现在学校的各个方面，我们的很多具体做法都贯彻了这“五个‘十七’”的理念。比如说“激情‘十七’”，现在我们的老师上课有激情，跟学生交流有激情，做什么工作都充满激情，这种激情就是学校的一种良好的精神面貌，一种朝气蓬勃的状态。在学生方面也是如此，一天，有学生报告李校长，说咱们学校北边的树长虫子了，这就说明学生做什么事都很认真，对学校也非常关心，这也是一种激情。再比如说打扫卫生，我们的学生打扫卫生时的精神状态也是积极向上的，没有谁是不情愿的，大家都在为了自己学习环境的美化、净化而积极努力着，那种主动、愉快的劳动态度从他们的眼神就可以一目了然，这也表现出了“激情‘十七’”的特质。第二个“十七”是“和谐‘十七’”，就是要打造一个和谐的校园、和谐的学习环境，这些都已经深入到学生中间去了。

“质量‘十七’”是我们立足的根本，因为学校的教学质量就是我们的生命线。从去年我们作为一般高中的招生情况来看，我们学校在全区是排名第一的，超出第二名有30多分，就是说在作为一般高中招生这块，我们是最好的一个学校，这就是我们立足的根本。从高考成绩来说，假如我们每年入学的成绩是所有学校中的第八名的话，那么我们高三学生毕业的时候就能达到第五名，我这里的第八名指的是虚数，是打一个比方，也就是说从入学到升学我们一般能提高三到四个名次，可以说真正实现了“低进高出”。再有一点就是我们学校的社会声誉上去了，比如说你现在打车，基本上司机都知道十七中在哪，这就是学校的社会知名度，也就是说周围的群众都开始关心十七中的发展了，这便是“质量‘十七’”的体现。

“绿色‘十七’”是指我们学校的校园环境建设。这一方面，我们希望维持生态平衡，也希望保持教育教学环境的美观。我们正在努力将绿色意识融入校园文化，现在我们的校园无论从环境上还是内涵上，都已经初步形成了一种特有的绿色文化，我们也正在争创沈阳市绿色学校，这对于学校的环境教育起到了一个非常积极的作用。学校现在非常注重环保，也注重对学生环保意识的教育。比如说我们学校现在新换的109扇门，都是从环保的角度考虑，质量非常好，其他装修也基本上不含有对身体有害的物质。此外，我们的“绿色‘十七’”还有更深层次的含义，“绿色‘十七’”的概念本身就取自可持续发展观，所以说这个概念还可以延伸为学生的可持续发展、教师的可持续发展以及学校的可持续发展这三个方面。具体来说，学生的可持续发展就是学生的主动思考、主动学习、社会实践和创新意识以及终身学习能力；教师的可持续发展可以延伸为教师的专业化成长和发展；学校的可持续发展，就是在上述两者的基础上，在有了名师、名生的基础上形成名校，我们的思路就是这样的。

再有就是“开放‘十七’”。所谓开放就是要广泛交流，这涉及对内的广泛交流和对外的广泛交流。对内交流包括我们与一些兄弟学校的合作，比如说我原来是二十七中的副校长，二十七中是省级示范性高中，这就是一个值得借鉴的资源。我们与二十七中之间开展了各种合作交流，我们的老师经常到那里去听课、备课，二十七中师资短缺时我们就派老师去给他们上课，我们学校有时候老师安排不开，他们也会来给我们上课。二十七中的名师比较多，我们在高三复习的时候，就会请他们的老师过来给我们讲一讲高考迎战策略、讲一讲写作技巧，这就是师资上的相互交流。对外方面，在2003年的时候，我们前任校长就和韩国星信高等专科学校结成姊妹学校，我们称为友好学校，这种合作关系一直保持着。在去年的5月13日，我带了两个老师和五个学生对他们进行了回访，接下去我们准备再邀请他们过来。这些活动拓展了学校发展的空间，也吸取了其他学校和其他国家的教育精华。在教育思想和治校方略上与外界进行广泛地沟通之后，我更加意识到作为一所学校的校长，思想理念应该是放在第一位的。

问：您以前是沈阳市二十七中这样一所省级重点中学的副校长，您调到十七中后不久就提出了新的办学理念，这一方面让我们感觉到您的魄力和对教育的激情，另一方面也有一种担忧，您有没有感觉到自己的风险？有没有觉得这把火烧得太大了一些？

葛校长：我觉得这把火的大小关键看你的想法有多远，抱负有多大。我们十七中的发展现在虽然是刚刚起步，但我们每一步都做得很扎实，所以我也很坦然。我举个最简单的例子，十七中的发展过程，它不是一个空中楼阁，最起码我们在不到半年的时间内开了两次家长座谈会，解决了很多实际问题，这就是最好的证明。在家长座谈会上，家长们把对我们学校的点评、意见和建议都及时地提出来了，这里面反映了学校的很多问题，我们就及时地根据这些问题去改进工作，这一步步做得都是很扎实的。

对于我个人来说，我也感觉到自己肩上的责任。十七中建校时的老校长就是二十七中建校时的赵家实老校长，赵校长现在已经过世了。当时老校长对我的期望是非常大的，希望我能为教育的发展作出更大的贡献。我曾经跟他交谈过很多次，他说一个学校的发展要有内涵，我认为这一点是非常准确的，对我的影响也是非常深的。所以我到了十七中之后就做了一些革新和尝试，虽然可能让人感觉到我这把火有些大，但只要我们把工作做实了就没有什么好怕的。其实很多人都知道我是一个最实在的人，有坚实的脚步就不怕前途有多远，我同时也是一个充满激情的人，所以提出了一个“激情‘十七’”的理念。我并不是说要在短时间内达到多么高的目标，我只是想把十七中的这种斗志、这种激情激发出来，这样我们才能发展得更好。对于十七中来讲，毫不隐讳地说，我来之前，我们的个别老师对学校感到自卑，不能挺直腰板去做事情，因为他们没有自信，但现在我们的老师自信了，或者说比以前自信多了，老师们听到别人议论十七中的时候心里也非常高兴。所以说我倒感觉我们这个火才刚刚燃起来，燃起的原因是什么？就是我们全校教职员工有着共同的教育理念、共同的教育思想和共同的奋斗目标，我现在没有办法不让这把火继续燃下去。

问：您的办学，给人的感觉好像一直是在剑走偏锋，但是却往往会取得意想不到的效果，这是不是跟您的个人经历有关？

葛校长：这跟我个人的经历可能也有关系，我一直秉承的一个原则就是"高调做事，低调做人"。在别人看来，我做事情可能比较高调，但事实上我做人是比较低调的。从做事方面来讲，我总是喜欢带领大家去争创一些荣誉，但这不是为了我个人，而是想让我的学生们受益。比如我们争创了"全国青少年文明礼仪教育示范基地"之后，我的学生明显地在为人和礼貌这方面有了很大的变化，只要学校有客人来，他们见到客人都会主动问"客人好"、"老师好"，虽然这是很正常的一方面，但在很多学校却是缺失的一部分，这样的例子还能举出很多来。从我个人来讲，我做了9年的副校长之后才来十七中做校长，我觉得这是给我的一次非常宝贵的锻炼机会。有一句话讲"为官一任，造福一方"，就是说坐什么位置就要想什么事。校长虽然不是官，但在学校，师生认为你是官。那么既然我到十七中做校长，这个学校就是我的十七中，这里的学生就是我的学生，我就要为十七中负责，为十七中的历史负责，因此我就要尽我最大的努力来做好这件事。我在到这个学校之前，除了在二十七中做过副校长，还分别去过三所学校，其中在上海育才中学挂职锻炼了半年，应该说整个经历和见识还是不少的，这么多年积累下来的经验帮助我结合十七中的实际提出了现在的治校理念，没有这些经历我觉得也不可能做到现在的成绩。

问：但十七中在半个多世纪的发展进程中，必然有一些好的传统积淀下来，我们都知道很多名校就名在文化、名在那些好的传统，那么您提倡的那些新的理念会不会将学校传统上延续性的东西主观地割裂？

葛校长：以前我们为什么发展相对比较慢？并不是过去的办学思想不正确，关键的一点就是以前的办学思想没有深入人心，全校没有一个共同的理念和目标。现在我们提出的"五个'十七'"理念，我们的老师和学生基本上都能说出来，包括我们学校教师的专业技能大赛都围绕这"五个'十七'"去做，这样效果就出来了。再好的思想，不深入人心，是没有任何作用的，把思想贯彻到每一个人、每一个细节中去，这才是问题的关键。对于学校传统上好的东西，我们肯定是要继承的，但有些不好的东西一定要摒弃掉。当然您刚才说的对我也很有启发，接下去我会更深入地去思考如何继承传统这个问题的。

问：作为一个校长确实要有理念先行的勇气，但是您接手时的十七中毕竟还是一所相对比较薄弱的学校，那么您怎么将这些理念落到实处，带领全校真正地作出一些实事？

葛校长：这个就看你落实到什么层次了，我觉得根基就在于提高全体教师的素质。我们的教师队伍基本还是原来的队伍，但是是可以改变的，是可以提高教育教学水平的，所以我们非常注重教师的再学习。比如说我们请来一些外面的专家到学校进行讲座，给老师做培训，尽量用最小的经济投入来让老师获得最大的收获。在培养在职教师的前提下，学校还要适当引进新的师资，我们今年招了两位硕士研究生，希望通过引进新人的方式给这支队伍增加活力。我觉得教师素养的不断提高，是学校可持续发展的基础。我们学校原来有一种提法叫做“让每个教师都成功”，但我来了之后，我不认可这个提法，我觉得应该改成“让每位教师都发展”。什么叫每个教师都成功？一个特级教师可以说是成功，一个高级教师就不叫成功吗？专业上的发展算不算成功？所以说“成功”这个定位是有问题的。现在我们的目标是让每位教师都得到发展，在“发展”这个层面上，你有多么大的能力，有多么坚韧的意志，有多么大的奉献精神，你就可以逐步地去体现。在教师的专业化发展这块，我在将来的一段时间内还要领着老师们往外走走，多学习一点东西。前一段时间我和北京的一个学校联系，他们很热情地欢迎我去参观，我觉得又找到了一个突破口。包括跟你们《中国教师报》合作，我最感兴趣的就是将来我的老师们能够走出去参观学习。我一直认为“校以师为本”，只要我的老师能够在专业发展、专业成长这块不落伍，又有新鲜的血液注入，我们就会做成很多事。我们学校的年轻老师比较多，他们的素质还是非常好的，大家融合到一起以后，我还是比较有信心的。教师的教育教学水平提高了，管理能力发展了，学校的教育教学质量就会提升，学校就会发展，难道这还不是实事吗？

问：在落实治校理念的过程中，您通过哪些努力来招揽优秀的人才，怎样让他们自愿地为学校贡献自己最大的能量？

葛校长：我刚才说到，我们今年招了两个东北师大的硕士研究生，这在以前是不可想象的，以前我们很难招来像东北师大这样国家重点大学的本科生。这虽然有社会上用人形势的影响，但从一个侧面也说明了我们学校的实力。现在我们的教师队伍应该说都比较稳定，他们对未来的发展都充满信心，无论在对学生的教育上，还是在专业的素养上，都在逐步地提升。我们现在有很多老师午后休息时间主动进班级辅导，这也是老师变化的一种体现。现在我最大的收获就是培养了我们老师现在这种积极向上的奉献精神，这把火已经点起来了，现在我需要做的就是让老师们把这种精神保持住，至于怎么保持，那需要一个漫长的过程，也要想许多办法。

你说如何招揽优秀人才，我认为主要就是要留住人才，我们领导层从培养感情入手，做得比较细腻，想得也比较全面。比如说半夜里哪个老师家里有什么特别需要帮助的事情，我一般都会及时赶到；谁的家庭有困难，我们领导层也会想尽办法帮忙；哪个同事有事有病我们也会去看望。我们做的虽然是一些小事，但细微之处见真诚，反而激发出了老师对班级、对学校的集体荣誉感，也在一些老师心中激起了感激之情，这些感情就会转化为他们工作的动力，他们就会自愿地努力工作。再有就是在老师的福利待遇上、生活上，各个细节上，我们都注意改善。

实际上这些做法和我前面讲的“以人为本”是相通的。作为领导，就是要关心老师、关心学生，这些传统的东西做好了也能成大事。对学生的关心也体现在和家长的沟通上，刚才我说了，不到半年我们开了两次家长座谈会，事实证明了家长座谈会是非常有效的。另外我们跟周边社区方方面面关系都非常好，学校要发展还要有社会的支撑，所以我说我们学校为什么不是空中楼阁，因为你各方面做好了，社会就认可了，人家就自愿给你宣传了。

问：这几年来，您所做的事情是大家有目共睹的，但是现在教育的形势并不是一片大好，掣肘教育的因素有很多，所以有人说教育是舞蹈在理想和现实之间的，您对这个问题怎么看？

葛校长：我这么理解教育，我觉得教育是用激情播撒爱的事业！这是我个人的一种观点。目前我们国家的教育处在特定的时期，这也和国家现在的改革形势相关。走到今天，我觉得办教育肯定要办人民满意的教育，这个观点是非常正确的，但其中的问题还是很多的。比如办人民满意的教育是一个标准，但达到这个标准不能违背教育自身的规律，也不能违背我们国家教育的最终目的。要办人民满意的教育是需要从方方面面去做的，但个别人却往往会从自己个体的利益出发来看待一些问题，这与我们的教育目的还是有一些冲突的，毕竟我们搞教育最根本的一点还是要为国家建设和国家发展培养合格的人才。比如说现在有个别家庭会有什么样的想法呢？他们只是想到把自己的孩子培养好了将来可以出国，但是出国后回不回来都不知道，他们只是考虑自己的利益。但是我们办教育不能完全去迎合这些家长的意思，我们要培养对国家发展建设有用的人才，要从教育自身的规律来看。所以，我觉得作为一个教育者很重要的一点是要清楚你到底为谁搞教育，到底为谁培养人才的问题，这是一个很关键也很现实的问题。

问：评上市重点中学给学校带来了什么？有没有进行一些总结和反思？

葛校长：评上市重点对于我们十七中来说当然是一种巨大的光荣，同时对我们也是一种督促。进入市重点之后我们的生源肯定会产生一个质的变化，这对我们来说是一种提升，所以说我们还是非常有前途的。

但是我们非常清楚自己的不足。重点评估完了之后我们马上开了一个会，我问我们的老师，我们够不够市重点？我的答案是“不够”，什么地方不够？很简单，我们学校的升学率没有很多市重点那么高。实事求是地讲，我们现在有许多东西做得还不够，比如我们有没有市重点那么多名师？也没有，所以我们得不断反思、不断地提高。我们现在进入市重点之后，不能停止反思，包括我们的领导和老师都写了对工作的反思。我们前一段时间搞了一个各年级的教学质量分析会，通过这个质量分析会来总结我们学校的情况，然后进行一系列的反思和改进。市重点不是我们的终点，而是我们的另一个起点，我们需要向自己问一系列的问题，以此来督促自己。比如说我们现在已经变成市重点了，实际内涵上我们的老师有没有做到？我们的老师真正为十七中付出了多少？这些都是我们需要扪心自问的。

问：那么学校接下来会朝什么方向发展？您有没有什么打算？

葛校长：接下来的发展还是应该结合我们学校的实际情况制订规划和计划，我有这么一种设想，就是走特色发展之路。按照我们学校现在的情况，实事求是讲，如果说我们升为市重点之后就只去拼高考升学率，就算给我十年还是很费劲的，我们的目光不能这么狭窄。我现在的想法是，将来我们要办成特色学校，从艺术、体育这块去做一些思考，做一些努力。其实这个工作我们已经开始在做了，我们学校从2004年起已经有了一个艺体教育三年规划，去年艺术这块81名学生参加省里艺术类的测试，100%合格。我们每年大概都有几十名学生考入艺术院校，考艺术院校学生是自愿和主动的，家长是积极的，前几年都是家长和学生在主动去做，我们在这种良好的基础上，学校完全可以因势利导，走特色办学之路。而体育这块，我们今年在全区的体育运动会上是总分第二。所以说这个特长方面的优势我们要延续下去。

今年我们就开始招收艺术特优生了，将来我们在平常的课程中还要加上艺术课，通过这些课程来使学生在专业特长这方面有所发展。现在从整个沈阳来讲，有些学校已经走入特色学校的行列了，比如说三十一中的篮球全国第一，回民中学的足球全国第一，这些都是很好的榜样。我觉得对于我们学校来说特色办学还是一条比较现实的出路，所以我们现在正在做这方面的工作，但是还没有见到什么成果，毕竟这个需要时间。

从目前的情况来看，我们学校的发展还需要做方方面面的事情，比如说现在我们学校的面积比较小，将来还要和局里去研究，看是不是要扩大面积。当然这些都只是一种设想，需要慢慢去实现。一所学校要做大做强必须要有发展空间，从人的方面要有提升的空间，从物质上也要有发展的空间，走特色发展之路应该是一个很好的突破口。

问：将来有一天，如果您离开了十七中，您希望自己给十七中留下些什么？

葛校长：我希望能够留下一种对事业执著追求的精神，当然这只是我的一个理想，不知道能不能深入到全校每个人心中。但是至少从现在来讲，我们每一个人的精神状态，每一个人的工作状态都非常好，可以说这把火真的已经燃烧起来了，大家已经不讲任何回报、不讲任何索取地去为学校做事情了。我希望这把火、这股劲能够一直延续下去。

后记：30多岁的葛校长谈起他的治校理念来滔滔不绝，充满激情的他内心平静而细腻，他向我们感叹，从治校理念的提出、宣传，到具体落实，每一步虽然走得辛苦，但却无比踏实。作为十七中的校长，他最大的收获不是荣誉，而是其他领导和全体教职工对他的发自内心的支持。而他最大的欣慰，自然是两年来全校学生所取得的进步。晋升为沈阳市重点中学，对于十七中来说，既是荣誉更是挑战！葛校长不止一次地谈到了十七中距离真正的市重点和省重点的差距，而这也正是今后学校要努力的目标。对于一名现代校长来说，提出自己的治校理念固然重要，然而更重要的是如何将理念坚持下去，并在这种坚持中发展创新，这是葛校长在成功之余需要思考的问题，更是所有的校长需要深思的问题。那么，就让时间来为我们寻找答案吧。我们期待十七中在葛校长的手中不只是改良，而是改革！